JN414614

에너지와 문명

노예 장자상속 자본주의
산업혁명 민주주의

한찬욱 지음

공감북스

서문

에너지는 문명의 흥망성쇠와 중차대한 역할을 해왔다. 에너지원의 확보는 문명유지에 사활이 걸린 문제였다. 현대문명은 주로 화석연료의 형태로 에너지원을 얻고 있지만 과거에는 노예와 토지가 주요한 에너지원이었다. 엄밀하게 말하면 노예는 에너지원은 아니지만 일을 부릴 수 있고 종종 이미 성인이 된 사람들을 노예로 잡아왔기 때문에 그들은 소비하는 에너지보다 더 많은 에너지를 산출하든지 더 고급의 에너지로 전환시킬 수 있다는 면에서 에너지원으로 볼 수 있다. 토지는 햇빛을 인간이 이용할 수 있는 에너지 즉 식량과 재료로 바꾸는 일종의 에너지 전환자이다. 토지는 한정된 자원이므로 토지가 인구 대비 풍부할 때와 희소해질 때 인간의 번식전략인 상속제도 변한다. 화석연료는 산업혁명 이후의 문명의 가장 주요한 최대의 에너지원이다. 화석연료는 과거 문명들과 현대 문명을 구분 짓는 결정적인 차이를 만든 에너지라고 볼 수 있다. 노예제와 상속제 전쟁 식량 및 정치제도는 화석연료의 사용으로 극적으로 변모되었다. 영국의 산업혁명은 고임금과 저렴한 석탄에너지가 추동했다. 2차 대전은 오일을 놓고 다툰 전쟁이자 오일이 승패를 결정지은 전쟁이었다. 석탄과 오일이 현대의 정치경제 제도를 규정했다.

1장에서는 노예의 기원과 유럽, 아시아에서의 노예제의 역사를 살핀다. 국가가 성립하는 데에는 곡물, 문자, 노예가 절대로 필요했다. 전쟁은 토지가 아니라 주로 노예를 획득하기 위한 전략이었다. 노예제는 인적자원을 확보하고 이용하는 전략으로 볼 수 있다. 토지는 풍부하고 노동공급이 부족한 경우에 부역은 토지 재산권을 주고 노동을 부릴 수 있는 인센티브로 작용했다.

고대 로마에서는 절대적 재산권 개념이 나왔는데 이는 노예에 대한 권리와 같이 발전했다. 고대 그리스의 민주주의도 노예제 덕분에 가능했다.

중세유럽에서는 교회가 기독교인의 노예화를 금지했기 때문에 주로 유대인 상인들이 향신료 무역과 노예무역을 담당했다. 그들은 이태리의 베니스 같은 항구에서 무슬림에게 노예를 팔았다. 중세 바이킹의 갑작스런 출몰은 은 토지와 여자 노예를 찾는 원정이라고 볼 수 있다.

동아시아에서 중국은 원나라 대에 고려 공녀를 요구했다. 이는 고려 여인들에 대한 수요가 엘리트들 사이에 특히 높았기 때문이었다. 청대에 이르러 옹정해방으로써 자유농민에 의한 생산성 향상을 도모했다. 일본에서는 히데요시가 포르투갈과의 대규모의 일본인 노예무역을 금지시켰다. 조선에서의 외거노비는 일종의 부역을 제공하는 자유민으로 볼 수 있음을 거론하였다.

근대의 삼각무역은 흑인노예를 이용하여 유럽 자본주의와 산업 발흥, 시장 확대, 도시의 팽창을 주도하였다. 삼각무역은 영국 산업을 삼중으로 자극했는데 흑인 노예들은 영국의 제조품의 대량 소비자가 되었고 대농장에서 설탕 같은 열대 농산물 원료를 생산하면. 그것들을 가공하는 새로운 산업들이 영국에서 창출하였다. 흑인과 농장주들은 커다란 의식주 시장을 형성했다. 영국의 산업, 뉴잉글랜드 농업과 뉴펀들랜드 어업은 그 시장에 상품을 팔아서 돈을 벌고 사업을 확대해 갔다. 18세기 중엽까지 영국에는 삼각무역 또는 직접적인 식민지 무역과 어떤 식으로든 연관되지 않은 무역이나 제조 도시는 거의 없었다. 항해조례로 영국은 조선업과 해운업이 일대 비약을 하고 항구도시들이 우후죽순처럼 커갔다. 영국의 위대한 해군도 덕분에 강성해졌다. 거기서 얻어진 이윤은 산업 혁명을 후원한 영국의 자본 축적의 주요 흐름 중 하나를 제공했다. 결국 18세기의 상업 자본주의는 노예제도와 독점을 통해 유럽의 부를 축적시켰다. 그러나 그렇게 함으로써 그것은 19세기의 산업자본주의를 창조하는 데 도움을 주었고, 그것은 역으로 상업자본주의, 노예제, 그리고 그 모든 작품을 파괴했다.

인디언과 노예들이 반란을 일으키지 않을까 하는 두려움이 미국 독립전쟁을 일으킨 주요 이유 중의 하나였다. 목화와 담배 재배는 미국 남부의 토지를 급속하게 악화시켰고 이는 서부 개척을 추동하였다. 초대 대통령인 워싱턴은 토질 악화 문제를 고민하고 지속가능한 농업을 심사숙고하였다. 노예제로 축적한 자본은 미국 자본주의 형성에 크게 기여했지만 남부는 자유무역 때문에 토착제조업은 뿌리내리지 못하였고 일반시민의 삶은 비참하고 비문명인과 다름없었다.

마지막으로 노예제의 폐지는 화석연료의 광범위한 사용 시기와 일치함을 본다. 즉 화석연료 노예가 광범위하게 사용되기 시작하면서 노예제 폐지운동도 활발해지고 대중에게 호소력을 가질 수 있었다. 에너지노예라는 개념은 풀러가 최초로 사용했고 미 원자력 해군의 아버지 리코버 제독은 에너지의 중요성을 갈파하였다.

중국에서는 공자의 소정묘 사건에서 보듯이 노예가 국가와 문명의 존립에 갖는 중요성이 인식되고 있었다. 조선에서는 정약용을 비롯한 학자들이 노비의 필수불가결성을 주장하였음을 본다. 콜린보의 생태이론에 따르면 엘리트는 광대 니치를 갖기 때문에 가용 자원과 에너지 부족을 그 어떤 계층보다 더 빨리 알아차리고 니치를 유지하려는 투쟁에 가담한다.

돈은 에너지와 교환된다는 면에서 에너지에 대한 청구권이라고 볼 수 있다. 물론 사람을 부릴 수 있다. 러스킨은 사람을 부릴 수 있는 능력이 부라고 보았고 화학자 소디는 석탄이야말로 진짜 자본이라고 주장했다. 에너지 가치론과 생물물리 경제학의 역사도 간략하게 토론된다.

2장에서는 장자상속제의 역사와 영향을 짚어본다. 토지는 에너지를 얻는 가장 기초적이고 필수적인 수단이었다. 따라서 토지에 접근할 수 있는 권리는 개인에게는 사활적인 문제였고 역사의 방향에 큰 자취를 남겼다.

황소와 쟁기로 토지생산성이 급속히 발달하면서 사유재산제와 국가도 등장했다. 쟁기에는 두 가지 효과가 있는데 농민의 생산성을 높이고 한편 농사는 남자의 일이 되게 만든다. 생산성이 극적으로 높아지면서 더 많은 사람들, 사회적 분화 가능성, 더 많은 추출 가능한 잉여들이 동반되었다. 쟁기질은 남성의 전유물이 되었고 공공 사회 공간에 대한 남성 지배가 이루어지고 토지에 대한 권리도 주로 남성이 가지게 되었다.

유럽을 보면 영국에서 주로 군사적인 목적 때문에 장자상속제가 도입되었고 차남 이하 아들들은 법률가, 관료 및 성직자 및 자본가와 상인의 길을 찾아 개척해야 되었고 영국 부르주아는 여기에서 기원했다. 초기 근대 영국에서 차남 이하 향신의 아들들은 토지 상속이 전무하므로 인적자본을 배양하여 할 필요성 때문에 대학, 법학원, 견습생이라는 3대 주요 경로를 밟았다. 영국에서 2차례에 걸쳐 농업혁명이 일어났는데 그것들은 15, 16세기의 제1차 농업혁명과 18-19세기의 제2차 농업혁명으로 나뉜다. 영국에서는 집약농업, 윤작실험, 가축 개량, 자본주의적 대농장의 경영 등 이른바 신농법의 도입에서 대지주들이 그러한 농업 개선을 주도했다. 영국의 농업혁명에 관한 정통학설은 장자상속제로 대농들이 가능했고 영국의 대농 제도가 농업혁명을 위한 전제조건 중 하나였다고 본다. 바이킹도 장자상속을 실시했는데 그 결과 차남 이하 아들들은 토지와 여자를 찾아서 약탈 원정을 시작했다.

아시아의 상속제를 보면 중국은 당나라 때에 균분상속을 법제화 하였는데 강력한 귀족 가문과 군벌을 견제하고 무력화시키려는 의도로서 당의 통치자들은 자기 영지 또는 기능적 권력 기반이 없는 직업 관리 집단을 만들어서 그런 문제를 해결하려고 하였다. 세대를 내려가면서 재산이 급속하게 줄어들므로 사대부는 송나라 때부터 실시된 과거에 합격하여 관직에 올라야 사대부의 지위를 유지하여 재산을 보존할 수 있었음으로 관직에 대한 치열한 경쟁이 나타났다.

이슬람에서는 코란이 균분상속을 강제하지만 이 제도는 이슬람이 유럽과의 경쟁에서 패하게 되는 주요 요인으로도 작용했다. 대략 10세기경에 중동은 생활수준, 기술, 농업 생산성, 읽고 쓰는 능력 또는 제도적 창조성으로 측정했을 때 세계에서 가장 선진적인 경제를 가진 지역 중 하나였다. 그렇지만 균분상속 때문에 대규모 사업이 어려웠고 장기간 사업관계를 맺을 수 없는 약점이 있어서 서구와의 경쟁에서 열세가 되었다. 서구에서는 단체가 등장하면서 자본축적과 사업의 영속성을 보장할 수 있게 되었다.

일본에서는 가마쿠라 시대까지는 분할상속이 규범이었고 여자들도 재산을 물려받을 권리가 있었다. 단독상속은 존재하지 않았다. 그렇지만 에도시대에 인구가 증가하면서 점차로 장자상속제로 바뀌었다. 에도시대에 가(이에)는 직계상속자와 방계를 구분하였다. 장자와 차남 이하의 아들들은 전혀 다른 방식으로 가정을 꾸렸다.

미국 상속제의 변천을 보면 장자상속제와 균분상속제로 여러 번 바뀌었다. 처음에 경작지가 풍부하고 토지가 지천에 널려 있을 때에는 아들들 사이에 토지가 균등 분배되다가 다시 장남에게만 주는 관행으로 돌아갔고, 새로운 농지가 개척되면서 다시 균등한 성속으로 흐르다가 또 다시 장자상속제로 돌아갔다. 현대에는 균분상속이 법적으로 성문화되어 있다. 터너의 변경 테제는 미국 민주주의가 미국 변경에 의해 형성되었다는 주장이다. 그는 특히 미국의 민주주의, 평등주의, 고급문화에 대한 무관심과 폭력적 성향은 변경 확장의 일차적인 결과라는 점도 강조했다. 애덤스도 대외 팽창의 관점에서 변경테제를 주창했다.

마지막으로 다윈의 퍼즐에서는 자원의 희소성과 상속제 간의 관계를 다룬다. 아들 선호와 장자상속제는 다윈의 퍼즐이라고 불리는데 일반적인 아들 선호의 배경에서, 재산을 가진 부모들은 균분상속에서 장자 단독상속에 이르기까지 다양한 범위의 선택에 직면한다. 한 명 또는 제한된 수의 아들에게 더 많은 땅을 물려주는 이유는 주로 생태학적 조건에 대응하려고 하기 때문이다. 상당한 가변성에도 불구하고, 몇 가지 이유로, 대부분의 상황에서 맏아들이 아래 아들들보다 더 선호되는 이유가 다루어진다.

3장에서는 서양 중세와 근대의 에너지 혁명이 다루어진다. 먼저 에너지 가치 분석과 순 에너지 및 에너지 수익률 개념들을 소개한다. 연료들의 에너지함량을 살펴보고 마이어에서 클라우지우스에 이르는 에너지 개념의 역사를 일별한다. 오일의 기원을 보면 규조류 퇴적암이 압력과 열을 받고 생성되는데 근원암과 저류암 그리고 덮개구조가 필요하다.

서양 중세는 에너지 혁명과 기계혁명이 발생했다. 수차와 방아가 광범위하게 쓰였고 제철업이 급속한 기술적 진전을 이루었다. 시토회는 이러한 혁명에 주도적인 역할을 했음을 본다.

네덜란드는 풍차가 아니라 열에너지를 제공한 풍부한 이탄 매장 덕분에 경제대국이 되었다.

산업혁명은 18세기 중엽부터 19세기까지 영국에서 시작된 기술혁신과

이로 인해 일어난 사회 경제적인 큰 변혁인데 이 시기에 수력 방적기와 역직기 등이 발명되었다. 산업혁명의 가장 근본적인인 특징은 그것은 기하급수적 성장을 지속적으로 가능하게 만들었다는 것이다. 영국 산업혁명의 발생의 원인을 설명하는 이론들에는 1) 헌법과 재산권 2) 과학혁명 3) 우월한 합리성 4) 문화로서의 과학 5) 경제적 설명 등이 있다.
산업혁명이 영국에서 발생한 이유는 고임금에다가 자본과 에너지 가격은 예외적으로 낮았기 때문이었다. 영국은 당대에 상업적으로 번영하고 있었고 국가가 제국주의적 팽창을 밀고 있었다. 이로 인해서 특유의 임금 및 가격구조가 생겨났고, 그 가격구조는 다시 노동을 자본 및 에너지로 대체한 발명들에 대한 수요를 증가시켰다. 높은 문자 해독율, 숫자해독율 그리고 숙련된 장인들 덕분에 그러한 인센티브들에 예외적으로 잘 반응할 수 있는 국민이 생겨났다. 그러한 요인들로 인해서 18세기 기술 돌파들이 가속화되었다.

4장에서는 오일이 2차 대전에 승패를 가름 짓는 결정적 역할을 조명한다. 제 2차 세계대전은 완전히 기계화된 전쟁이었다. 기계는 동력으로서 오일이 반드시 필요했다. 그런데 추축국인 독일과 일본은 석유를 얻을 수가 없는 처지였다. 처음부터 독일과 일본은 이길 수가 없는 전쟁을 시작한 셈이었다. 석유는 두 주축 국가의 성공에 필수불가결 했지만, 독일은 대부분 합성오일에 의존했고 일본은 가장 가까운 오일 원천도 3000마일이나 떨어진 곳에 있었다. 일본군은 2차 대전 내내 미국과의 전쟁에서 연료 부족으로 힘을 쓰지 못했다.
유럽 전선에서 독일의 기갑군단과 전격전은 오일의 부족에 따른 대응이었음을 본다. 바쿠 유전을 둘러싼 공방전에서도 오일이 승패를 결정짓는 가장 중요한 요인이었고 바르바로사 작전과 스탈린그라드 전투의 승패도 오일 부족에 기인했다.

태평양전쟁에서도 일본은 오일 자원을 확보해야만 될 절실한 필요성 때문에 진주만 습격을 하고 일본 공군과 가미카제 특공대와 만세돌격 같은 무모한 공격을 하였다. 레에테만 기습 작전을 지휘했던 구리타는 패전하는 길은 석유가 바닥나는 것이라고 회고한다.

5장에서는 오일과 민주주의의 관계가 탐구된다. 경제활동에 대한 통제는 바로 정치권력으로 이어지는데 에너지가 경제활동에서 가장 중심적 역할을 행하므로 경제활동에 필요한 특정한 에너지 자원들을 통제하면 곧바로 경제활동을 통제할 수 있고 그것으로 다시 정치권력을 통제할 수 있게 된다. 석탄이 주요 에너지원이었을 때 광산, 철도, 부두에서의 노동자 파업은 경제를 마비시킬 수 있었다. 그 결과 한 나라의 탄소 에너지 네트워크를 위협할 수 있는 노동운동에 대항하는 어려운 싸움에서 새로운 거대 산업 회사의 소유주들과 그들의 정치적 동맹자들은 노동자 계급의 동원을 약화시킬 복지 민주주의와 보편적 참정권의 형태를 받아들이는 것이 더 낫다고 판단하였고 현대 복지국가와 민주주의가 등장하였다. 반면에 오일은 이동 경로가 자유롭고 대량 해상 운송이 가능하므로 언제나 과잉공급과 치열한 경쟁으로 인한 오일 회사들이 파산할 리스크가 상존했다.

제2차 세계 대전 후, 오일의 과잉공급을 막으려고 평시 "국가 안보"라는 새로운 명분과 미국의 생활방식을 에너지 과소비로 신속하게 조직하는 두 가지 중요한 기술이 도입되었다.

민주주의 정치는 석유 덕분에 미래는 무한한 성장하는 끝이 없는 지평선으로 간주되었고, 이 지평선은 “경제”라고 하는 새로운 세계라는 관점에서, 전문가 지식과 그 대상들을 조직하는 특정한 방법의 결과가 되었다. 화폐의 사용과 그것에 의한 거래의 측정과, 국가 통계는 마치 성장이 무한히 계속될 수 있는 어떤 것으로 생각하는 습관을 정상적인 것처럼 느끼게 하는데 일조했다. 성장은 아무런 제약 없이 무한정 확장할 수 있을 것으로 보였다. 산유국들의 비민주적인 정치는 서구 민주주주의가 성립하기 위한 기초이고 미국 군국주의가 존재하기 위한 전제조건임이 보여 진다.

오일이 없는 세상을 상상하기 위해서 소련의 붕괴와 북한의 에너지 위기가 거론된다. 소련은 해외에서 대량의 곡식을 수입해야 될 바로 그 시점에 오일 생산이 하락하면서 붕괴했다. 1989년 소련이 붕괴되기 전까지만 해도 북한은 아시아에서 가장 기계화된 농업을 자랑하였다. 자급자족이라고 자랑했지만 북한 사람들은 사실은 저렴한 연료 수입에 과다하게 의존하고 있었다. 공짜 석유가 끊어지자 북한도 같이 붕괴했다.

영화 코드네임 콘돌, 매드 맥스와 헝거 게임은 모두 오일이 없는 세상에 관한 상상이라고 볼 수 있다. 다른 한편 녹색혁명은 난쟁이 벼 질소 비료 살충제 제초제 관개 수송으로 극적인 식량 증산을 이루어냈지만 이것은 오일 특히 하버-보쉬 공정에 의존하고 막대한 양의 에너지를 소모한다.

목차

01

노예제의 역사와 화석연료 그리고 노예의 미래

노예의 기원

인류학자 마셜 살린스(Marshall Sahlins)에 따르면 채집과 수렵에 의존했던 구석기 시대의 인류가 생존을 위해서 그 어떠한 다른 인간집단보다도 1인당 매년 덜 적은 에너지를 소비했다고 한다. 모든 사람의 물질적 필요가 쉽게 충족되었 최초의 풍요한 사회는 바로 수렵채집 사회였다. 수렵채집 경제는 "단순한 생계경제"도 아니고 여가가 없는 경제적 잉여가 없는 그런 사회도 아니었다. 그들의 식단은 믿을 수 없을 정도로 다양하고 영양분이 풍부했다. 일반적으로 말해서 수렵채집인들은 잘 먹고 많은 여가를 즐겼다. 물론 어떤 지역에서는 1년 중 특정 계절에 식량 부족이 있을 수도 있다. 그러나 그런 것이 발생하면, 그 시기에 그들은 이 지역을 떠나간다. 원주민은 자기 지역이 무엇을 생산하는지, 산물들이 제철이 언제인지 그리고 그것들을 확보하는 가장 쉬운 방법이 무엇인지 정확히 알고 있었다. 이런 환경에 맞추어서 그는 그의 사냥 근거지의 상이한 지역을 상황과 계절에 맞게 조절하여 방문한다. 그들 모두는 그들이 필요로 하는 것을 가지거나 만들 수 있었다. 그들은 그들 주위에 풍부하게 널려 있고 누구든지 자유롭게 가져갈 수 있는 재료들(목제, 갈대, 무기 및 도구용 뼈, 줄을 만들기 위한 섬유, 피난처를 위한 풀)에 그들의 삶의 도구들을 적응시켰기 때문에 그들은 일종의 물질적 풍요 속에 살았다. 어떤 논리를 대더라도 농업에서는 훨씬 더 높은 작업량이 필요했고 야생에 의존할 때보다 더 많은 육체적 질병들이 발생했다. 우리가 더 알아갈수록 수렵채집인의 건강 및 일과 삶의 균형이 더 나았던 것으로 판명난다.

국가의 탄생과 노예

약 1만 년 전까지 만해도 메소포타미아는 많고 다양한 자원이 풍부했던 수렵채집인들의 세계였다. 건물과 음식을 위한 갈대와 쐐기풀, 다양한 종류의 식용식물 (붓, 꼬리, 수련), 거북이, 물고기, 연체동물, 갑각류, 새, 물새, 작은 포유동물 및 이동하는 가젤(주로 단백질 원천)이 풍부하고 지천에 널려 있었다. 야생 과일과 채소는 시간과 계절에 따라 다른 종들이 자라났고 계절이 되면 철새들이 때맞추어서 도착했다.

습지 환경은 전 세계의 다른 곳에서 사냥을 하는 사람들에게도 유용했다. 중국의 항저우 만 (Hangzhou Bay)에서는 현저하게 잘 보존된 수몰된 서식지에서 풍부한 수의 야생 자원 가능데에서 수렵채집인들이 정착하게 된 것으로 나타났다. 야생의 염소를 사냥하고, 새를 잡으며, 무화과, 야생초, 견과류를 모으는 등, 다양하고 풍부한 지역 자원을 활용하는 수렵채집인들이 약 1만 2천 5백 년에서 1만 5천 년 전에 약 30개의 반 지하층 주거지로 이루어진 밀집된 군집을 건설했다. 그들은 부분적으로 환경을 관리하여, 불을 놓아 어린 싹을 키우고, 작은 댐을 만들어 물길을 조정하고, 동물 개체수를 유지하기 위해 야생 무리에서 일부를 선택적으로 솎아냈을 것이다.

다양성이 그들의 식량안보의 핵심이었다. 우연히 특정한 식량을 알게 되면, 언제나 선택할 수 있는 옵션은 늘었고. 그래서 수렵채집인들은 농작물을 재배하거나 가축을 키우지 않고도 원할 경우 정주생활을 할 수 있었을 것이다. 보리와 밀의 첫 재배는 야생 대를 조금씩 수정하는 과정에서 비롯되었다. 즉, 그들은 잡초를 제거하고, 해충을 막고 이식하고 씨앗을 충적 토양에 파종했을 것이었다. 그래서 수렵채집인들은 약간의 추가노력만 들여도 새 식량원을 확보할 수 있었다. 가장 큰 수수께끼는 왜 곡물 양식이 그렇게 지배적이 되었는가 하는 것이다. 왜 수렵채집인들이 풍요로운 생활 방식을 버리고 몇 가지 안되는 종류의 작물들을 재배하고 가축을 관리하는 훨씬 더 번거롭고 위험한 삶을 살아가게 되었는지에 대해서는 정답이 없는 근본적인 질문이다. 그것은 선택에 의한 것이었을 수도 있고 씨앗 파종 때문에 사람들을 식량과 수확의 계절주기에 묶여 있을 수밖에 없었던 하나의 덫이었을 수도 있다.

신석기 시대 마을은 그 안으로 들어오거나 기숙했던 모든 사람들에게 심각한 건강 위험이 있었다. 마을은 사람들과 동물, 그리고 그들의 오물에 의해 뒤범벅이 되었다; 쥐들과 까마귀도 거기에 자리 잡았고, 벼룩,

이와 진드기들과 같은 미세 기생충과 병균들이 같이 들어왔다. 10,800년 전까지 만해도 신석기 마을의 집 쓰레기는 방의 바닥에 남겨지거나 집들 사이에 버려졌다. 그 이후에 중앙 집중식 공동 쓰레기 처리장이 설치되었던 것처럼 보이지만 그럼에도 불구하고 사람들의 집의 인근은 끔찍한 난장판이었을 것이다. 질병에 대한 인간의 취약성은 식단이 점점 더 한정되어 감에 따라 커졌을 것이다. 신석기 마을 유적에서 인간 유해가 대량으로 발견되는 이유는 아마도 질병의 발생이나 만성적인 나쁜 건강 때문이었을 것이다. 많은 신석기 시대 마을들은 아주 갑자기 버려진 것처럼 보이는데 그것은 풍토병이 발병하여 사람들이 죽거나 그 마을을 떠났기 때문에 일어났을지 모른다.

단지 사람들만이 아니라 염소, 양, 가축도 과밀로 고통을 받았다. 선택적으로 도태시키고 가축화하면서 가축들의 성 이형성은 감소되었고 어린 모습이 유지되는 유형성숙(neotany)이 발생하면서 두뇌 크기와 기능 모두가 바뀌었다. 길들여진 양의 두뇌는 야생의 것보다 24% 작으며 덜 소심하다. 정착촌에 거주하는 설치류 동물들도 비슷한 변화를 겪었는데, 이들 중 일부는 인간이 선택한 결과라기보다는 마을 생활의 결과였다. 사람들에게도 똑같은 과정이 일어났을 것이다. 신석기 시대 농민들의 두뇌, 성격 및 사고방식이 사냥꾼 조상들의 생각과 달랐을 것이다. 인간도 일종의 길들이기-가축화를 가는 단계들을 거쳤을 것이다.

일단 농업으로의 전환이 이루어진 후에 약 4천 년이라는 오랜 기간이 흐른 후에야 국가들이 탄생했고 기원전 3200년경 메소포타미아의 도시국가 우루크(Uruk)은 인구가 2,5000~5만 명에 이르는 세계에서 가장 큰 도시였고 다른 도시국가들도 번성했다. 기념비적인 건축물뿐만 아니라, 그들은 모두 두꺼운 도시성벽. 관리와 성직자 계급; 도자기 및 직물과 같은 공예품의 중앙 집중식 생산; 임금이 꼭대기에 있는 사회 위계; 그리고 분명히 인간 진보의 핵심 지표인 세리가 나타났다.

그런데 도시 국가가 나타나기까지 그렇게 오래 걸린 이유는 무엇이었을까? 왜 약 4천년이 걸렸나? 그 이유는 아마도 신석기 시대 마을들이 질병, 역병에 대한 취약성만이 아니라 경제적인 취약성도 한몫했을 것이다. 농업으로 영아와 성인 모두 사망률이 현저하게 증가했을 것이지만, 정착생활에서 출산은 그보다 더 빠르게 늘어났을 것이다. 이동의 필요성 때문에 수렵 채집인은 4년 정도마다 한 명의 아이 밖에 가질 수 없도록 제한되었고 인구 증가는 쉽지 않았다. 반면에 정주생활에서 특히 탄수화물 섭취에서는 사망률보다 출산율이 더 높았고 마을 인구는 느리지만 꾸준하게 증가했을 것이다.

도시국가들은 메소포타미아에서는 밀과 보리, 중국에서는 기장, 메소아메리카에서는 옥수수에 의존했다. 그 이유는 곡류가 과세하기 쉽다는 것이다.: 그것들은 예측 가능한 시기에 익으며 곡식의 크기를 쉽게 평가할 수 있고 곡물은 무게와 부피로 정확하게 측정된 비율로 나누어 운송하고 분배할 수 있다. 반면에 자신의 물건을 밀반입하는 상인이나 땅속에 숨겨져 있으며 삼림지 전체에 분산될 수 있는 구근류, 또는 숙성시즌이 제각각인 병아리콩이나 렌즈콩과 같은 작물에 세금을 부과하는 것은 훨씬 더 어렵다. 곡물 재배가 벌크 운송이 용이한 강 근처에서 이루어지면 강력한 권력기반이 확립될 수 있다. 메소포타미아와 고대 중국의 강과 운하에서는 이런 조건이 갖추어져 있었고 국가가 탄생했다.

국가가 성립하기 위해서는 문자의 발명이 절대적으로 필요했다. 국가는 세금을 부과하여 잉여를 추출해야 하고 노역과 군대에 사람들을 동원해야 했고 이를 관리하기 위해서는 기록 문서 관리가 필요했다. 메소포타미아에서 농작물, 수확량 및 세금을 기록하는 점토판 위의 수많은 목록이 복원되었다. 중국에서 가장 오래된 글은 기원전 1600~1050년의 점을 치는 뼈에서 발견되었지만 BCE 476~221년 춘추전국시대에 문서기록이 행해졌다. 진은 자신의 제국 전체에 표준 도량형을 강요하고 강박적으로 모든 지역 관습을 철저히 타파하려고 했다. 쓰기는 메소포타미아에서 이 목적으로 5백 년 동안 사용되어 온 후에야 이야기와 시를 쓰는데 사용되었다.

곡물과 기록 다음으로 도시 국가를 형성하는 데 필요한 세 번째 요소는 사람들이었다. 인구가 가장 많은 국가는 일반적으로 그 지역에서 가장 부유하고 군사적으로 승리할 개연성이 더 높았다. 이웃 국가들간의 전쟁은 영토 획득이 목적이라기보다는 전쟁 포로들을 잡는 것이었다. 전쟁은 빈번했다. 그 목적은 비숙련 노동을 위한 노예를 획득하는 것뿐만 아니라 조선, 직조 및 금속 가공에 사용될 수 있는 전문기술을 가진 기술자들을 확보하는 것이기도 했다. 어떤 경우에는 전체 공동체가 국가의 중심지 가까이에 재배치되어서 그들이 작물을 생산하는 것을 통제했다.

성직자와 행정관, 공예가, 그리고 운하를 파고 제방을 쌓고 성벽을 세우는 노동자들을 먹여 살리는데 필요한 농업 잉여를 창출하는 것이 관건이었다. 그러나 농민들을 그렇게 하도록 강요해야 했는데, 대량 도주의 위험이 늘 있었다. 도시국가 주변의 성벽의 주요 목적은 야만인들을 쫓아내려는 것보다 성 안 사람들을 계속해서 도망 못 가게 안에 지키려는 것이었을 수도 있다.

예를 들어 중국 진나라의 유명한 만리장성을 보자. 오웬 라티모어(Owen Lattimore)를 비롯하여 많은 사람들은 중국의 만리장성은 야만족(유목민)을 몰아내기 위한 것만큼 중국인 납세 경작자들을 안에 가두어 놓기 위해서 지어졌다고 관찰했다. 따라서 만리장성은 국가 보존에 필수적인 농부들을 비롯한 인력들을 농업 기반 국가 내부에 가두어놓기 위해서 의도되었다. 티그리스와 유프라테스 사이의 이른바 반-아모리족 성벽은 아모리 사람들로부터 도시를 막아주기보다 안의 농민 경작자들을 국가 영토 내에 지키기 위한 것이 그 설계의 더 큰 목적이었을지도 모른다. 아모리족은 어쨌든 충적층에서 상당한 수가 이미 정착했고 그들을 빠져 나가지 못하게 통제할 필요가 있었다. 그래서 성벽은 Ur III의 중앙 집권화를 크게 강화하여 국가 통제를 피해 움직이는 인구를 봉쇄하거나 강제 퇴치당한 사람들로부터 방어하기 위해 세워졌다.

변경이 개방되어 있고 저지대 농업 정착민들과의 교역이 있는 곳에서. 산악인들은 세금과 부역을 피하는 것은 말할 필요도 없거니와 더 적은 노동으로 상대적으로 번창하는 삶을 누릴 수 있다. 중국의 북부 및 서부 변경의 많은 유목민들은 가난에 찌든 농사에서 벗어나 유목민으로서 더 안전한 삶으로 가기로 결정한 다양한 배경을 가진 경작자들이었다. 그러므로 고지대 화전과 채집으로의 이동한 이유는 종종 협의의 경제적 이해관계에서 볼 때 자발적 이동이었다. 자신의 곡물을 더 많이 가질 수 있고 자신의 노동도 더 많이 좌우할 수 있는 이점까지 더하면, 국가 권력으로부터 거리를 두어야 될 강력한 물질적 이유가 된다. 그러므로 만리장성은 공식적으로는 야만인들의 침범을 마기기 위한 장벽이었지만 사실상은 그것들은 납세하는 정착 농경민들을 국가권력의 장악 하에 두려고 세운 장벽이었다. 많은 야만인들은 사실상 납세 의무나 주류사회의 범죄 혐의에서 도망치는 중국인들이었다.

자유 경작민만이 아니라 노예는 국가 건설에 필수적 요소였다. 역사가 핀리에 따르면, 그리스 이전의 세계, 즉 수메르인, 바빌로니아인, 이집트인, 아시리아인의 세계는 매우 심오한 의미에서, 서방이 그 개념을 이해하게 된 의미에서 자유인이 없는 세계였다. 메소포타미아에서 노예제도는 세 가지 이유로 중요한데, 그것은 가장 중요한 수출 상품인 직물을 위한 노동력을 제공하고, 가장 고되고 힘든 작업인 운하 파기, 성벽 쌓기 등에 일회용 프롤레타리아를 공급했고 엘리트 지위에 대한 상징이자 보상으로 역할을 했다.

전쟁 포로들이 노예의 가장 명확한 원천이었다. 노동은 언제나 필요했음을 감안할 때, 대부분의 전쟁은 그 성공이 남자, 여자, 아이들 등 포로들의 수와 질에 의해 측정되는 포로 전쟁이었을 것이다. 예속 노동의 원천들-가계의 세습 노예들, 채무 노예들, 그들의 납치자들로부터 시장에서 구입한 노예들, 정복된 민족들을 다시 데려와서 집단으로 강제 정착시킨 사람들, 그리고 전쟁 포로들-중에서 마지막 두 가지가 가장 중요한 것으로 보인다. 전쟁의 목적이 대체로 포로들을 획득하는 것이었다면, 그러한 군사 원정을 종래의 전쟁이라기보다는 기습하여 노예들을 잡아오는 일종의 기습작전으로 볼 수 있다. 고대 메소포타미아의 위대한 도시국가 우루크에서 유일하게 실질적이고 문서화된 노예 제도는 9천 명에 달하는 여성들을 고용한 직물을 생산하는 국가 관리 하의 워크숍이었던 것으로 보인다. 그들은 대부분의 자료에서 노예로 묘사되지만 채무자들, 가난한 사람들, 건설자들, 그리고 과부들을 포함했을지도 모른다. 이 9,000명의 직물 노동자들만 해도 우루크 주민들의 인구에서 최소 20%를 차지하는데, 다른 분야의 전쟁포로들과 경제 분야의 노예들은 계산하지 않았을 것이다. 이러한 노동자들과 국가에 종속된 다른 노동자들에게 곡물을 배급하는 것은 그것들을 평가, 수집 및 저장하는 강력한 장치가 필요했다.

인적 자원 전략으로서의 노예제

전쟁은 동물뿐만 아니라 인간도 길들일 수 있다는 위대한 발견에 일조했다. 패배한 적을 죽이는 대신 노예를 삼을 수도 있고, 목숨을 살려주는 대가로 일을 하게 만들 수도 있다. 이 발견은 동물 길들이기의 중요성과 비교되어 왔다. 초기 역사에서 노예는 고대 산업의 기초였고 자본축적의 강력한 도구였다.

노예 정복은 여러 이점이 있다.:
가장 명백한 이점은 정복자들이 다른 사회의 희생으로 길러진 근로 연령의 포로들을 살려두고서 가장 생산적인 나이의 노동력을 이용하게 된다는 것이다. 많은 경우에서 정복자들은 예술가, 무용가, 음악가는 말할 것도 없고 배 제작자, 석공, 대장장이, 금과 은 세공자 등 유용한 기술을 가진 포로를 잡기 위해 전력을 다했다. 이런 의미에서 노예를 취하는 것은 노예국가가 스스로 개발할 필요가 없었던 인력과 기술의 일종의 습격과 약탈을 나타내는 것이었다.

일반적으로 그렇듯이, 포로가 흩어진 장소와 배경에서 납치되어 가족과 떨어져 있기 때문에, 그들은 사회적으로 고립되거나 원자화되어 통제하고 흡수하기가 더 쉽다. 만약 전쟁 포로들이 납치범들에게 여러 모로 낯선 사회로부터 온 자들이라면, 그들은 같은 사회적 배려를 받을 자격이 있는 것으로 보이지 않았다. 그 지역의 백성들과는 달리, 지역 사회와의 유대관계가 거의 없기 때문에, 그들은 어떤 집단적 반대도 할 수 없었다. 노예들은 흩어져 있는 각지에서 왔고, 가족과 분리되어 의기소침하게 되고 원자화되어 서로 믿고 협동하기가 어려웠고 그 주변 지역 지리나 풍습에도 어두워서 통제하기 더 쉬웠다. 노예들은 엘리트의 필요에 필수적인 일을 하지만 자유민이 거려하고 기피하는 작업에 동원되었다. 노예들은 난민들과 비슷했고 지역 주민들에게 통합되는데 시간이 걸렸고 그래서 폭동의 가능성은 적었다. 그들은 사회를 유지하는 많은 일들에서 필요했다. 초기의 일부 국가에서는 인간 길들이기가 한 걸음 더 나아갔다. 여자 노예들은 육체노동과 번식을 위해 사용되었다.

터키 친위보병, 내시, 궁정 유태인 등 사회적으로 고립된 하인들이라는 원칙은 오랫동안 통치자들이 능숙하지만 정치적으로 중립화된 참모들로 자신을 둘러싸는 기술로 여겨져 왔다. 그러나 어느 시점에서는 노예 인구가 많아지고, 집중되고, 민족적 유대가 생겨나면, 이 바람직한 원자화는 더 이상 유지되지 않는다. 비록 메소포타미아와 이집트(적어도 신왕국이 되기 전까지는)가 이런 규모에 달하는 노예들이 없는 것처럼 보였지만, 그리스와 로마의 많은 노예 반란은 이런 증상을 보인다. 여자와 아이들은 특히 노예로 귀중하게 여겨졌다. 여성은 아내나 후궁, 하녀로 지역 가정으로 끌려가는 경우가 많았고, 아이들은 비록 열등한 지위에 있기는 하지만 금방 동화될 것 같았다.

이 노예 노동 부문의 두 가지 측면은 중요하다. 첫째, 채광, 채석, 그리고 벌목은 국가 엘리트들의 군사적 필요와 기념비 건립에 절대적으로 핵심적인 역할을 했다. 작은 메소포타미아 도시국가들의 이러한 필요들은 좀 더 약했지만 덜 중요한 것은 아니었다.

둘째, 일회적이고 대체 가능한 프롤레타리아를 가지면 자신의 신민들이 가장 형편없는 고된 일로부터 벗어나서 그러한 노동이 유발할지도 모르는 반란 압력을 억제하는 동시에 중요한 군사적, 기념비적인 야망을 충족시킬 수 있다는 이점이 있다는 것이다. 필사적이거나 고액의 보수를 받는 사람들만이 자발적으로 떠맡게 될 채석, 채굴, 벌목 외에도 마차 몰기, 양치기, 벽돌 굽기, 굴착과 준설, 화분, 숯 만들기, 배의 노젓기 등이 그런 고역에 포함된다. 초기의 메소포타미아 국가들이 많은 상품들과 거래하여, 힘든 일과 노동 통제를 다른 나라들에게 아웃소싱했을 가능성이 있다. 그럼에도 불구하고 국가 건설에서 중요한 역사의 상당 부분은 그러한 작업에 중심적으로 의존하고 있으며, 그것을 하는 사람들이 노예인지 아니면 백성인지는 중요하다.

경작할 토지나 개간될 수 있는 토지는 많고 그것을 경작하거나 개간할 노동이 적은 경우에는 여러 가지 강제적인 수단을 동원하여 노동을 확보해야 한다. 중국에서 중국 최초의 통일 국가 진[秦]나라(B.C. 221~B.C. 207)와 그 뒤를 이은 초기 한(漢)나라를 보면 초기 국가가 가능한 모든 수단을 동원하여 그들의 인력 기반을 극대화하려는 인구 기계라는 느낌을 받는다. 노예제도는 그러한 수단들 중 하나에 불과했다. 진나라는 우마 시장들과 같은 방식으로 노예 시장을 가지고 있었다. 왕권 통제 밖의 지역에서는 도적들은 할 수 있는 모든 사람들을 잡아 노예 시장에서 팔거나 몸값을 받았다. 그 두 나라 수도는 국가와 장군, 그리고 개별 병사들에 의해 잡혀온 전쟁 포로들로 가득 차 있었다. 대부분의 초기 전쟁과 마찬가지로 군사작전은 가장 귀중한 약탈물이 팔릴 수 있는 포로들의 수로 평가되는 노략과 섞여 있었다. 진 치하의 경작의 상당 부분은 포로가 된 노예, 채무 노예, 그리고 노비 형벌에 처해진 “범죄자”에 의해 행해진 것으로 보인다.

그러나 가능한 한 많은 백성들을 모으는 주요한 기술은 피정복지의 전체 인구, 특히 여성과 아이들을 강제 이주 정착시키는 것이었다. 포로들의 의식 센터는 파괴되었고, 진의 수도 함양에서 복제되어 재건되었다. 아시아와 다른 지역의 초기 국가 경영에서도 전형적으로 그랬듯이, 지도자의 기량과 카리스마는 그의 궁정 주변에 많은 사람들을 모을 수 있는 그의 능력에 의해 평가되었다.

부역과 노예제

고대에는 토지가 아니라 노동이 부족했다. 그러므로 국가는 노예제를 비롯하여 강제적인 수단을 써서 노동을 시키든지 아니면 다른 편익을 제공하고 대신에 노동을 확보해야 했다. 부역(Corvee)은 그러한 수단 중의 하나였다. 부역이란 돈이나 재화 대신에 납세하는 부불의 미숙련 육체노동인데, 일반적으로 강제노역으로서 한 지방의 아주 많은 사람들이 그것에 복무했다. 부역 노동은 사상 최초의 세금이었다. 부역은 토지사용권에 관련되었다. 주어진 토지를 경작하는 대가로 토지 사용자는 공동체에 노동을 제공해야 했다. 토지 소유자는 관개 작업이나 신전 건설 등에 노동을 제공해야 했다. 군대 복무도 이 노역 중의 하나였다. 그렇지만 수확기에는 노동 징발이 없었다.

재산권–최소한 토지 재산권은 그 시초부터 공동체에 대한 상호 의무에 기초했다. 그에 부응하는 사회적 의무가 없는 본질적으로 “자연스런” 사유재산권은 없었다. 사유재산권 개념은 영국에서 존 로크와 더불어 시작되었고 종획운동의 철학적 기초로 이용되었다. 그 시초에 노동을 공급할 의무인 부역은 시원적인 납세의무로서 국가의 입장에서는 세금을 내는 자가 곧 "소유자"였다. 공적 의무를 수행하기 위해서 토지를 관리할 권리가 있다는 의미에서 토지는 그 보유자에게 속했다. 토지 재산권은 그 보유자가 군대나 공공 공사에 부역 노동을 제공할 의무와 연관되어 있었다. 개인과 가족이 토지를 그냥 소유하는 것이 아니라, 많은 전통적인 문화들에서 토지는 용익권에 의해 분배되어 왔던 것으로 보인다. 토지의 과실을 향유할 수는 있지만, 토지 자체는 양도 불가였다. 그것은 여전히 명목상으로는 공동체에 속했다.

용익권의 보유자는 그 재산을 사용할 권리(usus)와 그 과실을 향유할 권리((fructus)를 갖는다. 과실은 그 재산에서 나오는 실제 과실, 가축 심지어 지대를 포함하는 재생가능한 모든 상품을 가리킨다. 소유자와는 달리 용익권자는 양도권(abusus)은 없지만 그의 용익권을 팔거나 임대할 수 있다. 토착문화들에서, 용익권은 사람들이 그 토지를 공유하지만, 가족과 개인들이 토지의 일부를 사용할 권리가 있다는 뜻이다. 사람들은 그 토지의 과실을 가져갈 수 있지만, 그것을 팔거나 남용하여 미래에 공동체가 그 토지를 사용하지 못하게 할 수는 없다. 가장 오래된 용익권의 예는 함무라비 법전과 모세율법에서 발견된다. 모세율법은 소유자들에게 밭의 가장자리에서 수확하지 말고 가난한 사람들이 주워갈 수 있게 놔두라고 명했다.

사유 토지에서 임차 농부가 지주들을 위해서 행해야 하는 부역 노동 의무는 역사 전체에 걸쳐 광범위하게 행해졌다. 그 용어는 가장 전형적으로 중세와 근대초기 유럽에서 토지 이용 관행을 거론할 때 사용되었다.

그렇지만 그 용어는 그 시대나 장소에만 국한되지 않고 적용된다.: 부역은 고대 및 근대 이집트, 솔로몬 치하의 이스라엘, 고대 로마, 중국 그리고 일본, 유럽 대륙 도처, 잉카 문명 등에서 존재해왔다.

조선시대에 노비는 솔거노비, 즉 상전 가족의 일원으로서 생활하면서 가부장적 대가족 구조의 최하층 가족원으로서 모든 도덕적, 법률적 의미를 부담하는 노비가 있었고, 이에 비해 상전의 땅을 경작하면서 상전에게 신공 및 일정한 노역을 제공하되 토지와 가사를 소유할 수 있었던 외거노비가 있었다. 노비는 매매·상속의 대상이 된다는 점에서 재산의 일종으로 취급되었다. 노비는 여느 양반·평민과 같이 소유와 상속의 주체가 될 수 있었지만 다른 한 편 소나 말, 개 등과 같이 "매매·상속" 등 처분의 대상이 되기도 했다. 그런데 외거노비는 부역의무를 공동체나 국가가 아니라 특정 개인에게 진 자유민과 흡사하다. 그에게 인신상의 구속은 없고 단지 그에게 지워진 부역의무를 소위 "주인"에게 다하면 되었고 이 의무는 개인들 사이에서 매매되거나 상속될 수 있었다는 것이 자유민의 부역과의 차이점이다. 법적으로 노비가 재산을 소유하고 富를 축적할 수 있었고, 그 재산은 자식들에게 상속 할 수 있었다. 이런 점에서 외거노비는 부역의무를 국가나 공동체가 아니라 한 개인에게 진 "자유민"으로 볼 수도 있을 것이다.

노동을 조율하고 관리 하는 데에는 관리 계급이 필요했다. 족장들과 대인들은 노동을 조직했는데 나중에는 자신들의 가속인 서기와 관리들의 도움을 받았다. 정보 처리 기술로서의 문자가 발명된 이후에 관리들은 잉여 노동과 자원에 대한 상당한 통제권을 획득했다. 그러한 자원 분배로 경제를 훨씬 더 효과적으로 확대되었다. 이 기술들은 토큰들로 시작되어서 점토 도장으로, 다시 점토 "봉투"로 발전하였고 이 봉투 위에 각인하거나 새기는 관행에서 결국에는 문자 점토판으로 발전했다. 관리 혁신도 물질적 기술만큼 중요했다. 무엇보다도 회계를 위해서 문자가 필요했다. 바빌론의 서기 교육에는 벽돌을 만들고 성벽을 건설하며 흙을 나르고 운하를 파는데 동원되는 부역 노동을 위한 노동시간과 식량의 필요량을 계산하는 훈련 과정이 포함되었다. 선사시대 우르크에서 우르 3세 바빌론에 이르기까지 서기들은 노동자 1인당 매달 필요 식량을 계산하여 경제계획을 마련하였다.

정기적인 연회는 부역노동의 본질적인 특징 중 하나였다. 일을 끝마치고 벌어지는 연회는 인간 문화의 시초로 거슬러 올라간다. 연회와 그로 인해 발생한 채무/채권 관계는 평등한 사회에서 불평등한 사회로 넘어가는 데 있어 되먹임 작용을 했을 것이다. 그것은 결국 대인 엘리트들의 등장으로 이끌었을 것이다. 연회는 스톤헨지나 괴베클리 테페 같은 사원에서 행해졌다. 그러한 노동 기간 동안에만 사람들은 마을을 형성하여 체류했을 것이다. 노동은 부족하고 도망갈 땅은 넓기 때문에 부역 노동을 시키려면 그 참여자들을 끌어오고 붙잡아두어야 했을 것이다. 바빌론 지배자들은 부역 공사에서 연회를 벌여서 흥을 북돋우고 기분 전환을 시키려고 노력했다. 부역 노동은 집단소속감 및 정체성을 확인하는 기회를 주는 잔치가 필요했다.

고대 세계에는 노동 공급은 과잉이 아니라 부족이었다. 대부분의 기족들은 일상의 생계를 위해서 대체로 자급자족할 수 있었다. 대규모 토목공사에 사람들을 강제로 동원할 수가 없었다. 만일 강제로 시키려 했다면, 도망쳐도 얼마든지 먹고 살 수가 있었기 때문이다. 노동 공급은 거의 언제나 만성적으로 부족이었고 종종 아주 심하게 부족했다. 토지 사용권에 대한 대가로 부역 노동은 자발적인 동의에 의해서 조직되었다.

노예제는 고대 근동에서 상대적으로 미미한 역할을 했던 것으로 보인다. 동양적 전제주의라는 관념은 사실이 아니다. 대부분의 사람들은 가족 농장에서 또는 장인 길드에서 자신들을 위해서 일했다. 대부분의 전쟁 포로들은 살해당하든지 불구가 되었고 대부분이 여자인 소수만이 노예로 삼아졌다. 이 여자들은 주로 가사일을 하였다. 여자들이 더 다루기 쉽고 덜 공격적이었기 때문에 노예로 삼는 것이 쉬웠을 것이다. 다수의 노예 노동을 동원한 유일한 산업은 위험하고 더러우며 유독성 물질에 노출되기 쉬운 광산 일이었다. 기원전 4000년 이래 메소포타미아와 이집트에서 노예 문서가 남아 있긴 하지만, 그 수는 언제나 작았고 경제적으로는 그리 중요하지 않았다. 우르 3왕조 바빌론 치하에서 대부분의 외국 노예들은 여자였고, 전쟁 포로들이었다. 비록 주로 베를 짜거나 곡식을 가공하는 일에 종사했지만, 가끔씩 농업 노동자로도 일했다. 남자 전쟁 포로들은 만일 살해를 피한다면 맹인으로 만들어지고 난 다음에 특별한 종류의 일을 맡았다. 바빌론에서 그런 맹인 노예들은 우물에서 물을 긷고 과실수 및 야채 밭에 물을 주는 등 과수원에서 정원사를 돕는 일을 하였다.

후대에 고전적 세계에서 돈과 빚 노예가 채택되었지만 빚은 주기적으로 면제되지 않았기 때문에 빚 노예들은 엄청나게 많아졌고 사회 안정과 군사적 안보가 위협받을 정도가 되었다. 동산 노예제와 더불어 빚 노예제는 후기 로마제국의 플랜테이션 농업체제(라티푼디움)를 유지시키는데 일조하였다.

속박된 노동을 강요하는 주요한 수단은 빚이었다. 메소포타미아에서 "노예"라는 말은 빚 노예와 동산 노예를 구분하지 않았다. 빚 노예는 재산으로 간주되지도 않았고 매매될 수도 없었지만 용어상으로는 구분되지 않았다. 《불평등의 창조(Creation of Inequality)》에서 고고학자들인 Flannery와 Marcus는 사회가 계층화 된 원인은 빚 때문이라는 가설을 주장했다. 사실상 역상 최초로 등장한 계급은 채무자/채권자 계급이었을지도 모른다. 농업 및 개인 이자대금업은 빚 예종을 통해서 노동 서비스를 확보하는 주요한 수단이 되었다.

고대 로마와 그리스 노예제

생산양식[Mode of production, 生産樣式]이란 사람들이 생활상의 필요물(의식주나 노동의 요구 등)을 획득하는 양식, 즉 사회적 생산을 수행하는 양식을 가리키는데, 그 중에는, 노예제, 봉건제, 자본주의 같은 생산양식들이 있다. 생산양식은 사회구성체의 기초를 이룬다고 볼 수 있다. 역사학자 페리 앤더슨에 따르면, 고전 그리스-로마 사회에서 노예제 생산 방식은 그리스-로마 세계의 결정적인 발명으로서 그들의 성취와 쇠락에 대한 궁극적인 기초를 제공했다. 노예제 자체는 근동 고대국가 전체에 걸쳐 다양한 형태로 존재했었지만 그것은 채무 빚이나 형벌 노동의 형태를 취하는 노예제로서 그 정도도 작았고 부수적인 제도였다. 그것은 무형의 연속적인 종속과 예종의 층에서 매우 낮은 범주를 형성하고 있었을 뿐이다. 그것은 잉여를 추출하는 데 있어서 이러한 헬레니즘 이전의 군주제에서의 지배적인 유형도 결코 아니었다. 그것은 주요 농촌 노동력의 가장자리에 존재하는 찌꺼기 현상에 불과했다.

후기 지중해 세계의 가볍고 건조한 토양 농업과 대조적으로 집약 관개 농업 위에 건설된 수메르, 바빌로니아, 아시리아, 이집트 제국 같은 강대국들은 노예경제가 아니었고, 그들의 법체계는 동산재산에 대한 뚜렷한 별도의 개념이 없었다. 노예제도를 형식적으로 절대적이고 그 범위를 포괄적으로 만들어, 부수적인 제도에서 체계적인 생산양식으로 전환시킨 것은 그리스 도시국가들이었다. 물론 고전적인 헬레니즘 세계는 결코 노예 노동에만 의존하지 않았다. 자유농민들, 종속 세입자들, 그리고 도시 예술가들이 그리스의 다른 도시 국가들에서 항상 다양하게 조합되어 노예들과 공존했다.

추정치는 매우 다양하지만, 페리클레스 아테네에서 노예:자유 시민의 비율이 약 3 : 2였을 것으로 추정된다. 다른 도시국가들에서 상대적인 노예 비율은 아마도 더 높았을 것이다; 스파르타에서는 노예에 해당되는 헬롯helot 인구는 항상 스파르타의 시민보다 훨씬 더 많았다. 기원전 4세기에 아리스토텔레스는 물론 '국가에는 많은 수의 노예가 포함될 수밖에 없다'고 말했다. 아리스토텔레스는 노예는 "살아 있는 도구"로 표현한다. 그러므로 노예로서의 노예에 대해서는 우정이나 정의가 있을 수 없다고 본다.:

"1이 모든 도구들은 그것을 사용하는 사람들의 혜택을 받지만, 무생물에 대한 우정이나 정의는 있을 수 없다. 실제로 말이나 황소에게 조차, 노예로서의 노예에 대해서도 있을 수 없다 왜냐하면 주인과 노예는 공통점이 없기 때문이다. 도구가 무생물 노예인 것처럼 노예는 살아 있는 도구다. 그러므로 노예와의 우정은 비록 인간으로서 있을 수 있지만, 노예로서 노예와의 우정은 있을 수 없다. 모든 인간이 법과 계약에 참여할 수 있는 모든 다른 사람들과의 관계에서 어느 정도 정의의 여지가 있는 것처럼 보이기 때문이다. 따라서 우정은 그가 인간인 한 모든 사람들과도 가능하다. 그러므로 전제군주에서도 통치자와 피지배자 사이의 우정과 정의의 여지는 거의 없다. 그러나 평등한 시민들 사이에 공통점이 많은 민주주의에서는 그럴 여지가 매우 많다."

(아리스토넬레스, 윤리학, 1161b.1)

아리스토텔레스는 노예는 천성적으로 지배받게 태어났다고 본다. 지배하게 태어난 자와 받게 태어난 자가 따로 있기 때문에 노예가 있다고 그는 본다.:

"그러므로 이러한 고려는 노예의 성격과 그 본질적인 성질을 분명히 한다. 즉, 본성상 자신이 아니라 다른 사람에 속하는 사람은 본성상 노예이며, 사람으로서 한 재산 품목이면 그 사람은 다른 사람에게 속한 인간이며, 재산 품목은 그 소유자와는 분리할 수 없는 행위를 위한 도구이다.

[20]권위와 종속은 피할 수 없을 뿐만 아니라 편의적인 조건이다. 어떤 경우에는 출생 순간부터 지배하기로 어떤 자는 지배당하도록 되어 있다."

(아리스토텔레스, 정치학 1권, 1254a)

고대 그리스 도시국가와 로마 공화국에서 노예제는 그들의 사회를 유지하기 위해 경제를 돌리는 원동력이었다. 고대 그리스와 고대 로마의 경제에서 노예제는 일종의 동산 노예제(chattel slavery)였다. 동산 노예는 "재산으로 소유되며 사용, 매매, 주어지거나 빌려줄 수 있는 상품으로 취급되는 개별적인 인간"라고 정의된다. 노예는 다른 노예를 소유할 수 있다. 고대 그리스에서는 솔론(Solon)이 아테네 법 개혁 직후에 동산 노예가 발생하기 시작했다.

고대 그리스에서 노예들은 사상 처음으로 가정 범위를 넘어서 수공예, 산업, 농업에 습관적으로 고용되었다. 동시에, 노예제 사용이 일반화 되는 동안, 그것의 성격은 그에 상응하여 절대적인 것이 되었다: 그것은 더 이상 많은 사람들 사이에서, 점진적인 연속성을 따르는 하나의 상대적인 형태의 예종이 아니라, 구속되지 않는 자유에 대비하여 완전한 자유의 상실이라는 극한적 조건이 되었다. 그리스 도시들의 시민권이 의식적인 법적 자유라는 높이에 도달하게 된 것은 바로 노예 하위 집단이 형성되어 힘들고 고된 일을 대신 해 줄 노동력이 생겼기 때문이다. 헬레네의 자유와 노예제도는 분리할 수 없었다. 즉, 자유 시민권과 노예제는 분리불가분한 한 쌍의 구조적 조건이었다. 이러한 심오한 법적 변화는 그 자체가 노예제 생산양식의 출현에 의해 야기된 경제적 기적과 상관관계가 있는 사회적 이념으로 볼 수 있다.

고대 아테네와 로마에서 노예들은 아주 많았고 어디서나 흔하게 발견되었다. 고대 아테네에서 모든 시민들이 노예를 소유했다. 항구나 도시 노예시장들에서 많은 노예가 매매되었다. 아테네 노예들은 소위 “야만인”이었지만, 그리스인도 노예였는지 알려지지 않았다.

노예 덕분에 그리스 경제 주요 부문이 빠르게 발전했다. 아티카는 상당한 양의 부를 생산했고, 이는 주로 노예들에 의해 작동되었다. 광산에서의 작업은 소모성 노예들에 의해 이루어졌고 쉽게 교체될 수 있었다. 광산에서나 도시에서나 노예에 대한 수요는 컸고 그래서 아테네인들의 요구를 충족시키기 위해 공급이 뒤따랐다. 은광업은 아테네 경제에서 수요가 많은 산업이었다. 은광산은 아테네스의 군사적, 경제적 성공에 큰 공헌을 했다, 노예 수가 많았음으로, 아테네인들은 도망치거나 반항하는 노예들을 감시하기 위해 돌탑을 세웠다.

노예의 사용에 대한 또 다른 예는 상품을 제조하는 것이었다. 노예들은 전쟁 무기, 동상, 칼, 램프, 옷과 항아리를 만들었다. 계약자들은 도시와 계약을 맺어서 노예노동을 이용하여 채석장에서 돌을 캐낸 다음 운반하는 일을 맡았다. 심지어 공공건물에 대해서도 노예들은 노동력의 많은 부분을 제공했다. 다양한 노동자에게 공금을 지급한 상세한 비문이 남아 있기 때문에 기념비적인 건축물을 건설한 자들이 시민인지, 외국인 거주자인지, 노예인지를 알 수 있다.

기념비적인 구조물을 건설하기 위해 대량의 노예 노동을 사용하는 것에는 거의 비용이 들지 않는다. 그 노동에는 식비를 비롯한 약간의 유지비만 들어간다. 만일 그 작업이 노예의 생명을 위태롭게 하는 것이라면 그는 쉽게 교체할 수 있었다. 노예의 가격이 저렴하고 풍부하게 공급되었기 때문이다. 노예는, 귀족이 소유한 농장에서 농산물을 재배하고 유지하는 데에도 이용되었다.

고대 로마의 노예제

고대 로마의 노예제도는 사회와 경제에 중요한 역할을 했다. 노예들은 육체노동 외에도 많은 가사를 담당했고, 고도의 숙련된 작업과 직업에도 고용되었다. 회계사와 의사는 종종 노예였다. 특히 그리스 출신 노예들은 고학력일 수도 있다. 미숙한 노예들, 또는 징벌로 노예가 된 사람들은 농장, 광산, 그리고 제분소에서 일했다.

노예는 로마법상 재산으로 간주되었고 법적 인격은 없었다. 로마 시민들과는 달리 체벌, 성적 착취(창녀들은 노예인 경우가 많음), 고문, 즉결 처형을 당할 수 있었다. 그러나 시간이 지나면서 노예들에게 주인을 고발할 권리를 포함한 법적 보호가 강화되었다.

노예의 주요 공급원은 공화정 기간 동안 로마의 군사력 팽창이었다. 병사 포로들을 노예로 사용했음으로 아마도 필연적으로 일련의 대규모 무장 반란, 즉 노예 전쟁으로 이어졌고, 그 중 스파르타쿠스가 주도한 노예반란은 아주 위험했고 규모가 컸다. 초기 로마 제국의 팍스 로마나(Pax Romana) 기간 동안, 안정 유지에 중점이 두어졌고, 새로이 정복할 영역이 줄어들면서 노예공급선도 줄어갔다. 로마에서 높은 비율로 이루어지던 노예해방에 대해서도 법적 제한이 강화되었다. 노예들은 추격당하고 다시 잡혀서 돌아오곤 했다. 또한 가난한 사람들이 어려운 시기에 부유한 이웃에게 빚을 지는 경우도 빈발하여 자신을 채무노예로 또는 아이들을 노예로 팔아넘기는 사례도 있었다.

로마 시대에 걸쳐 많은 로마 시장의 노예들은 전쟁을 통해 획득되었다. 많은 전쟁 포로가 끌려오거나 무역상들에게 팔렸으며, 각 전쟁에서 붙잡힌 수백에서 수만 명의 노예들을 끌고 왔다. 세 번의 로마 노예 반란 전쟁(각각 135~132, 104~100, 기원전 73~71년) 후에 끌려가거나 다시 잡은 포로들도 노예 공급을 증가시켰다. 로마 공화정 동안의 전쟁에서 가장 많은 수의 포로들이 잡혀오고 노예를 공급했다. 제국 시대에도 전쟁은 내내 로마를 위한 노예를 공급했다.

로마 공화국정 시대에 오래 동안 해적질은 노예 공급에 일정 정도 기여했다. 폼페이우스는 기원전 67년에 지중해로부터의 해적행위를 효과적으로 근절했다. 폼페이우스 휘하에서 대규모의 해적행위가 근절되어 로마제국 하에서 통제되었지만, 그래도 해적질은 꾸준하게 남았고 해적행위를 통한 납치가 로마의 노예 공급에 계속 기여했다. 아우구스티누스는 서기 5세기 초에 북아프리카에서 납치되었던 광범위한 관행을 한탄했다.

로마 제국 팽창기 동안, 로마 엘리트들의 부의 증가와 노예제도의 실질적인 성장으로 경제가 변모되었다 경제는 노예제도에 의존하고 있었지만, 로마는 역사상 가장 크게 노예에 의존하는 문화는 아니었다. 헤로도토스에 따르면 스파르타인들 중에서 헬롯(helots)의 노예 등급이 자유민 계층보다 약 7대 1로 우세했다고 한다. 부유한 토지소유주들은 그들의 땅에서 일할 많은 노예들이 필요했다. 이탈리아에서 토지 투자와 농업 생산의 증대로 막대한 부가 창출되었고, 그것은 로마의 군사적 정복과 이후 이탈리아에 막대한 부와 노예가 유입되었음으로 광범위하고 신속한 기술혁신에 버금가는 효과를 내었기 때문이다.

이탈리아 노예 인구의 비율 추정치는 BC 1세기 동안에 30~40%였고 기원전 1세기 말이 되면 이탈리아에서 200만~300만 명의 노예가 있었고 이는 이탈리아 인구의 약 35%~40%에 이른다 AD 260-425년 기간 동안 제국 전체에서 노예 구는 500만 명 미만으로 추정되었으며, 이는 전체 인구 5000~6,000만 명의 10~15%에 해당한다. 전체 노예의 약 49%가 제국의 인구의 1.5%도 안 되는 엘리트들에 의해 소유된 것으로 추산된다. 전체 노예의 절반가량은 시골에서 일했다. 나머지 절반가량은 도시와 성읍에서 살았는데 가사, 및 상업 및 제조업 노동자로서 도시 인구의 25% 이상의 상당한 비율을 차지했다. 이탈리아로 들어온 노예들은 주로 게르만족과 슬라브족에서 온 유럽 토착민들이었다. 그리고 그들 중 유럽 외부 기원을 가지고 있는 노예들은 거의 없다.

묘비명에는 이발사, 집사, 요리사, 미용사, 시종, 주인의 옷 세탁, 간호사 또는 보육원, 교사, 비서, 재봉사, 회계사, 의사 등 최소한 55개의 다른 직업들이 기록되어 있다. 대규모 엘리트 가정에는 수백 명의 가내 노예들이 일하기도 했다. 도시 가내 노예의 생활 조건은, 그들이 함께 살던 자유인들에 비하면 열등하지만, 때로는 로마의 많은 자유 도시 빈곤층보다 더 좋았다. 가내 노예들은 주인이 포악하지 않으면 공노예 다음으로 로마의 노예들 중에서 가장 높은 수준의 생활을 누렸을 것 같다. 도시 일터에서 노예의 직업은 축융공(縮絨工), 판화공, 구두닦이, 제빵공, 마부, 매춘부 등이 있었다. 농장의 노동력이 대부분이 노예였을 것이고, 이 농장 감독관도 종종 노예였다.

로마 시대에 사람(인신persona)은 점차 "개인의 본성과 동의어"가 되었지만, 노예는 그 본성에서 제외되었다. 노예는 인신persona이 없다고 말해졌다. 그는 성격도 없고 그는 자신의 몸을 소유하지 않는다. 그는 조상도, 이름도, 인식자도, 자신의 물건도 없다. 노예의 증언은 노예가 고문을 당하지 않는 한 법정에서 받아들여질 수 없었다.

529년 동로마제국 황제 유스티니아누스 1세가 Theodosius 법전(Theodosian Code)을 교정 재정리해 증대판으로 낸 법전인 유스티니아누스 법전은 시민 법전(Corpus Juris Civilis)이라고 하며, 로마법의 권위서가 되었다. 로마법 학자 Gajus의 Institutiones(법 교본)가 낸 수정판인 「유스티니아누스의 법 교본(Institutes of Justinian)」 제1권을 보면 노예는 자연법에 반하지만 국가의 법은 계약을 도입하여 이를 정당화한다고 말한다.

"국가들의 법은 모든 인류에게 공통적이다. 왜냐하면 국가는 경우와 인간 삶의 필요에 따라 특정한 법을 제정했기 때문이다. 전쟁이 일어났고, 포로와 노예가 생겨났는데, 이것은 자연법에 반하는 것이다; 왜냐하면 자연법에 의해 모든 인간은 원래 자유롭게 태어나기 때문이다. 또한, 국가의 법에 의해, 예를 들어 매매,; 허용과 고용, 파트너십, 예금, 현물로 반환할 수 있는 대부, 그리고 매우 많은 다른 계약들 같은 거의 모든 계약이 처음에 도입되었다."

(「유스티니아누스의 법 교본(Institutes of Justinian)」,II. 자연법, 보통법, 민법)

또한 유스티니아누스 법전은 모든 인간은 자유인이거나 아니면 노예 밖에 없으며, 노예는 자기가 원하는 바를 할 수 없는 자로 규정하는데 전쟁 포로이거나 어머니가 노예인 자 그리고 채무노예는 국가의 법에 의해서 노예가 된다고 못 박는다.:

"인간은 모두 자유인이거나 아니면 노예다.

1. 인간이 자유롭다고 하는 말해지는 자유란 무력으로나 법에 의해 금지되지 않는 한, 우리 각자가 원하는 것을 하는 자연적인 힘이다.
2. 노예제도는 자연권에 반하여 한 사람이 다른 사람의 재산으로 만들어지는 국가법의 제도다.
3. 노예는 servi(servus의 복수형)라고 명명되는데, 장군들은 포로를 팔라고 명령하여 그 생명을 보존하고, 죽이지 않기 때문이다. 노예는 강한 손에 의해 적으로부터 빼앗은 것이기 때문에 만시피아(mancipium-손으로 빼앗은 것)라고도 불린다.
4. 노예들은 태어나거나 그렇게 된다. 그들은 어머니가 노예일 때 그렇게 태어난다. 그들은 국가의 법에 의해, 즉 포로로 잡히거나 민법에 의해 그렇게 된다. 마치 20세 이상의 자유인이 팔리게 내놓게 되어 판매 대금을 공유할 수 있을 때 그렇게 된다.
5. 노예의 상태에서는 구별이 없다. 그러나 자유인 사이에는 많은 구별

이 있다. 그들은 자유롭게 태어났거나, 자유롭게 되었기 때문이다."

(「유스티니아누스의 법 교본(Institutes of Justinian)」. III. 인신법)

로마는 많은 노예들을 해방시켜서 자유 시민의 권리를 부여했다. 이는 그리스의 도시국가들과 확연히 다른 점이다. 노예 해방 이후 로마 시민에 속했던 남성 노예는 소유권으로부터의 수동적 자유뿐만 아니라 투표권을 포함한 적극적인 정치적 자유(libertas리베르타)를 누렸다. 자유를 얻은 노예는 따라서 그의 전 주인과 관련하여 자유민이 되었고, 그 후 그의 전 주인은 그의 후견인(patronus)이 되었다. 그렇지만 해방된 노예들은 공직이나 사제직을 맡을 자격이 없었고, 원로원이 될 수도 없었다.

노예 반란과 도망도 끊이지 않았다. 로마는 도망 노예들을 돕는 것을 금지했고, 전문적인 노예 포수들이 고용되어 도망 노예들을 사냥했다. 탈출한 노예들에 대한 정확한 인상착의와 함께 공고문이 게재되었고, 보상을 제공했다. 붙잡히면 도망자들은 채찍을 맞거나, 불 꼬챙이로 지져지거나, 죽임을 당하는 처벌에 처해졌다. 살았던 사람들은 도망자 FUG라는 글자로 이마에 낙인이 찍혔다. 때때로 노예들은 쇠목걸이를 목에 걸고 다녀야 했다.

절대재산권과 로마 노예제

로마 공화정 법학은 노예의 법적 지위를 공법이나 형법이 아니라 재산에 대한 논쟁의 당사자들 사이의 민사법의 영역에서 다루는 역사적인 대 전환을 주도했다. 이와 같은 일반적인 법률 이론의 발전은 고대사에서 완전히 새로운 것이었다. 그것은 국가의 관리나 율사가 아니라, 소송 자체의 절차 밖에 남아 있는 전문적이고 귀족적인 법학자의 창조였다. 이 법학자들은 사실의 문제가 아니라 법률적인 원리에 관한 질문에만 실제 법정에서 의견을 제시했다. 공식적인 지위가 없는 공화정 법학자은 상업적, 사회적 특정 행위 분석에 적용할 수 있는 일련의 추상적인 '계약자(契約者)'라는 개념을 발전시켰다. 그들의 지적 성향은 체계적이라기보다는 분석적이었지만, 그들의 작업의 누적된 결과로 역사상 최초로 조직적 민사 법학이 출현하게 되었다. 이탈리아에서 상품경제의 성장은 로마제국 제도의 구축에 수반되었고, 그것은 노예제도의 광범위한 사용에 근거하여, 후기 공화정의 전례 없는 상법에서 반영되었다.

후기 공화정에서 새로운 로마법의 위대하고 결정적인 성과는 '절대 재산'이라는 개념을 발명한 것이다. 이전의 어떤 법체계도 무조건적인 절대적인 사유재산이라는 개념을 알지도 못했고 발명하지도 못했다. 그리스, 페르시아 또는 이집트에서의 소유권은 항상 상대적이었다.

상품에 대한 사실적 통제로서의 단순한 '점유'와 완전한 법적 권리로서의 '재산'에 대한 새로운 구분을 발전시킴으로써, 로마의 법학은 사상 최초로 사적소유권을 외부의 자격이나 구속으로부터 해방시켰다. 자연스럽게 극히 실질적인 부문이 노예의 소유를 다루는데 바쳐진 로마의 재산법은 공화정 제국주의가 가능케 했던 확대된 국가 체제 내에서의 상품생산과 교환의 원초적인 개념적 증류를 대표했다.

중세 유럽의 노예무역과 유태인

중세 유럽에서는 노예무역은 거의 전적으로 유태인이 주도했다. 그렇지만 그 노예들은 유럽에서 요구된 것은 아니었다. 유럽에서 1000년 즈음에는 노예제는 대부분 소멸되었기 때문이다. 로마의 노예제는 사라지고 그 자리에 농노제가 들어섰고 교회가 서기 1000년 전후에 기독교인을 노예로 삼는 것을 금지했기 때문이었다. 영어를 포함한 유럽의 주요 언어에서 노예(slave)라는 단어는 슬라브족을 가리키는 데에서 유래한다. 그만큼 슬라브족이 주로 노예로 삼아졌기 때문이다. 이 노예들은 주로 스페인을 비롯한 무슬림지역으로 팔려 나갔다.

야만족의 로마제국 침략 후에 따라온 혼란의 시기인 초기 중세유럽에서 노예를 취하는 로마 관행은 많은 지역에서 계속되었다 웨일즈 법률은 노예를 다루는 조항을 포함하고 있고, 서고트(Visigothic) 법은 범죄에 대한 보상금을 갚을 수 없거나 그리고 다른 어떤 범죄에 대한 처벌로 사람들을 노예로 삼는 규정이 있었다. 게르만법들은 범죄자를 노예로 삼을 수 있게 규정했다. 그런 범죄자들은 종종 자신의 재산과 함께 피해자의 노예가 된다.

중세 유럽에서 교회가 세를 넓히고 신자들이 많아지면서 교회는 같은 기독교신자들을 노예로 속박하는 관행을 줄이는데 적극적으로 노력했다. 한 때 자신이 체포되어 노예가 된 적이 있었던 성 패트릭(Patrick)은 코로티쿠스(Coroticus) 군인들에게 보낸 편지에서 새로이 세례를 받은 기독교인들을 노예로 삼는 공격에 항의했다. 클로비스 II세와 결혼하기 전에 노예가 되었던 프랭크의 여왕 Bathilde도 섭정이 되었을 때, 메로빙거 제국을 통틀어 기독교인들의 노예 매매를 금지했다. 그렇지만 1066년 노르만정복 이후 명목상 영국 기독교인의 동산노예제도(chattel slavery)가 폐지되었음에도 불구하고 잉글랜드의 토지대장(Domesday Book, 1086)에 등록된 영국 인구의 약 10%는 노예였다,

중세 유럽의 노예무역은 주로 이슬람 세계와 이루어졌다. 기독교인은 노예가 될 수 없었다. 베니스와 카롤링거 제국 사이 840년의 로타니 협정pactum Lotharii에서, 베니스는 기독교인 노예를 그 제국에서 사지도 않을 것이고 무슬림에 기독교인 노예를 수출하지도 않겠다고 약속했다. 교회는 수차례 공의회를 열어서 비기독교 지역으로 기독교인 노예 수출을 금지했다. 따라서 대부분의 기독교 노예상인들은 기독교가 아닌 지역에서 노예들을 사거나 잡아다가 무슬림 스페인, 북아프리카 및 중동 지역으로 노예들을 판매하였고 대부분의 비기독교 상인들은 교회규칙에 구속받지 않았지만 이슬람 시장에 집중했다

이탈리아 상인

자카리아 교황(741~752)의 시대에는 베니스에서는 노예들을 이태리에서 구매하여 북부 아프리카의 무어 인들에게 파는 노예시장을 개설했고 이 시장은 번창했다. 이슬람교도에게 기독교인 노예 판매가 금지되었을 때 베니스 상인들은 슬라브족을 비롯하여 동유럽의 비기독교인 노예들을 더 많이 팔기 시작했다. 노예들의 캐라반은 동유럽에서 오스트리아의 알프스 통로를 거쳐 베니스에 도착했다. 그 중 일부는 보헤미아와 키에프 루스의 슬라브족 노예들이다. 그들은 키예프에서 프르미미실, 크라쿠프, 프라하, 보헤미아를 거쳐 왔다. 여자노예가 남자 노예보다 더 비쌌다. 거세된 노예는 특히 가치가 있었고, 이 수요를 충족시키기 위해 베니스와 다른 유명한 노예 시장에서 "거세 집들"이 생겨났다.

남부 이탈리아에는 그리스, 불가리아, 아르메니아 및 슬라브 지방을 포함한 먼 지역에서 온 노예들이 넘쳐났다. 9세기와 10세기 동안 아말피는 북아프리카의 주요 노예 수출국이었다. 베니스와 함께 제노바는 12

세기 동부 지중해 연안 무역과 13세기 초 흑해 무역을 주도했다. 그들은 슬라브계와 발트계 노예들, 그리고 그루지아인들, 투르크 인들, 그리고 흑해와 코카서스 민족 노예들을 중동의 무슬림 국가들에 팔았다. 제노바는 주로 13세기까지 크리미아에서 이집트까지 노예무역을 장악했다. 1414년에서 1423년 사이에 베니스에서 적어도 10,000명의 노예가 팔렸다.

바이킹

바이킹 시대 (793년~약 1100년) 동안 북구 사람은 종종 그들이 만난 군사적으로 약한 사람들을 생포하고 노예로 삼았다. 북구국가들은 그들의 노예들을 thrall(Old Norse : þræll)이라고 불렀다. 스롤은 주로 서유럽인들이었고, 그 중에는 많은 프랭크, 앵글로 색슨, 켈트족이 있었다. 많은 아일랜드 노예들은 아이슬란드의 식민지 개척을 위해 원정에 동원되었다. 그들은 수도원 습격으로 획득한 젊은 교육받은 노예들을 베니스와 비잔틴에서 고가로 판매했다. 8세기말까지 스칸디나비아 무역센터는 덴마크와 스웨덴에서 러시아 북부로 뻗어 있었다. 이 노예거래는 스칸디나비아 인이 노르웨이 남서부의 카우팡과 노브고로드에 더 많은 무역 센터를 설립하면서 9 세기까지 계속되었다. 더블린(Dublin)과 기타 북서부 유럽의 바이킹 정착지는 노예 포로가 북쪽으로 거래되는 관문으로 설립되었다.

노르웨이 사람은 또한 독일, 발트 해, 슬라브 노예 및 라틴 노예들을 가지고 갔다. 10 세기 페르시아 여행자 Ibn Rustah는 스웨덴의 바이킹들이 볼가 강을 따라 가면서 슬라브족들을 공포에 떨게 하고 습격하여 노예로 삼는 방법을 설명했다. 노예들은 종종 볼가 무역 루트와 같은 길을 통해 비잔틴이나 무슬림 구매자들에게 남쪽으로 팔렸다. 핀란드도 바이킹들이 노예를 습격하고 잡아오는 또 다른 주요 지역이었다. 핀란드와 발트 국가의 노예들은 중앙아시아까지 거래되었다.

몽골인

13세기의 몽고는 전 세계를 침략하고 정복하였고 이에 따라 당연히 많은 수의 노예들이 매매되었다. 몽골인은 숙련 기술자, 여자 및 아이들을 노예로 삼아 그들을 카라코룸 또는 사라이(Sarai)로 데려갔고, 그들은 유라시아 전역에 판매되었다. 이 노예들 중 많은 노예들은 노브고로드의 노예시장으로 선적되었다.

크리미아의 제노바와 베네치아 상인들은 황금 군단(13세기에 유럽을 원정한 몽골의 군단Golden Horde)과 노예 매매에 연루되어 있었다. 1441년에 하시 기라이(Haci I Giray)는 황금 제국에 대항하여 독립운동을 하면서 크리미아 칸국 [The Crimean Khanate]을 건국했는데 그의 사후에 크리미아는 황금 제국과 제노바에 대항하기 위해 오스만 제국의 도움을 받았고 결국 칸국은 오스만의 보호령이 되었다. 크리미아는 18세기 초반까지 오랜 세월 동안 오스만 제국과 중동과의 노예무역을 계속했다. 그들은 "대초원 수확"이라는 과정에서 많은 슬라브 농민들을 노예로 만들었다.

라단 유태인 상인과 향신료 무역

성경에 따르면 최초의 향신료는 에덴동산에서 발견되었다. 창세기 2:12에서 우리는 하윌라라고 알려진 땅에 대해 듣게 된다. "12 그 땅의 금은 순금이요 그 곳에는 베델리엄과 호마노도 있으며." 베델리엄(Bdellium)은 특정 종의 관목 같은 나무의 껍질을 잘라내어 얻은 향기로운 껌 수지다.

베델리엄 수지는 투명하고 작은 밀랍 같은 알갱이로 굳어진다. 고대 이집트의 여성들이 그것을 향수로 가지고 다녔다고 전해진다.

향신료는 일반적으로 향기로운 식물의 건조된 부분, 즉 뿌리, 나무껍질, 씨앗 등으로 정의되며, 잎과 줄기는 허브로 정의된다. 형제들이 발름과 몰약을 운반하는 향신료 장사꾼들에게 팔아넘긴 요셉의 창세기 이야기("그들이 앉아 음식을 먹다가 눈을 들어 본즉 한 무리의 이스마엘 사람들이 길르앗에서 오는데 그 낙타들에 향품과 유향과 몰약을 싣고 애굽으로 내려가는지라"—창세기 37:25)부터 아가("6연기 기둥과도 같고 몰약과 유향과 장사의 여러가지 향품으로 향기롭게도 하고 거친 들에서 오는 자가 누구인고"(솔로몬 아가 3:6))에 이르기까지 성경에는 향신료 이야기가 빈번하게 등장한다. 탈무드에서는 수십 가지 종류의 향신료가 거론 되는데, 여기에는 오늘날 우리가 알고 있는 많은 것, 즉 생강, 쿠민, 겨자씨, 후추 등, 뿌리 코스타스나 기피제와 같은 더 신기한 향신료가 포함된다.

고대 세계에서는 향신료가 향기증진제로서 뿐만 아니라 약용과 종교의식에도 사용되었다. 예를 들어 유대인의 전통에서 출애굽기에 신은 시나이에게 성막용 기름의 조제를 지시한다.

> "23 너는 상등 향품을 가지되 액체 몰약 오백 세겔과 그 반수의 향기로운 육계 이백오십 세겔과 향기로운 창포 이백오십 세겔과 계피 오백 세겔을 성소의 세겔로 하고 감람 기름 한 힌을 가지고 그것으로 거룩한 관유를 만들되 향을 제조하는 법대로 향기름을 만들지니 그것이 거룩한 관유가 될지라"
>
> (출애굽기, 30:23~25)

대부분의 향신료는 동양에서 수입되었고, 디아스포라 시대에 이르러 유대인들은 번성하는 향신료 거래에 깊이 관여하고 있었다. 서력기원(西曆紀元) 처음 몇 세기 동안에 주로 유대인과 시리아 인에 의해 향신료 거래가 이루어졌으나 8세기 무렵에는 시리아가 아랍인에 의해 정복되면서 유태인 상인들이 향신료 거래에서 지배적인 세력이 되었다. 후에 9세기와 10세기에 이러한 상인들은 유럽에서 국제 상거래의 보존에 핵심적인 역할을 하게 되었다.

그 당시 유럽은 기독교와 이슬람의 두 진영으로 나뉘어져 있었고 사실상 그들 사이의 모든 무역통로가 폐쇄되었다. 800년경에는 배가 더 이상 기독교 지역에서 무슬림 항구로 항해하는 것은 불가능하게 되었다. 그 당시에 라단인Radanite)들로 알려진 유태인 행상인들만이 기독교인들과 이슬람교도들 모두에게 용인되었고, 따라서 두 지역을 자유자재로 왕복할 자유를 누린 유일한 무역상들이었다.

9세기에 바그다드 칼리프에서 활약했던 이븐 호르다드가 저술한 지리서에 "라단인이라 불리는 유대 상인"에 대해 이야기하는데, "여러 언어에 능통한" 이들은 "서쪽에서 동쪽으로, 일부는 육지에서, 일부는 바다로," 행상한다고 적혀있다. 그가 보고한 바에 따르면, 라단인 유태인들은 천, 모피, 칼뿐만 아니라 아시아 하렘을 위해서 내시와 여자 노예들을 데려왔고 동양에서 이국적인 향신료를 가지고 돌아왔다.

유대인 상인 모험가: 라다인들에 대한 연구 "Jewish Merchant Adventurers: A Study of the Radanites"라는 매혹적인 작은 책에 따르면 라다인인들은 유럽에서 북아프리카와 아시아로 뻗어나가는 네 개의 주요 무역로를 개설했다. 예를 들어, 그 노선들 중 하나를 따라, 라

다나이트 무역상은 프랑스에서 남쪽으로 출발하여 지중해를 가로질러 모로코로 항해하곤 했는데, 그곳에서 라단인은 낙타 캐러밴을 타고 북 아프리카를 횡단하여 중동의 바그다드와 바스라의 주요 도시를 통과하고 마침내 인도를 횡단하고 마침내 중국까지 간다.

라단인들은 어떻게 그렇게 긴 교역로를 운영할 수 있었을까? 그것은 오직 한 쪽 끝에는 스페인에서부터 다른 한 쪽 끝에는 인도의 코친과 그리고 항저우, 개봉, 칸튼을 포함한 중국의 다양한 유태인 정착지들 때문에 가능했다. 이 지역사회을 이용해서 라단인들은 독보적으로 동양의 상품에 접근할 수 있었다. 그들과 지역 유태인 상인들은 단지 공통된 종교만 아니라 적어도 하나의 언어(히브리어)를 공유했고, 율법, 소개장 및 아마도 가장 중요하게는 상업 신용의 체계가 잘 발달되어 있었기 때문이다. 그 결과 프랑스에서 온 유대인 무역업자는 큰 지장없이 카이로나 바그다드에서 유태인 물품 공급업자와 거래를 할 수 있었다.

라단인은 주로 향신료-"머스크, 알로에, 장뇌, 계피"를 거래했고 이 밖에 진주와 다른 귀중한 돌들이 포함되어 있었을지 모르지만, 분명히 다른 수많은 향신료들, 그 중에서도 후추, 정향, 육두구, 생강, 갈랑갈, 사프론 등이 포함되어 있었다. 향신료는 동양에서 가져온 가장 중요한 상품이었다. 왜냐하면 향신료가 그러한 힘든 여정에 필요한 세 가지 기준-부피가 작고, 시장이 준비가 되어 있고, 엄청난 이윤을 준다는 조건을 충족시켰기 때문이다.

그러나 10세기 말에 이르러 베네치아의 상인들은 이미 라단인의 독점에 도전하기 시작했고. 11세기 말에 이르러 십자군 전쟁의 군사적 성공으로 동서양의 막힌 무역로가 다시 개방되면서 라단 유태인들은 몰락하기 시작하였다.

유태인과 노예무역

기원후 500년까지 바빌로니아 탈무드는 국가 종교로서의 유대교의 성격을 결정짓는 경전이 되었다. 그것은 유럽, 아프리카, 아시아의 대다수의 유대인들이 지켜온 종교 및 민법의 규범이 되었다. 바빌로니아 탈무드는 유대인이 선택된 민족이며 따라서 다른 민족들보다 우월하다고 강조했다. 그것은 유태인의 카리스마를 창조하는 데 도움을 주었고 유대교의 기본 경전 역할을 했으며 제2차 세계대전에서의 독일의 유태인 집단학살 전까지 중유럽과 동유럽의 정교 유태인 대중들의 윤리적, 문화적 발전의 기초였다. 그것은 정교 유대인들의 사고방식과 구체적인 사고방식을 형성했고 현대 유대 민족주의의 발전을 고무시켰다. 바빌로니아 탈무드는 유대교에게 유럽, 아시아, 아프리카에 있는 유대인들의 배타적인 민족 종교의 성격을 주었다.

메소포타미아에서 바빌로니아 탈무드가 완성된 후, 8세기, 9세기, 10세기에 유럽에서 가장 문명화된 국가인 아랍이 지배하는 스페인에 유대인 디아스포라의 중요한 문화 중심지가 세워졌다. 아랍 스페인은 8세기에서 15세기 사이에 유대인 문화가 번성하는 곳이었다. 아랍 제국 내의 유대인들의 상황은 서기 637년 오마르 1세의 포고령으로 정상화되었다. 이슬람교의 유대인들은 "용인되는 이교도"로 인식되었다. 대부분의 중세 유대인들은 스페인에 거주했다. 중세 유대인 상인들은 "라단인"으로 알려져 있었다. 그들은 프랑스와 독일, 그리고 아랍 스페인 출신의 서유럽 유대인들을 포함했다.

"라단 사람"이라는 용어는 론 강(라틴 로다누스)을 따라 아랍-기독교 국경의 이름에서 유래되었을 수도 있는데, 그 이유는 그 강을 가로질러 행해진 격렬한 노예무역 때문이었다. 노예들은 베르됭(프랑스 북동부의 도시), 베니스, 리옹에서 거세당했고 유대인 라다나이트 노예무역업자들에 의해 스페인의 아랍인들에게 팔렸다. 이 유태인 노예 거래에는 나중에 아랍 통치자들에 의해 경호원, 노예 군인, 관료로 이용되기 위해 적절히 교화된 소녀와 소년들도 포함되었다.

'라단인'라는 이름의 유래에 관한 또 다른 설은 그 이름이 '길을 아는 사람들'을 뜻하는 페르시아어에서 나왔다는 것이다. 이 설명은 로마 제국 멸망 이후 무역에서 유대 상인들의 주도적 역할과 관련이 있었다. 7세기에서 10세기 중반까지 라다나이트는 유럽, 북아프리카, 그리고 중국을 포함한 남부 아시아를 포함하는 무역을 지배했다. 당시는 히브리어가 세계 무역에서 공용되는 유일한 언어였다. 유대인들은 기독교와 이슬람 세계 사이를 이동하고 교역할 수 있는 몇 안 되는 그룹 중 하나였다.

10세기에 프라하는 노예무역의 중심지였다. 성 아달베르트는 989년 프라하의 주교에서 물러났는데, 이는 유태인 상인이 사들인 기독교인들을 모두 매수할 수 없었기 때문이다 유태인 상인들은 이슬람 국가들에 슬라브인 노예들을 데려왔다. 여자와 소녀들은 하렘 후궁용이었다. 남자애들은 거세 후에 내시가 될 것이었다. 이슬람교와 이슬람교도의 법에 따르면 거세하는 것이 금지되어 있어서 그 덕분에 유태인 의사들은 거세하는 일을 담당하게 되었다. 이슬람 하렘의 주요 공급처는 슬라브족들있다. 슬라브인들은 유대인들이 거주하고 있는 스페인 도시들에 노예들로 끌려와 거세당했다. 프랑크 제국의 유태인들도 거세를 실시했다. 거세할 때, 고환들을 잘라서 제거했는데 종종, 이 수술을 하는 동안, 소년은 겁을 먹고 고환 한 개가 날라가는 경우들이 있었다. 유태인 의사는 그것를 찾으려 하지만, 못 찾는 경우도 많았다.

유태인 노예무역은 기독교인들을 노예로 팔지 못하도록 하는 기독교 교회의 금지도 가볍게 넘어갔다. 교회들은 기독교인 노예를 구입하려 시도했지만 종종 단순히 자금 부족 때문에 가능하지 않은 경우가 있었다. 성 아달베르트는 프라하의 주교직을 사임했는데, 모든 기독교인들을 되찾을 수 없었기 때문이다.

아랍 스페인은 노예(내시, 소녀, 소년)의 주요 시장이었다. 모피, 비버 가죽, 비단, 무기 등을 사들인 중국까지 멀리 노예들이 팔려나갔다. 중국에서 유럽으로의 수출에는 계피, 향신료, 사향, 장뇌 등이 포함되었다. 오늘날의 그루지아인 카자리아(Khazaria)의 수도 이틸(Itil)은 중요한 유대인 무역 중심지였다. 유대인 상인들은 로마 제국의 몰락 이후 국제 무역에서 중요한 역할을 했다. 2세기 동안 그들은 히브리어를 세계 상업의 유일한 언어로 만들었다. 유대인들이 주요 노예상인이 되어 이교도들과 거래하고 유럽의 노예들을 이슬람에 데려오는 등 아랍 제국에서는 중요한 존재였다.

폴란드에서 대왕을 섬기는 유태인들은 동전을 주조하고 그 위에 히브리 문자로 폴란드 군주의 이름을 새겼다. 폴란드에서 유대인 노예 무역업자들은 매우 높은 가치를 지닌 장인들이었다. 로마의 경제가 노예제도에 기반을 둔 이후 노예무역은 계속되어 왔다. 카톨릭 교회는 노예제도에 대항하여 싸웠고 노예무역에 대항하는 투쟁에서, 성 아달베르트 가문은. 프라하에서 유대인 노예상인들의 지지를 받는 상대에게 체코 왕위를 빼앗겼다. 폴란드 중서부에 있는 역사적인 도시 그니에즈노의 대성당을 위해 만들어진 1170년 청동문 위에 있는 18개의 조각품 중 하나는 폴란드 왕 미에스코 2세(990~1034)가 공식적으로 왕위에 오른 두 번째 왕인 볼레스라우스 대왕(Boleslaus the Great)의 아들 앞에서 유대인 상인들로부터 폴란드 주교가 만신창이가 된 기독교 노예들을 구출하는 장면을 묘사한다.

폴란드에서 가장 오래된 유태인 공동체가 있는데 그것은 분명히 키예비안 루스에 의해 965년에 정복된 카자르 왕국의 유대인으로 구성되어 있었다. 투르크멘 하자르 국은 흑해와 카스피해 사이에 위치해 있었다. 폴란드 남부의 최초의 유태인 식민지는 분명히 서양에서 온 산물, 말, 가죽, 모피, 검, 그리고 양 성의 노예를 동쪽에서 온 사치품으로 교환하기 위해 조직된 것으로 보인다. 유대인들은 일반적으로 스페인에서 아랍 돈을 주로 사용했고 그들의 주요 영업은 보헤미아가 그의 제국의 일부였던 1003~1004년에 볼레슬로스 대왕이 통치했던 체코 수도 프라하에서 이루어졌다.

유태인과 자본주의

독일의 사회학자 베르너 좀바르트(Werner Sombart, 1863년~1941년)는 그의 저서 《유태인과 근세자본주의》에서 유태인을 자본주의의 창시자로 주장했다. 중세유럽에서 유태인들은 우리가 자본주의의 특징이라고 부르는 많은 것들의 원조라고 좀바르트는 주장한다. 그에 따르면, 근대의 일상 경제생활의 외적 구조는 주로 유태인의 손에 의해 세워졌으며 자본주의 경제생활의 기저에 있는 원리도 유태인들의 관행에서 그 기원을 추적할 수 있다.

유태인들은 공정거래 '공정 임금' 공정 이윤이라는 오래된 불문율을 무시하고 돈과 이윤 추구에 몰두했다. 또한 영업 활동의 지역적 한계를 넘어서서 어디든지 돈이 되는 곳이면 사업을 했다. 그들은 호객 행위도 마다하지 않고 싼 값에 물건을 팔았다. 그들은 가격 경쟁의 원조였다. 그들은 열악한 제품을 팔았고 장물 거래에서 얻은 물품들을 판매했다. 그들은 사상 최초로 상품을 광고했다. 또한 그들은 거짓으로 파산했다.

초기 자본주의 시대에 상품들은 소비자들이 그들의 욕구가 충분히 만족되도록 하기 위해서 매매되었다. 다른 한편, 생산자와 거래자들은 공정한 임금과 공정한 이윤을 받아야 했다. 전통과 관습이 무엇이 공정하고 무엇이 당신 필요에 충분한지를 결정했다. 그래서 생산자와 거래자들은 그들의 지위에서 안락의 기준에 의해서 요구되는 것만큼만 받아야 했다. 그것이 중세적 관점이었다; 그것은 또한 초기 자본주의 시대의 관점이기도 했다. 그러므로, 이윤을 버는 것은 그 시대 전체에 걸쳐 대부분의 사람들에 의해서 부적절 한 것으로 "비기독교적인" 것으로 간주되었다. 토머스 아퀴나스의 오래된 경제적 가르침이 준수되었다. 종교적이거나 윤리적 규칙이 아직도 지상명령이었다. 경제적 삶이 종교나 윤리적 구속에서 해방된다는 표시는 아직도 없었다.

생산자와 거래자들은 그들의 필요에 충분한 만큼 받아야 한다는 원칙에 따르면 각 사람의 활동은 엄격하게 그의 지역에 국한되어야 했다. 그러므로 경쟁은 불가능했고 사람은 각자 자신의 영역에서 전통과 관습에 따라서 그가 원하는 대로 일할 수 있었다. 직공들과 상인들은 자신의 몫에 만족하여 절대로 이웃의 것을 탐내어서는 안 되었다. 게다가 그것은 상업적 에티켓이었다. 그들은 고객들을 좇아가서는 안 되고 그들이

올 때까지 기다려야 한다. 시장에 참여한 상인들도 마찬가지였다. "밤낮으로 그는 의자에 앉아 기다렸다."

이웃의 고객들을 데려가는 것은 경멸받았고, 비기독교적이며 비도덕적인 것으로 간주되었었다. "누구의 고객도 뺏어오지 말라. 입으로든 글로든, 다른 사람이 너에게 하지 말라고 바라는 것을 다른 사람에게 하지 말라." 한 도시의 조례를 보면: "그 어떠한 가게주인도 다른 사람의 가게에서 고객을 빼돌려도 안 되고 그 어떤 신호나 동작으로 사지 못하도록 해서도 안 된다."고 되어 있다.

고객들을 끄는 것은 당신 이웃 사업을 해치는 못된 짓으로 간주되었다. 18세기 초까지도 런던에서 가게주인이 그의 창을 장식하여 구매자를 유혹하는 것은 적절하지 않다고 간주되었다. 당신 재화를 칭송하거나 당신 사업이 다른 사업보다 우월한 면을 지적하는 것은 똑같이 가증스러운 행위로 치부되었다. 자신이 파는 물건 가격이 다른 사람이 파는 상품 가격보다 더 낮다고 선언하는 것은 상업적으로 최악의 부적절한 행동이었다. 저가에 판매하는 것보다 그것을 광고하는 것은 더 경멸받을 짓이었다.

이런 경제관념이 일상적인 세계에서, 가격은 개인이 영향을 미치고 변동시킬 수 있는 그런 것이 아니었다. 가격은 이미 정해져 있었다. 그것은 경제생활의 다른 모든 것처럼 종교적이고 윤리적인 원리들에 종속되었다. 가격은 생산자와 소비자를 위한 공동선에 공헌해야 하고 이윤을 위해서 일해서는 안 되었다. 무역과 상업은 어디서나 이윤을 위해서가 아니라 개인적 자부심을 갖고 행해졌다.

유태인들의 이윤추구는 개별적인 현상이라기보다는 유태인 전체에게 공통된 현상이라는 특징이 있었다. 유태인의 상업적 행위는 유태인 거래자들 사이의 받아들여진 관점을 반영했다. 그러므로 유태인들은 자신들이 잘못을 저지르거나, 상업적으로 비도덕적인 죄를 짓는다는 의식이 전혀 없었다. 도둑질 하고 훔친 장물을 거래하는 것은 보편적인 위법이었다. 그렇지만 이런 관행은 유태인들에게 공통적이었다. 법과 관습을 위반했지만 유태인들은 잘못이라고 느끼지 않았다. 그것은 특정하게 유태인적 세계관의 결과였을 것이다.

유태인들은 근대 언론 즉 광고를 목적으로 하는 도구의 창시자, 특히 싸구려 신문의 창립자들이다. 유태인들은 사상 최초로 가능한 많은 손님을 끌어 당기어 새 수요를 창조함으로써 구매자의 범위를 넓히는 식으로 사업을 수행하는 것이 모든 거래자의 권리라는 일반적 원리를 구현했다. 유태인들은 싸게 판다; 유태인들은 가격을 망친다.; 유태인들은 가격을 낮춤으로써 고객을 끈다. 이런 불평들은 17~18세기 유태인들이 사업을 한 곳에서는 어디서나 들렸다.

돈이 삶의 주축이이라는 것은 유태인들에게는 당연지사였다. 당시 유태인 사이에서 돈은 가장 지배적인 관심사였다. 돈은 거의 모든 유태인들에게 시작이자 마지막이었다. 그 무엇보다도 유태인들은 좋은 짝-재정적으로 좋은 짝에 관해 말을 한다. 삶에서 가장 귀중한 것들을 평가할 때에도 유태인들은 순전히 사업적 관점에서 본다. 학자나 학자의 자식은 특히 수요가 많았다. 마이몬(Salomon Maimon)의 이야기는 잘 알려져 있다. “11살에 그는 탈무드를 완전히 마스터하여서 남편감으로 많이 찾아졌다. 궁한 그의 아버지는 그에게 한 번에 두 명의 신부를 제공했다.” 비슷한 이야기가 넘쳐난다.

돈을 추구하는 행위를 숨기려는 그 어떠한 시도도 유태인들은 하지 않았다. 초기 자본주의 시대 유태인들은 이윤 획득이 모든 상업적 활동의 궁극적 목표라는 경제적 세계관의 대표자로 간주되었다.

"이 족속은 마몬 이외 다른 신은 없고, 기독교인들의 재산을 가지려는 것 말고 다른 목표가 없다. 그들은 모든 것을 이윤을 위해서 바라본다."고 the Rev. John Megalopolis는 1655년에 말했다.

"유태인들이 한 약속은 절대 믿어서는 안 된다. 거짓되고 믿을 수 없는 종족으로 세계와 특히 기독교인들에게 적이다. 석탄으로 몸을 녹일 수 있으면 누구 집이 불타든 개의하지 않으며 수백 크라운을 잃으니 차라리 수만 명의 기독교인들이 죽는 것을 보려는 자들이다."

모든 나라의 속담들은 언제나 유태인들을 특히 돈을 사랑하는 이윤추구자로 묘사했다.

"노란색은 유태인들에게 가장 장 어울리는 색이다"(러시아)
"노란색은 유태인에게 가장 귀중한 색이다"(독일)

18세기 프랑크푸르트 상업은 "유태인 무역"이라고 불렸다. 19세기 초에 독일에 영국의 저렴한 제품들이 쏟아져 들어왔을 때, 유태인들은 이 수입무역의 주요 온상이었기 때문이다. 그 수입물품은 경매로 팔렸는데, 유태인들은 그 경매를 거의 독점했다.

유테인들은 가장 싼 노동을 고용하거나 아니면 더 경제적인 방법들을 써서 생산비를 낮추었다. 유태인들은 자본주의적 조직의 산업에 가장 일찍 착수했다. 그들은 새로운 형태의 생산을 도입했다. 유태인들은 이런저런 방법으로 새 고객들을 끌려는 의식적인 노력을 하여서. 재화들을 병렬하거나 새 지불 시스템을 쓰거나 상점들을 결합하거나 새 서비스를 조직했다.

유태인들은 폐기물 사업의 창시자들이었다. 18세기에 유태인들은 베를린에서 최초의 깃털-세탁자, 최초의 해충-킬러, 그리고 소위 無濾過 White Bee 밀맥주(White Beer)의 발명자들이었다.
유태인의 가게들은 최초로 다양한 물건들이 한 상점에서 팔았다. 그의 목표는 장사를 하는 것이고 상점 주인은 그가 파는 것에 거의 관심을 두지 않았다. 단지 팔아서 이윤만 남기면 될 것이었다.

할부지급(payment by instalments) 시스템은 유태인들에 의해 도입되었다.
최초의 커피집은 1650~51 옥스퍼드에서 자콥이라는 유태인이 개점한 커피집이었다. 유태인 Kempinsky는 소비와 가격의 표준화를 사업의 지도원리로 도입하였다.

유태인들의 세계관은 근대적이고 자본주의적 세계관이었다. 개인은 그가 생산하는 종류나 방법, 그가 판매하는 물품의 종류나 방법, 그가 택하는 직업에 대해서도 그 어떠한 종류의 규제를 받아서는 안 되었다.; 개인은 그가 원하는 사업을 하고 경쟁을 해야 한다. 누가 기존 사업에 들어와도 경쟁을 하여 자신의 자리를 고수하는 것이지 인위적으로 그 자리를 보전해서는 안 된다.. 그는 다른 사람들을 희생시켜서 앞으로 나갈 권리를 가져야 한다.. 영리하고, 재빠르고 그리고 잔꾀가 많은 자가 이긴다.; 경제적 경쟁에서 법 위반 말고는 다른 아무 것도 고려대상이 안 된다.; 마지막으로, 모든 경제활동들은 개인이 가장 효율적인 결과를 얻기 위해 최선이라고 생각하는 방식대로 개인 자신이 규제해야 한다. 경제적

합리성이라는 관념; 전혀 상이한 기초 위에서 조직된 새로운 아이디어를 세계에 도입한 것은 유태인들이었다.

동아시아의 노예제

중국에서의 노예 제도

근대 이전 중국 역사를 통틀어 노예 제도는 성쇠를 거듭했다. 중국에서는 발전된 청동기 문명을 바탕으로 강대한 국가로 커나가기 시작한 상나라[상(商, B.C.1600~B.C. 1046)] 시대에 노예 제도로 넘어가는 과도기가 시작되었다. 기원전 1600년, 성탕(成湯)은 하 왕조를 멸망시키고 상 왕조를 건립하였다. 상 왕조는 중국 노예 사회로 변화하는 중요한 발전 단계였다.

기원전 770년에 서주(西周)가 멸망하고 주(周)왕조는 낙읍(洛邑: 지금의 洛陽)으로 천도하여 동주(東周)시기가 시작되었고, 동주는 다시 "춘추시대(春秋時代)"와 "전국(戰國時代)"의 두 시기로 나누어진다. 동주시기에는 제철기술이 신속히 발전하여 철제 농기구와 소를 이용하여 밭을 가는 방법이 사용되고 경지면적이 확대되었고, 노예가 아니라 일반 농민이 밭을 가는 것이 더 효율적이고 생산적이 되면서 진행되었는데, 노예제에서 봉건제로 변혁이 일어났다.

당대

당나라는 라단 유태인에게서 서구 노예를 구매했다. 당나라 병사들과 해적들은 한국인, 돌궐인, 페르시아인, 인도네시아인, 그리고 내몽골, 중앙아시아, 인도 북부 사람들을 노예로 삼았다. 노예들은 주로 복건성[福建省], 광둥성[廣東省], 광시 좡족(Guangxi) 귀주성(貴州省) 등 남부 지방의 원주민을 포함하여 남부 부족에서 왔다. 말레이, 크메르, 인도 사람 및 아프리카 흑인들도 또한 당나라에서 노예로 팔렸다.

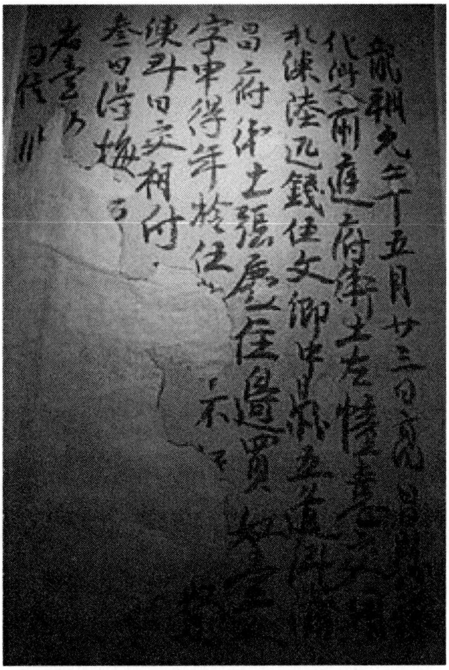

나라에서 15 세 노예를 보통 비단 6필과 중국 동전 5 개로 구입하는 계약서.

원 (AD 1271~1368)

많은 한족은 몽골족이 중국을 침략하는 과정에 노예가 되었다. 원 왕조는 노예제도를 확대하고 노비들에게 더 엄격한 조건을 시행했다. 몽골인들이 중국을 침략하는 과정에서 많은 한족은 몽골 지배자들에게 노예가 되었다 그렇지만, 일본의 역사가인 수기야마 사사키(杉山正明)와 훈다 요시유키(舩田善之)에 따르면, 원나라 때 역으로 한족이 소유한 몽골 노예도 있었다.

원의 고려 공녀

원나라는 1274년 고려에 매빙사를 보내 부녀자 140명을 보내라고 요구했는데 이것이 고려 공녀(貢女) 공물(貢物) 납부의 시초였다. 이에 충렬왕은 결혼도감을 설치해 과부와 역적의 처, 노비의 딸 등을 뽑아 원에 보냈다. 원의 공녀 착출 요구가 점점 심해지자 고려는 과부추녀추고별감이라는 관청을 설치하여 공녀를 뽑아야 했다. 공녀가 워낙 많이 요구되었음으로 처녀가 시집갈 때는 관아에 신고하라는 특명까지 내려질 정도였다. 원에서 사신으로 고려에 파견된 원나라 사람들도 고려 여자들을 원했다. 고려의 여인들이 공녀로 잡혀가는 경우가 많아지자 고려 총각들은 짝을 구하지 못해 장가를 가지 못하는 수도 빈번해졌다.

왜 원나라에서는 고려 여자들에 대한 수요가 많았던 것일까?

공녀로서의 한국 소녀들에 관해서는 원 왕조 기간 동안 "북부인들"이 기록한 역사에 남아있다. 시상(柴桑)이 경사우기인(京師偶記引)에서 인용한 원말명초(元末明初)의 대학자인 섭자기(葉子奇)의『초목자(草木子)』는 원나라 시대에 한국 소녀는 북부 사람들에게 반드시 있어야 할 재산이었다고 주장했다(元朝北人, 女使必得高麗). 한국 여성들은 원 학자 학경승(郝經曾)에 따르면 피부가 "옥 같이 희고 jade snow" (肌圖玉雪發雲霧) 원조의 북부인들이 한국 여자들을 갖는 것은 대 유행이었다고 원나라 마지막 황제 순제 [順帝]의 속자치통감(續資治通鑒) · 에서 언급된다(京家达官家人, 必得高麗女, 然后为名家).

명나라 (AD 1368~1644)

홍무제(Hongwu Emperor)는 모든 형태의 노예제도를 폐지하려했으나

실제로는 명나라를 통틀어 노예제는 계속되었다

청나라(1644-1912 AD)

17 세기에 청 왕조에는 부이 아하(Booi Aha, 노복 奴僕 포의아함 包衣阿哈)라고 불리우는 하인들이 있었다. 이 말은 문자 그대로 "가정의 사람"으로 번역되었으며 때로는 "奴才[노재]" 라고 불렸다. 청 왕조 초기에는 노복제가 확대되었다. 만주에서는 주인과 노복 사이에 친밀한 개인적이고 가부장적인 관계가 확립되어 있었다. 누르하치는 주인이 노복을를 사랑하고 그와 같은 음식을 먹어야한다고 말했다. 노복은 이론상 친밀한 개인적 관계와 동등한 대우를 보장하는 주인에 대한 개인적인 의존관계였다

청은 중국을 정복하면서 약 2백만 명의 노복을 갖게 되었다.. 그러나 이전의 왕조들처럼 청나라 통치자들은 곧 노복 제도를 폐지하는 것이 더 이점이 있다고 보았고, 점차적으로 노복과 전호(佃戶)를 농민으로 바꾸는 개혁을 도입했다. 1660년과 1681년에 통과된 법은 토지 소유주가 농지에 노복과 그 노복이 경작하는 토지를 함께 팔지 못하게 하고 토지 소유자에 의한 노복의 신체적 학대를 금지했다. 강희제는 만주의 모든 세습노복을 1685년에 석방했다. 1723년과 1730년 사이의 옹정제의 "옹정 해방"은 자유 신민들 계급을 창조하여 일종의 사회를 평준화하므로써 그의 권위를 강화하려고 모든 노복들을 해방시켰다.

다른 한편 영국에서 노예들이 해방되고 나서 연이어 여러 나라에서 노예제도가 폐지되면서 "쿨리(coolies)"라고 알려진 저렴한 중국 노동자에 대한 요구가 늘어났다. 이 중국인 쿨리들은 하와이와 쿠바에서, 미국의 1860 년대 중앙 태평양 철도 건설 동원 등 각가지 상대적으로 위험한

작업과 부당한 대우에 시달렸다.

태평천국의 난 지도자인 홍수전은 1850 년대와 1860년대에 통제 하에 있는 영토에서 노예와 매춘을 폐지했다.

그렇지만 청말에도 중국에서 특히 광저우와 북경에서 노복들이 흔했던 것으로 보인다. 여자노복은 중국 전역에서 매우 일반적이 아두(丫頭)라고 불렸다. 중국에서는 여자 노복이 매우 흔하다. 거의 모든 중국 가족은 일반적으로 소녀의 부모에게서 구입하거나 때로는 다른 당사자에게서도 입수한 한 명 이상의 노예소녀를 소유하고 있다. 유복한 사람들이 결혼 지참금으로 두 명의 노예소녀를 딸에게 선물로 보내는 것은 흔한 일이었고 거의 모든 창녀들은 노예였다.

1906년 중국은 공식적으로 노복 제도를 폐지했다. 법은 1910년 1월 31일 발효되었고 모든 성인 노복은 고용된 노동자로 전환되고 젊은이는 25 세가 되면 해방되었다.

일본에서의 노예제도

섬이라는 제약이 있어서 일본의 노예제도는 일본의 노예 수출과 수입이 제한되었기 때문에 대부분의 역사에서 자생적이었다. 3세기 중국 역사 기록에 일본으로부터 노예의 수출이 기록되어 있다. 이 사람들을 세이코(生口) "살아있는 입"라고 불렸다. 역사에서 세이코는 포로, 노예, 기술자, 그리고 중국 유학생으로 생각된다. 그렇지만 어떤 제도가 관련되어 있었는지, 그리고 이것이 그 당시의 일반적인 관행인지는 불분명하다.

8세기에 일본에서 노예는 노비(奴婢)라고 불렸으며 나라와 헤이안 시대의 율령제(律令制)에 따라 법령이 제정되었다. 이 노예들은 농장을 돌보고 집안일을 하였다. 노비 인구에 대한 정보는 의문의 여지가 있지만, 노비의 비율은 인구의 약 5% 인 것으로 추산된다. 현재의 이바라키 현에서는 인구 19만 명 중 약 2,000명이 노예였다. 그 비율은 일본 서부에서 훨씬 더 높았다고 여겨진다.

노비제도는 센고쿠 시대(전국시대 1467~1615년)까지 지속되었지만, 그것은 시대착오적이라는 태도가 널리 퍼져 있었다. 오다 노부나가의 수행원 중에 아프리카 노예나 전 노예가 있었다고 한다

일본인의 노예화

포르투갈이 1543년에 처음으로 일본과 접촉한 후, 포르투갈 인들은 일본에서 일본인을 노예로 구입하여 16세기와 17세기에 걸쳐 포르투갈을 포함한 해외의 여러 지역에 팔았다. 많은 문서들은 일본인 노예화에 대한 시위와 함께 대량의 노예무역을 언급한다. 일본 노예들은 일본인 중에서 처음으로 유럽에 온 자들로 여겨지고 있다. 포르투갈인은 1555년에 교회가 지적한 바와 같이 성노예로 포르투갈에 데려올 다수의 일본인 노예소녀를 사들였다. 노예무역이 막대한 비율로 증가하고 있었기 때문에 가톨릭교 개혁에 부정적인 영향을 미친다는 것을 두려워하여 포르투갈의 세바츠찬은 1571년에 금지령을 내렸다. 그러나 형법의 일정기간 강제노동과 함께 계약 형태와 단기계약 노동형태가 지속되었다.

일본의 노예 여성들은 일본의 포르투갈 선원들만이 아니라 아시아와 아프리카 선원들에게도 첩으로 팔렸다. 일본인 노예들은 포르투갈 인들에 의해 마카오로 끌려갔고 그 중 일부는 포르투갈인들에게 노예가 되었지

만 다른 노예들의 노예가 되기도 하였다. 포르투갈 인이 소유한 말레이인과 아프리카 노예들은 그들 자신의 일본 노예를 소유했다.

히데요시는 자신의 일본인들이 규슈에서 대량으로 노예로 판매되는 것을 혐오하여 1587년 7월 24일에 예수회 수장에게 서신을 보내 포르투갈, 샴 (태국), 캄보디아 사람들은 일본 노예 구매를 중단하고 인도에까지 팔린 일본의 노예를 반환하라고 요구하였다. 히데요시는 이 노예 매매에 대해 포르투갈 인들과 예수회를 비난하고 결과로 기독교 개종을 금지했다.

일부 조선 노예들은 포르투갈 인에게 매입되어 일본에서 다시 포르투갈로 팔려나갔다. 그 조선 노예들은 일본의 한국 침략인 임진왜란(1592~98)에 수만 명의 포로로 잡혀서 일본으로 이송되었던 자들이었다.

1578년에 대규모 노예 공동체 중 노예의 대부분이 까맣지만, 리스본에 몇몇 중국인과 일본 노예들이 보였다고 한다. 포르투갈 인들은 중국인과 일본인 같은 아시아 노예들을 사하라 사막 이남 아프리카에서 온 노예보다 훨씬 더 높게 평가했다. 포르투갈 인들은 중국과 일본 노예들이 지능과 근면성을 높게 보았고 그래서 그들을 선호했다.

에도 시대의 형법은 어당가령조Gotōke reijō (Tokugawa House Laws) 제 17조에서 처형된 범죄자의 직계가족에 대해 “비자유 노동”을 규정했으나 결코 흔하게 시행된 적이 없었다.

흑인 노예제와 자본주의의 발흥

흑인 노예들은 유럽의 산업혁명과 미국의 산업혁명에 결정적인 기여를 했을지 모른다.

삼각 무역은 영국 산업을 삼중으로 자극했다. 흑인 노예들은 영국의 제조품을 이용해서 구매했다. 흑인노예들은 농장으로 운반되었고, 거기서 그들은 설탕, 면, 인디고, 당밀과 같은 열대 농산물들을 생산했다. 그것들을 가공하는 새로운 산업들이 영국에서 창출되는 한편, 흑인과 그들의 농장주들은 의식주가 필요했고 그래서 커다란 의식주 시장이 생겼다. 영국의 산업, 뉴잉글랜드 농업과 뉴펀들랜드 어업은 그 시장에 상품을 팔아서 돈을 벌고 사업을 확대해 갔다. 1750년까지 영국에는 삼각 무역 또는 직접적인 식민지 무역과 어떤 식으로든 연관되지 않은 무역이나 제조 도시는 거의 없었다. 항해조례로 영국은 조선업과 해운업이 일대 비약을 하고 항구도시들이 우후죽순처럼 커갔다. 영국의 위대한 해군은 이 흐름을 타서 그 힘을 키웠다. 거기서 얻어진 이윤은 산업 혁명을 후원한 영국의 자본 축적의 주요 흐름 중 하나를 제공했다. 결국 18세기의 상업 자본주의는 노예제도와 독점을 통해 유럽의 부를 축적시켰다. 그러나 그렇게 함으로써 그것은 19세기의 산업자본주의를 창조하는 데 도움을 주었고, 그것은 역으로 상업자본주의, 노예제, 그리고 그 모든 작품을 파괴했다.

흑인 노예제의 기원

아담 스미스에 따르면, 새로운 식민지의 번영은 "좋은 땅이 많다"는 하나의 단순한 경제적 요인에 달려 있지만 1776년까지 영국의 식민지 소유는 크게 두 가지로 나눌 수 있다. 첫째는 소규모 농부들의 자급자족하고 다변화된 경제로, 그럭저럭 살아가면서 잉여를 생산하지도 축적하지도 못하는 안정되고 확실한 투자를 하는 토양에 살고 있었다. 2번째 종류는 수출 시장을 위해 대규모로 주요 곡물 생산을 위한 시설을 가지고 있는 식민지이다. 첫 번째 범주에는 미국 본토의 북부 식민지가 포함되었고, 두 번째 사례에서는 미국 본토 담배 식민지와 카리브해의 설탕 섬들이 포함된다. 대규모 농장 식민지에서는 부릴 수 있는 대량의 노동이 없는 한 토지와 자본은 둘 다 무용지물이었다. 거기에서 노동은 반드시 일정한 수가 필요하며 협력하여 일하거나 아니면 일하도록 강요해야 한다.

그러한 식민지에서, 집약농업을 실행하고, 인색한 토양에서 온 땀으로 그의 수확을 짜내는 전형적인 북부 농부의 투박한 개인주의는 설 곳이 없다. 그는 조방농업을 실행하고 대규모로 생산을 하는 거대 자본가의 훈련된 집단에게 패배하여 파산하거나 농장을 팔고 떠나야 할 것이다.

아담스미스는 주인들이 권력에 대한 자부심을 갖고 권력을 사랑했기 때문에 노예제가 생겨났고, 일반적으로 노예를 부리는 나라에서는 노예보다 자유노동이 더 많은 이익을 가져다 줄 것이라고 주장했다. 그에 따르면 보편적인 경험에 의하면 결정적으로 노예들을 일을 시킬 때에 단지 그들을 유지하는 비용만이 드는 것으로 보이지만, 사실상 그 어떤 것보다도 가장 비싼 고용형태이다. 왜냐하면, 어떤 재산도 획득할 수 없는 사람은 최대한 많이 먹고, 가능한 적게 일하는 것 외에 다른 관심을 가지지 않기 때문이다.

따라서 아담 스미스는 시간, 장소, 노동, 토양에 관한 구체적인 문제를 추상적이고 일반적인 시공간을 초월하여 성립하는 명제로 다루었다. 그에 따르면 노예에 대한 자유 고용 노동의 경제적 우위는 노예 소유주에게도 명백하다. 노예 노동은 마지못해 주어지는 것이고 그것은 미숙련에다가 다른 재주가 없기 때문에 다른 것들이 같다면 자유인이 더 선호될 것이다.

그러나 식민지 발전의 초기 단계에서 다른 것들은 같지 않았다. 노예제도가 채택되는 이유는 그것은 자유노동보다 더 우월하였기 때문에 채택된 것이 아니라 선택의 여지가 전혀 없었기 때문이었다. 자유노동이 전혀 풍부하지 않았기 때문이기도 하고 그런 대규모 농장에서 일하는 것보다 자신의 땅을 경작하는 것을 사람들이 더 선호했기 때문이다. 16세기 유럽의 인구가 많지 않았기 때문에, 신대륙에서 설탕, 담배, 목화의 주요 작물을 경작하는 데 필요한 대규모 생산을 허용하기에 충분한 양의 자유노동자들이 공급될 수 없었다. 노예제도는 이것을 위해 필요했고, 노예를 얻기 위해 유럽인들은 먼저 원주민들에게로, 그 다음에는 아프리카로 눈을 돌렸다.

어떤 상황에서 노예제도는 몇 가지 분명한 이점을 가지고 있다. 설탕, 면화, 담배와 같은 작물의 재배에서는 규모가 클수록 생산비가 눈에 띄게 절감되기 때문에 노예 소유자는, 대규모로 생산을 조직할 인센티브가 있고 그의 조직된 노예 무리들은 소농이나 자작농보다 땅에서 더 많은 수익을 올리게 해줄 것이었다.

그러한 주요 작물의 경우, 이윤이 막대하기 때문에 비효율적인 노예 노동에 더 비용이 들더라도 충분한 이윤이 남는다. 필요한 모든 지식이 단순하고 일상적인 노동이 필요한 곳에서 노동 노예의 항상성 및 협력이 필수적이다. 물론 새 인구들이 이주해오고 번식에 의해 인구가 어느 정도 이상의 밀도의 경지에 도달하면 더 이상 노예를 고용하지 않아도 이윤을 얻을 수 있을 것이다. 그 단계에 도달했을 때, 그리고 그때서야 비생산적인 노예의 비용은 고용 노동자의 비용을 초과한다. 노예 노동은 풍부한 자유 노동력을 얻을 수 있는 곳이라면 어디서나 자유노동보다 더 비쌀지 모르지만 자유노동이 부족한 곳에서는 이야기가 전혀 다르다.

재배자의 입장에서 볼 때 노예제도의 가장 큰 결함은 그것이 빠르게 흙을 고갈시킨다는 사실에 있다. 유순하고 값싼 낮은 사회적 지위의 노동력 공급은 오직 체계적으로 그들을 타락시키고 그것의 지능을 억압하려는 의도적인 노력에 의해서만 복종시키고 유지될 수 있다. 그러므로 농작물의 회전과 과학농사는 노예사회와는 거리가 멀다. 그렇지만 제퍼슨이 버지니아에 대해 썼듯이, “우리는 우리가 오래된 땅을 관리하는 것보다 1에이커의 새 땅을 더 싸게 살 수 있기” 때문에 토양 고갈에 대해서는 걱정할 것이 없었다.

노예 대농장주는 “땅 살인마”이다. 이처럼 심각한 노예제도의 결함은 비옥한 토양이 사실상 무제한이라면 새 토지를 이용하면 되므로 당분간 연기될 수 있다. 그러므로 대농장 제도에서 팽창은 노예 사회의 필연적인 귀결이다. 자유인의 값싼 노동으로 고갈된 땅을 경작하는 것보다 노예 노동으로 신선한 땅을 경작하는 것은 더 수익성이 있다. 그러므로 대농장들은 버지니아와 메릴랜드에서 캐롤라이나, 조지아, 텍사스 그리고 중서부로; 바베이도스에서 제임스로.아이카 투 생도밍게 그리고 나서 쿠바로 옮겨갔다; 그 논리는 필연적이고 똑같았다. 그것은 계주 경기였다. 뒤에는 지력이 고갈되고 쓸모 없는 죽은 땅이 남았다.

그러나 처음부터 흑인들이 농장 노예로 쓰였던 것은 아니었다. 처음에는 토착 인디언들이 노예로 동원되었다. 그렇지만 인디언들은 과도한 노동, 불충분한 식습관, 백인의 전염병, 그리고 새로운 삶의 방식에 적응하지 못하여서 빠르게 죽어가거나 노동을 거부했다. 자유의 삶에 익숙해진 그들의 체질과 기질은 농장의 노예제도에 잘 적응하지 못했다. 인디언을 광산에서 단조롭고 고된 노동을 시키고 부족의식을 배제하고, 종교의식을 갖지 못하게 하면, 마치 그에게서 삶의 의미를 빼앗는 것과 같았다. 그의 정신은 죽어버리고 육체도 따라서 죽어갔다.

뉴잉글랜드 식민지에서는 인디언 노예는 수익성이 없었다. 왜냐하면 노예제도는 이러한 식민지의 다변화된 농업에 적합하지 않았기 때문이다. 게다가 인디언 노예는 비효율적이었다. 스페인 사람들은 흑인 한 명이 네 명의 인디언들이 하는 일을 한다는 것을 알게 되었다.

신대륙, 설탕, 면화 같은 주식들은 인디언들이 결핍된 힘을 필요로 했고 튼튼한 흑인이 필요했다. 다라서 흑인 노예는 인디언 노예보다 값이 훨씬 더 많이 나갔다.

그러나 인디언 다음으로 노예의 자리를 차지한 것은 흑인이 아니라 가난한 백인이었다. 이 백인종들은 다양한 유형들을 포함하고 있었다. 일부는 고국을 떠나기 전에 소위 "계약 하인indentured servants"라고 불리는 일꾼들로서 모국을 떠나기 전에 계약에 서명했는데 그들은 배 운임을 지불하기 위해서 고용되어, 정해진 기간 동안 일을 하게 구속되어 있었다.

그 백인 하인들은 일종의 노예였다. 단지 하인의 자유 상실은 기간이 한정되어 있었고, 흑인은 평생 노예였다. 하인의 지위는 자손에게 내려올 수 없었고, 흑인 아이들은 어머니의 신분을 상속했다. 주인은 노예에 대한 것처럼 하인의 인격과 자유에 대한 절대적인 통제권을 가지고 있지 않았다. 하인은 권리를 가지고 있었고, 제한적이지만 법으로 인정받았으며, 계약서에 삽입되었다. 예를 들어, 그는 제한된 재산권을 누렸다. 실제 법에서는 계약하인은 동산이나 부동산의 단계에 이르지 않았다. 식민지의 법률은 이러한 엄격한 구별을 유지하였고, 인종간의 혼숙을 엄격한 벌칙으로 다스렸다.

그러나 백인 종 제도는 중대한 단점이 있었다. 식민지의 백인 노동자들이 제조업에서 모국과 경쟁하는 경향이 있었기 때문이다. 농장의 흑인 노예가 산업의 백인들보다 더 나은데, 식민지 백인들은 산업을 발전시키면 독립에 대한 열망을 가질 것이기 때문이다. 더구나 백인 노동 공급은 점점 더 어려워지고 있었고, 농장의 필요성 앞에서 도덕과 신념은 맥을 못 추었다. 게다가, 상인들은 이민을 가겠다는 의지를 표명하고, 음식과 옷을 미리 받고, 그리고는 불법적인 구금을 했다고 소송을 거는 사람들로부터 발생하는 많은 성가시고 비용이 많이 드는 사건에 연루되었다. 더구나 계약기간이 끝난 계약 하인들은 대신할 만큼 충분한 하인들이 나오지 않았다. 농장에서는 백인들은 쉽게 탈출할 수 있었지만, 해방된 흑인들은 그와는 달리 자기 방어를 하는 것이 어려웠다.

흑인 노예들은 잘 알려져 있고 부랑자나 가출한 노예로 체포될 가능성이 적은 그의 지역에 머무르는 경향이 있었다. 하인은 계약이 끝나면 땅을 얻고 자립할 것을 기대했다; 흑인들은 낯선 환경에서 그의 피부색과 용모에 의해 눈에 뜨이며, 백인의 언어와 방식에 무지하여 그 땅에서 적응하기도 어렵고 쫓겨날 수 있었다. 인종적 차이 때문에 흑인의 노예제도를 정당화하고 합리화하기가 더 쉬웠고 가축처럼 기계적인 복종을 강요하고, 자포자기하게 만들고, 노예노동을 가능케 하는 완전한 도덕적, 지적 굴종을 요구하는 것이 쉬웠다. 마지막으로, 이것이 결정적인 요소였는데, 흑인 노예는 더 저렴했다. 세 명의 흑인이 한 명의 백인보다 일도 더 잘 일하고 우지비용도 더 싸게 먹혔다.

그러나 백인 하인들을 다루던 경험은 흑인 노예들을 다루는데 요긴하게 쓸 수 있었다. 하인 무역의 중심인 브리스톨은 노예 무역의 중심지가 되었다. 하인 도옹에서 축적된 자본은 다른 자본을 조달되었다. 백인 하인 제도는 흑인 노예제도를 건설하는 역사적 근거지가 되었다. 농장의 흉악범 운영자들은 힘들이지 않고 노예 운영자가 되었다. 아프리카 흑인들은 이미 개발된 시스템에 나중에 온 자들이었다.

흑인 노예는 인종적인 것이 아니라 경제적인 이유 때문에 번성했고 노동자의 피부색이 아니라 노동자의 값싼 노동력이 흑인을 선호하게 한 중요한 요소였다. 인디안 노동과 백인 노동에 비해 흑인 노예는 매우 우월했기 때문이다. 흑인은 뛰어난 지구력, 순종, 노동능력 모두에서 인디언과 백인들을 능가했다. 용모, 머리카락, 피부색 같은 특징들은 단순한 경제적 사실을 정당화하기 위한 나중의 합리화였을 뿐이었다.: 식민지는 노동이 필요하고 흑인 노동은 가장 저렴하고 최고였다.

가령 쿠바 역사에서 담배와 설탕의 역할 사이에 현저한 대조를 보자. 담배는 소규모 농장에서 집중적으로 재배된 자유 백인이 운영하는 자작농 산업이었다. 반면에 설탕은 대규모 농장에서 광범위하게 재배된 흑인 노예산업이었다. 자유민 쿠바 담배 산업과 버지니아 노예 담배 산업과 비교해 봐도 결국 경제적인 문제가 자유민 농장인지 노예노동인지를 결정한다는 것을 알 수 있다. 그 차이를 결정한 것은 기후가 아니라 두 지역의 경제적 구조였다. 백인들은 쿠바의 열대열기를 견디기 어려웠고, 열대의 열기에 앓아 누울지 몰라도 그렇지만 푸에르토리코에서 가난한 백인 농민이 여전히 기본적인 유형이다. 그런 사례들은 백인도 얼마든지 열대지방에서 번식할 수 있음을 보여준다. 요컨대 열대 농업이 소규모 농업 기반으로 남아 있는 곳이라면, 백인들은 살아남았을 뿐만 아니라 번창했다. 백인들이 사라진 곳은 기후가 아니라 그 대농장에서 대량의 꾸준한 노동력 공급에 대한 수요가 있었고 그 대농장들이 갖가지 수단으로 소규모 농장들을 억압했기 때문이다.

흑인 노예는, 그러므로, 기후와는 아무 상관이 없었다. 그 기원은 카리브해의 설탕과 미국 본토에서의 담배& 면화의 대규모 생산에서 찾을 수 있다. 설탕, 담배, 면화는 값싼 노동력의 대 농장을 필요로 했고, 이전의 백인의 작은 농장은 도저히 살아남을 수 없었다. 바르바도스에 있는 작은 농장의 담배는 큰 농장의 설탕에 의해 대체되었다. 카리브해에서 설탕 산업은 소농들을 몰아냈다. 백인 소농들은 쥐어 짜여서 사라졌다. 백인 하인들은 땅에 대한 희망을 가질 수 있는 다른 섬들을 더 좋아했다. 소농들의 공화국은 부재한 자본가들 집단이 소유한 거대한 설탕 공장으로 바뀌었고, 외지 프롤레타리아가 그 공장에서 일했다. 농장 경제에는 가난한 백인들이 살 여지가 없었다. 그 대농장은 소유주 또는 감독자, 더 번창하는 농장의 의사, 아마도 그들의 가족으로 충분했다.

영국의 교역과 삼각무역

아담스미스에 따르면, 아메리카 발견과 인도로의 케이프 노선 발견은

“인류의 역사에 기록된 가장 위대하고 중요한 두 가지 사건”이다. 아메리카 발견은 그것이 제공한 귀금속이 아니라 그것이 유럽 상품들을 위한 새롭고 무진장한 시장을 제공한다는 데에 그 중요성이 있었다. 그것의 주요 효과들 중 하나는 중상주의를 엄청난 정도로 확대시킬 수 있게 한 것이었다. 그로 인해서 세계 무역은 엄청나게 증가했고, 17세기와 18세기는 무역의 세기가 되었고 그 결과 19세기는 생산의 세기로 전환될 수 있었다. 영국에게 그 무역은 주로 삼각 무역(Triangular Trade)이었다. 1720년에 Postlethwayt는 노예거래는 "다른 모든 것의 첫 번째 원칙이자 기초, 모든 바퀴를 움직이는 기계의 주 스프링"이라고 묘사했다.

이 삼각 무역에서 영국과 프랑스와 아메리카 식민지는 엇비슷한 양으로 수출하고 선박을 공급했다; 아프리카는 인간 상품-노예들을 공급하고, 식민지 플랜테이션들은 원료를 재배한다. 노예선들은 공산품 화물을 싣고 영국이나 프랑스 본국에서 출항하여 아프리카로 가고 이것들은 아프리카 연안에서 흑인들과 교환되었다. 그러면 다시 그 노예들을 싣고 식민지로 가서 플랜테이션에서 생산되는 원료들과 맞바꾸고 그 원료들은 영국이나 프랑스 같은 본국으로 운송되었다.

삼각 무역은 영국 산업을 삼중으로 자극했다. 흑인들은 영국산 제조물품들로써 구입되었다; 그들은 농장으로 운반되었고, 그들은 설탕, 면, 인디고, 당밀과 같은 열대 농산물들을 생산했다. 그것들을 가공하는 새로운 산업들이 영국에서 창출되는 한편, 흑인과 그들의 농장주들은 의식주가 필요했고 그래서 커다란 의식주 시장이 생겼는데 영국 산업, 뉴잉글랜드 농업과 뉴펀들랜드 어업은 거기에 상품을 팔았다. 1750년까지 영국에는 삼각무역 또는 직접적인 식민지 무역과 어떤 식으로든 연관되지 않은 무역이나 제조 도시는 거의 없었다. 거기서 얻어진 이윤은 산업 혁명을 후원한 영국의 자본 축적의 주요 흐름 중 하나를 제공했다.

서인도 제도들은 영국의 위광과 번영에 매우 중요한 대영제국의 중심지가 되었다. 흑인 노예들 이러한 설탕 식민지를 대영제국 역사상 가장 귀중한 식민지로 만드는데 결정적인 기여를 하였다. 그들의 노동은 모든 농산물 원료를 영국에 공급한 식민지의 근본적인 기둥이자 버팀목이었다. 대영제국은 "아프리카의 토대 위에 세워진 아메리카의 상업과 해군력이라는 웅장한 상부구조"였다.

서인도 제도의 각 영국인은 그와 함께 일하는 10명의 흑인들이 먹고 쓰고 입는 것을 계산하면 영국에서 4명의 남자를 고용을 창출한다고 추정되었고 서인도제도에서 백인이든 흑인 1명 당 이윤은 영국에서 7명이 내는 이윤에 달했다.

영국 수입의 5분의 1은 카리브 해에서, 9분의 1은 본토(즉 미국)에서 왔다. 영국 수출의 6퍼센트는 카리브 해로 갔고, 9퍼센트는 본토로 수출되었다. 영국의 총 대외 무역의 12퍼센트는 카리브 해에서, 10%는 본토와 이루어졌었다. 같은 해 동안 영국 수입의 1/2퍼센트가 아프리카에서 왔고, 영국 수출의 2퍼센트가 아프리카로 간 반면, 아프리카 무역은 영국 전체 무역의 거의 1.5퍼센트를 차지했다. 그러므로, 미국 본토, 버지니아, 메릴랜드, 캐롤라이나, 조지아, 삼각무역 및 서인도 무역은 1714~1773년 동안 영국 전체 무역의 거의 7분의 1을 차지했다.

삼각무역, 그리고 설탕 섬과의 관련 무역은 영국의 해운산업을 촉진했기 때문에 영국의 주석이나 석탄 광산보다 더 가치가 있었다. 이 삼각

무역은 영국의 중상주의자들에게는 이상적인 무역이었다. 플랜테이션에서 나는 열대 농산물은 아메리카 본토 식민지들과 달리 본국 제품과 경쟁하지 않았다. 그들은 본토가 항상 두려워하던 산업발전을 할 의사도 인센티브도 없이 언제나 농업국으로 남을 것이었다. 흑인 인구가 많기 때문에 독립을 열망하지도 않을 것이다.

그렇지만 이 삼각무역에는 한 가지 단서–독점이 필수적이었다. 식민지 무역은 고국이 엄격하게 독점해야 됐다. 중상주의자들은 이 점에 대해 단호했다. 식민지들은 그들의 귀중한 상품들을 영국으로만 보내야만 했고 영국 선박을 사용해야 했다. 그들은 외국 상품들을 영국에 먼저 가져가지 않는 한 영국 제품 외에는 아무것도 살 수 없었다. 그들은 또한 영구 봉토 상태로 오로지 그들의 농업 자원을 착취당해야 되었다. 못도, 말발굽도, 모자도, 다리미도, 정제 설탕도 제조할 수 없다. 이에 대한 보답으로 영국은 식민지 상품들이 영국 국내 시장에서 독점권을 부여받는다는 한 가지 양보를 했다.

항해조례(Navigation Laws)는 영국 중상주의의 핵심이었다, 그것은 영국의 목적을 위해 고안된 영국의 수단이었다. 항해조례는 초기 영국 식민지의 "양 아버지" 격인 네덜란드인을 겨냥했는데, 네덜란드는 신용을 제공하고, 물품을 운송하고,, 식민지 생산물을 구입하여 유럽으로 운송했는데, 모두 영국인들이 제공하는 것보다 더 매력적인 가격을 제시했다.

이러한 대외무역 덕분에 자연스럽게 해운과 조선업은 엄청나게 발전했다. 삼각무역의 이점 중 하나는 영국의 조선업과 해군력이 탄력을 받고 성장했다는 것이다. 그 시대에는 상선과 전함의 구별이 오늘날보다 적었다. 긴 항해를 하면서 선원들은 혹독한 훈련을 받게 되고, 상인들은 전쟁 시에 해군을 지원할 수 있었음으로, 노예무역의 옹호자들은 노예제도를 폐지하면 선원들을 키워내고 공급하는 큰 원천이 끊겨서 영국의 해양산업과 해군이 무력화 될 시킬 것이라고 주장했다.

1678년 세관 위원들은 농장들과의 거래가 영국의 선박과 선원의 위대한 보육원 중 하나이며 그것의 무역에서 가장 위대한 가지들 중 하나라고 보고했다. 여기서 다시 설탕 식민지는 빵 식민지를 능가했다. 모든 본토 식민지를 합친 것보다 더 많은 영국 배들이 설탕 식민지로 항해했다. 1690년에 설탕 식민지는 114척의 배, 13,600톤과 1,203명의 선원을 고용했다., 본토 식민지는 14,320톤과 1,271명의 선원들을 고용했다. 1710년에서 1714년 사이에 영국 선적이 서인도 제도까지 항해했고, 122,000톤이 본토로 항해했다. 1709년 서인도 무역은 영국 선박의 10분의 1을 고용했다. 1709년에서 1787년 사이에 해외 무역에 종사하는 영국 선박은 4배로 증가했고, 아프리카로 출항하는 38척의 배는 12배, 톤수는 11배로 증가했다. 영국의 조선은 삼각 무역으로부터 직접적인 자극을 받았다.

삼각 무역의 발전과 해운과 조선의 성장은 다시 거대한 항구 도시의 성장으로 이끌었다. 브리스톨, 리버풀, 글래스고는 항구와 무역의 중심지로 자리를 잡았다. 브리스톨은 18세기 첫 4분의 3기간에 영국 제2의 도시가 되었는데 이는 노예와 설탕 거래 덕분이었다. "노예의 피로 굳어지지 않은 도시의 벽돌은 없다"고 썼을 정도로 노예무역은 그 도시 성장에 큰 기여를 했다. 호화로운 저택들과 사치스런 생활들은 브리스톨 상인들이 사고파는 노예들의 고통과 신음으로 만들어진 재산의 산물이었다.

프랑스 자본주의도 영국 자본주의처럼 삼각무역으로 크게 득을 보았다

낭트에는 1714년에서 1789년 사이에 노예를 매매하지 않은 대 선주가 단 한 명도 없었다. 만약 그가 노예를 팔지 않았다면 아무도 현재 위치가 되지 않았을 것이라는 것은 거의 확실하다. 수많은 사람들의 치부나 파멸은 노예무역의 성패에 달려 있었다.

영국과 프랑스는 다른 나라들보다 훨씬 앞서서 산업과 의회 민주주의를 발전시켰다. 그렇지만 영국의 자본 축적에서 인도와의 무역은 이 기간 동안 부차적인 역할만 했다. 삼각무역이 압도적인 역할을 했다. 1783년 미국 식민지를 잃은 후에야 영국은 그녀의 인도 소유에 대한 심각한 착취로 눈을 돌렸다. 18세기의 상업 자본주의는 노예제도와 독점을 통해 유럽의 부를 축적시켰다. 그러나 그렇게 함으로써 그것은 19세기의 산업자본주의를 창조하는 데 일조했고, 그것은 다시 역으로 상업자본주의, 노예제, 그리고 그것의 모든 작품들의 힘을 파괴했다.

미국의 노예제와 남부의 토양고갈 그리고 미국 자본주의

미국 독립전쟁과 노예제

미국 식민지가 1773년 보스턴 차 사건으로 영국의 동인도회사의 차 독점에 반항한지 2년 뒤 매사추세츠 렉싱턴에서는 영국군과 식민지인들 사이에 첫 무력충돌이 일어남으로써 마침내 갈등이 본격화 되었다. 그렇지만 1775년 5월에 제2차 대륙회의가 열렸을 때 이 회의에서도 영국과의 관계를 끊고 독립을 선호하는 대표는 거의 없었다. 그러나 조지 3세는 식민지 대표들이 보낸 화해를 청하는 청원서를 무시하고, 모든 식민지가 반란 상태에 있다고 선포하자 13개 식민지에서는 독립을 지지하는 여론이 높아갔고 마침내 1776년 7월 4일에 대륙회의는 독립 선언서를 채택했다., 한편 독립선언서는 제퍼슨이 거의 혼자 초안을 작성하였는데 27개 조항으로 구성되어 독립의 원인을 설명하고 이것을 호소했으며 국왕 조지 3세를 매도하는 내용을 가지고 있었다. 이 독립선언문 마지막 조항은 "그는 우리 사이에서 내부 폭동을 선동했고, 그들의 알려진 전쟁 규칙은 모든 연령, 성별, 조건의 무차별적인 파괴인 무자비한 인디안 야만인들을 끌어들이려고 노력했다."고 쓰여 있었다. 18세기의 맥락에서 "내부 반란"은 노예 반란을 가리킨다.

그런데 원래는 토마스 제퍼슨이 그의 독립선언서 초안에 노예제를 공격하는 구절을 포함시켰을 때 그것은 1776년 봄과 초여름에 필라델피아에 모인 대표들 사이에서 가장 격렬한 논쟁을 촉발되었다. 제퍼슨의 노예제도에 대한 구절은 최종 문서에서 삭제된 가장 중요한 부분이었다. "우리들 사이의 내부 폭동"을 선동한 것에 대한 모호한 구절로 대체되었지만 사실상 노예폭동을 가리켰다. 수십 년 후 제퍼슨은 이 구절의 삭제를 사우스캐롤라이나와 조지아의 대표단과 당시 대서양 횡단 노예무역에 적극적으로 관여했던 상인들을 대표했던 북부 대표단의 탓으로 돌렸다. 원 초안은 다음과 같았다.:

"그는 인간 본성 자체에 대한 잔인한 전쟁을 벌였으며, 그에게 결코 해를 주지 않았던 머나먼 곳의 사람들의 삶과 자유에 대한 가장 신성한 권리를 침해하고, 그들을 다른 반구의 노예로 잡아서 끌고 오거나 그들의 수송에서 비참한 죽음을 맞이하게 만들었다. 이 해적 전쟁은, 비기독교 국가들에 대한 모욕은 대영제국의 기독교 왕의 전쟁이다. 인신매매 시장을 계속 열기로 결심하고, 그는 이 가증스런 상업을 금지하거나 억제하려는 모든 입법 시도를 억압하는 데에 창녀처럼 반대했다. 그리고 이 공포의 집합체가 어떤 죽음도 두려워하지 않고 그것을 원할지도 모른다. 그는 지금 바로 그 사람들이 우리 사이에 무장봉기를 하라고 부추기고, 그가 그들을 끼어 넣은 사람들을 죽임으로써, 즉 한 민족의 자유에 대해 저지른 이전 범죄를 다른 사람들의 삶에 대하여 저지르라고 그가 촉구하는 범죄로써 갚아서 그들을 박탈한 자유를 사라고 부추기고 있다."

아무튼 독립을 선언하게 된 중요한 이유 중의 하나는 영국이 노예 반란을 선동했기 때문이었다. 사실, 제퍼슨은 원래 내키지 않는 식민지 개척자들에게 노예제를 강요한 왕에 대한 공격을 확대하려고 했다. 만약 그것이 포함되었다면, 그것은 노예에 대한 독립투사들의 가장 강력한 비판이 되었을 것이다. 대륙회의에서는 노예제도에 대한 모든 언급을 "해적 전쟁"이자 "공포의 집합체"라고 잘라버렸고, 조지 왕이 "이제는 바로 우리 안의 그 사람들이 무장봉기하라고 선동하고 있다"는 문장만을 남겼다.

대륙회의가 방금 미국의 독립을 선언했다는 소식을 듣고, 뉴욕 헌팅턴의 작은 마을에 한 무리의 사람들이 모여 조지 왕의 인형을 만들어서 횃불을 붙이려고 했는데 그들은 그전에 이상한 짓을 했다. 뉴욕시의 한 신문에 따르면, 그들은 먼저 그의 얼굴을 검게 칠한 다음, 그의 나무 왕관 옆에 그의 머리를 "야만인"처럼 "깃털로 가득" 꽂고, 그의 몸을 유니언 잭(영국 국기)에 싸서 화약을 늘어뜨린 다음 불을 붙였다고 한다.

헌팅턴에 모인 군중들이 이피지의 얼굴을 검게 하고 머리에 깃털을 채워 불을 지폈을 때, 그들은 정말로 노예반란에 대한 두려움과 흑인들을 배척하는 감정에 휩싸여 있었다. 그들이 왕과 노예와 원주민 지지자들을 함께 태웠다.

렉싱턴과 콩코드 전투와 독립 사이의 15개월 동안 아프리카계 미국인과 인디언이 다가올 분쟁에서 어떤 역할을 할 것인지에 대한 보도가 가장 널리 논의된 뉴스였다. 북아메리카 전역의 영국 관리들은 반란을 진압하기 위해 노예와 인디언들의 도움을 구했다. 독립선언서의 27번째 이자 마지막 조항은 독립 선언의 핵심이었다. 노예반란에 대한 공포와 흑인에 대한 배척이 독립전쟁에 불을 지폈다.

목화와 노예제 그리고 서부개척

영국의 미국에서 1793년 일라이 휘트니가 발명한 면과 씨앗을 손쉽게 분리할 수 있는 조면기는 면 생산을 크게 가속화시켰다. 동시에, 직물 제조업을 대규모 산업으로 만든 산업 혁명으로 인해 원면에 대한 수요가 크게 증가하였고 1812년 이후 서부에 새로운 땅이 열리면서 목화 재배가 가능한 지역이 크게 확대되면서 면 생산은 폭발적으로 늘어났다. 그와 동시에 노예 수요도 늘어났다. 면화 재배는 미국 서부로 빠르게 이동하여 남부의 많은 지역을 거쳐 미시시피 강으로, 그리고 결국 텍사스로 퍼져나갔다.

설탕 재배도 노예제도를 촉진하는 새로운 요인이었다. 루이지애나 주 남동부의 비옥하고 뜨거운 땅덩어리는 18세기 후반에 수익성 있는 사탕수수 작물을 재배하는 데 이상적인 것으로 드러났고, 그래서 1830년이 되면 그 주는 미국 전체 설탕 공급량의 약 절반을 공급하고 있었다. 이를 위해서 동부 해안에서 데려온 노예들이 또한 필요했다. 담배 재배도 또한 노예제와 함께 서부로 퍼져나갔다.

그런데 목화와 담배 경작은 토질을 빠르게 열화시키고 양분들을 고갈시키는 큰 약점이 있었다. 미국의 초대 대통령인 워싱턴이 버지니아의 농

부가 되었을 때, 거기에는 하나의 농업 체계만 존재했고 그 체제에 관해서 그는 다음과 같이 기술했다.:

"한 필지의 땅이 벌목되어서, 계속 경작되는데, 처음에는 담배, 다음에는 옥수수를 경작한다. (이것들은 지력을 매우 고갈시키는 두 가지 작물들이다.) 그래서 거의 아무 것도 수확되지 않을 때까지 계속된다. 그 다음에 두 번째 필지가 개간되고 같은 방식으로 처리되며, 그 다음 세 번째 필지가 개간되는데 이제 더 이상 개간할 땅이 거의 없게 된다. 이런 일이 일어날 때, 주인은 세 가지 중 한 가지를 선택할 수밖에 없다.: 그가 망친 땅의 지력을 회복하거나, 그런데 아마도 그는 그렇게 할 기술도, 근면도, 수단도 없을 것이다, 또는 산을 넘어 이주하거나, 또는 무언가를 기르기 위해 질을 양으로 대체하는 것. 후자가 일반적으로 채택되어 왔으며, 말의 도움으로 많은 땅을 긁고, 씨를 뿌리지만 거의 아무런 소용이 없다."

노예들이 수행하는 남부 수출품들, 면화, 담배, 설탕 등의 재배는 대규모의 노예 집단과 함께 대규모로, 그리고 단순한 노동만을 필요로 하는 자연적으로 비옥한 토양의 광대한 영역에서 행해질 때에만 수익이 남는다. 토양의 비옥도보다 자본, 지능, 노동력 에너지 투자에 더 의존하는 집약 재배는 노예의 성격에 반하는 것이다. 토질이 열화되고 지력이 고갈되어가자 이전에는 노예들을 일을 시켜 원료 농산물을 생산했던 메릴랜드나 버지니아 같은 주들은 오지 남부가 필요로 하는 노예들을 키우는 주들로 빠르게 변화해 갔다. 노예들이 인구의 7분의 4를 형성하는 사우스캐롤라이나에서 조차도 토양의 고갈로 목화 재배는 수년 동안 거의 완전히 정체되어 있었다.

정말로, 상황의 힘으로. 사우스캐롤라이나는 이미 남단과 남서부의 주들에 연간 4백만 달러의 노예를 판매하고 있었기 때문에, 부분적으로는 노예를 기르는 주(州)로 변모되었다. 지력이 고갈되기 시작하면 노예를 가진 노예 소유자 중 일부는 새로운 비옥한 땅을 어디선가 구해야 하고, 그에 따라서 그 농장에 노예를 팔기 위한 새로운 시장이 형성된다. 예를 들어, 미국의 루이지애나, 미주리, 아칸소의 획득 없이는 버지니아와 메릴랜드의 노예제도는 오래 전에 사라졌을 것이다. 노예제 영토가 크게 늘지 않고서는 농장주들은 망하고 노예제도 유명무실해졌을 것이다.

노예제와 미국 자본주의의 형성

Edward E. Baptist의 책 《The Half Has Never Been Told: Slavery and the Making of American Capitalism》에 따르면, 삼각무역이 영국과 프랑스 자본주의 발달에 주요한 기여를 했듯이, 미국의 흑인노예제는 미국의 자본주의 형성에 한몫했다고 한다. 그에 따르면 미국의 노예제도와 미국의 자본주의와의 긴밀한 연관성이 있고 값싼 땅, 노예 노동, 그리고 그것을 기꺼이 지원하려는 정부가 결합하여 엄청난 부를 창출했고. 그것은 미국에서 산업 혁명을 시작하는 충분한 자금을 제공했다고 한다.

노예제도가 수익성이 없고 비효율적이며 산업화와 경쟁할 수 없기 때문에 결국 사라질 것이라는 가장 큰 신화가 있지만 실제로 당시에 그것이 비효율적이었거나 죽어가고 있었다는 증거는 전혀 없다. 반대로 토지는 저렴하고 풍부하게 가용될 수 있었고 손쉬운 신용과 노예노동과 결합하여 1860년까지 면 생산 붐이 일어났다.

1860년에 남부 노예 노동은 영국의 면직공장에서 사용되는 면화의

88%를 제공했다. 면화는 전 세계 제1의 무역 상품이 되어 있었고 영국의 면화공장뿐만 아니라 매사추세츠 주 로웰과 같은 도시들의 면화공장들을 먹여 살리면서 산업혁명을 부채질했다. 로웰의 면화공장은 아프리카계 흑인 노예들의 고혈을 짜서 벌어들인 수익으로 건설되었다. 면화는 1802년 미국 전체 수출의 14%에서 1860년까지 61%로 증가했다. 전 세계 면화 시장의 미국 점유율은 1801년 1%에서 1860년까지 66%로 상승했다.

루이지애나 매입과 5만 명에 달하는 미국 원주민의 강제 퇴거로 인해 새로운 토지가 열리면서 노예제도는 구 남부의 해안 주에서 새로운 남서부로 옮겨갔다. 1807년 노예의 수입을 금지하는 법에 의해 새로운 노예를 수입이 막힌 노예 무역업자들은 100만 노예의 이주를 강요했다.

북부 주(특히, 메릴랜드 주)의 노예들이 너무 빨리 번식해서 완전히 새로운 노동력을 창출했기 때문에 아프리카의 노예무역은 더 이상 중요하지 않았다. 흑인 남자들(흔히 천 파운드의 사슬로 연결되었다)은 새 주인에게 팔릴 때의 이익이 백 퍼센트였기 때문에 북부에서 남부로 강제 이주되었다. 1805년, 결국 백만 명의 노예들이 남부로 이주되었다. 북부의 담배농사는 남부의 목화농사보다 수익성이 낮았다.

이처럼 엄청난 수의 노예들의 이동은 “강제 분리, 폭력, 새로운 종류의 노동”에 바탕을 둔 “강제 이주”였다. "모든 북부 백인들은 노예가 된 사람들에 대한 착취로 이득을 보았다. 따라서, 여기엔 아프리카 노예무역은 더 이상 수익이 나지 않았다. 노예들의 생산성이 높아졌기 때문에, 오지 남부로의 이동은 몇 년 동안 계속되었다. 1790년대부터 1860년대에 걸쳐 노예상들은 100만 명의 노예들을 구 노예주에서 신 노예 주로 옮겼다. 그들은 1790년에 거의 면화를 생산하지 않았지만 1860년에 거의 20억 파운드나 되는 면화를 생산했었다.

남북 전쟁 직전에 노예 상들은 노예 노동농장들을 더 확대하기 위해 텍사스, 캘리포니아, 심지어 쿠바에 있는 땅에 눈독을 들이고 있었다. 노예의 수는 1790년대에 비해 5배나 증가했다. 게다가, 나라가 팽창함에 따라, 남부 농장주들은 서부에 있는 많은 새로운 주들이 목화 생산이 계속될 수 있는 노예주로 만들려고 했다. 그래서 루이지애나, 앨라배마, 미시시피, 조지아, 텍사스, 아칸소, 그리고 결국 오클라호마, 뉴멕시코, 애리조나는 노예제도가 허용되었다. 그래서 전국의 면화 재배 농장과 전 세계적으로 꾸준히 증가하고 있는 면화 산업이 계속해서 성장할 수 있게 되었다. 면화는 세계 경제의 가장 중요한 원자재가 되었다.

아프리카계 미국인의 말에서는, 이러한 강제 이주, 가족과 집을 찢어 놓는 짓을 도둑질이라고 불렀다.

1859년의 목화 작황은 놀라웠다. 4백만 묶음 [bale]에 20억 파운드의 깨끗한 섬유질이었다. 노예의 생산성은 그 어느 때보다도 높았다. 면화 나라에서는 노예 남자, 여자, 아이 당 약 700파운드였는데, 이는 1790년의 22배였다.

이렇게 놀라울 정도로 생산이 증가한 이유는 흑인 노예들이 잘 대우받았기 때문이 아니라 그들에게 주어진 할당량을 충족시키지 못하면 채찍질에 직면했기 때문이다. 그래서 그들은 양손으로 솜을 따고, 채찍을 피하기 위해 더 빨리 뽑고, 동작을 덜 낭비하는 방법을 찾아냈다. 쿼터는 정기적으로 증가하여 노예들은 끊임없이 생산을 증가하라는 요구에 시달렸다. 미달자에 대한 쿼터와 중징계가 있었고, 노예가 어느 날보다 더 많은 것을 골랐다면, 그것은 그의 새로운 일일 쿼터가 되었다. 실패한 쿼터에 대한 고문은 풍토적이었다. 일부 북부인들이 자신들이 그 나라의 일부가 아니라고 주장했음에도 불구하고, 그 나라의 모든 백인들은 혜택을 받았다.

따라서 면 생산의 놀라운 증가는 흑인 노예들의 창조력과 재간 그리고 꾀에 의해서 생긴 결과였디. 기계화와 산업화를 불필요하게 만든 것은 채찍이었다. 그것으로 노예 주인들은 흑인들의 마음의 풍요를 약탈하고, 며칠, 몇 년, 몇 년에 걸쳐 그들의 노동의 과실을 훔치고, 땀과 피와 살을 금으로 바꾸었다.

남북전쟁 당시 목화에 대한 수요가 공급을 훨씬 초과했을 때 연방정부는 노동에 대한 대가를 받은 사람들을 고용해서 목화를 재배하려는 북부 기업인들에게 사우스캐롤라이나 제도의 토지를 임대했다. 성과급을 포함한 실험에도 불구하고, 그들은 노예 노동 수용소의 생산성에 한참 못 미치는 결과만을 얻었다.

노예제도의 확장은 빈곤과 착취의 지속적인 패턴을 구축했다. 이 유산은 20세기 초 남부에서 분명히 명백했다. 아프리카계 미국인 가구는 사실상 재산이 없었지만, 노예해방 후에도 백인 가구에 의해 보유되는 부의 상당 부분은 노예 노동과 금융이 1861년 이전에 노예 노동에 의해 창출된 수익에서 기원하는 것으로 추적될 수 있었다. 이런 잉여 부는 산업혁명을 일으키는 데 중요한 자금이 되었다.

미국 남부 노예제와 자유무역

남부 경제는 노예에 기초한 환금작물 농업 경제로서 전적으로 영국 시장에 의존하고, 영국의 금융에 많은 채무를 졌다. 그 결과, 모든 노예주들의 80~90%의 토지가 2~3%의 노예 소유주들의 의해 소유되었다; 1100만 명의 인구 중 15300명의 노예소유주들이 있었다. 이들 중 1만 명이 모든 토지의 2/3 그리고 4000만 명의 흑인노예들의 90% 이상을 소유했다.

나머지 대다수의 백인들은 무산자들이거나 가장 척박한 농지에서 겨우 생계를 꾸려 나갔다. 남부에는 있는 산업이라곤 기초적이고 원시적인 것들뿐이었다. 미국 남부 경제는 2가지 주 수출 상품들-면 원료와 쌀의 판매를 위해 외부 시장에 전적으로 의존했다: 그들은 식품, 소비재 그리고 모든 자본재를 전적으로 외부 시장에 의존했다.

남부의 대표적인 주인 버지니아 주와 북부를 대조하면 깜작 놀랄 정도로 그 격차가 갈수록 벌어졌다. 남북전쟁 전의 상황을 보면, 미국 헌법이 채택될 당시에는, 버지니아 주는 가장 인구가 많은 주로서 인구는 뉴욕 주의 2배였다 그렇지만 뉴욕 주의 인구가 거꾸로 2배 이상이 되었다. 버지니아 주의 토지는 경작되지 않고 버려져 있거나, 생산성이 낮다. 인접한 오하이오와 펜실베이니아 주에서 토지 생산성은 버지니아 주의 같은 종류의 토지 생산성의 2배이다. 자유 주들에서는 새 성읍들이 어디에서나 새로 생겨나면서 번창하고 있었다. 토지는 더 생산적이 되고 있고 전 지역에서 학교건물들과 교회들이 서로 보일 정도로 많이 지어지고 있었고 많은 봉급을 주는 제조업과 기계공업이 많은 사람들을 고용하고 있다.. 인구는 급속히 그리고 꾸준하게 증가하고 있었다. 반면에 버지니아 경계 이내에 새 읍들은 거의 없고 옛 마을들은 고사 상태이다. 항구에는 배가 없고 수력은 거의 사용되지 않는다. 항구도시들은 상업이 없고 고사하고 있다.

남부 자본은 토지와 노예들에 묶여 있고, 그래서 경작을, 다변화하거나 새 기술들에 투자할 수 없었기 때문에 원시적인 농경으로 토양이 고갈되면서, 남부는 앨라배마, 미시시피, 루이지애나 및 텍사스 주 등 소위 "블랙벨트" 주들의 미개척 농지들을 노예주로 요구하게 되었다. 버지니아 주는 노예들을 증식하는 주로 바뀌었다. 1850년에 노예는 버지니아 주의 최대 수출품이 되었다.

면과 쌀은 여전히 구 남부 주들에서 생산되었지만, 너무나 수확량이 작아서 노동 강도를 대대적으로 증가시키지 않고는 경제적으로 살아남을 수가 없었다. 1860년대에 이 구 남부 주들은 노예 경제의 노예가 되었고, 영국에 대한 빚은 천문학적 수준이 되어서 버지니아 주는 거의 파산 지경이 되었다.

남부 노동의 성격과 조건들을 보자.

노예제는 명백히 남부의 흑인들을 타락시켰지만, 또한 자유노동자들도 타락시켰다.

면 생산이 대부분의 남부의 유일한 환금작물 상품들로서, 외국, 주로 영국 시장 수요에 부응하기 위해 가능한 빨리 농지들의 양분을 빨아들여야 했다. 그래서 더 비싼 자유노동이 설 자리는 더 이상 남아 있지 않았다.

농업의 생산성 및 효율성 개선에서 더 이상 자본 투자가 아니라 노동 강도가 면 생산의 중심 원리였기 때문에, 노동 생산성은 낮았다. 그 결과 남부의 자유노동의 생활수준, 기술 및 교육수준 그리고 아웃풋은 거의 짐승이나 마찬가지 수준이었다. 소수의 노예들을 소유하고 작은 농지를 경작했던 중간 규모의 지주들도 마찬가지 신세였다.

북부군은 남부로 진격하면서 남부 인민들의 실상에 충격을 받았다. 셔만 장군의 남부 진격의 참모였던 George Ward Nichols는 그가 관찰한 것을 일기에 적었다.

"오늘은 일주일 만에 처음으로 여자들이 반듯하게 차려입고 어린애들이 깨끗하게 입은 가구를 본 날이다. 우리가 지나온 50마일의 도로 가의 집에 살던 사람들은 내가 본 것 중에서 가장 타락한(degraded) 인간 종이었다. 그들은 남부의 "가난한 백인들"이 아니었다. 대지주들로서 10~40명의 노예 소유주들이었다. 프랑스 농민들은 교육받지 못해도, 깨끗하다. 러시아 농노들은 무식하긴 하지만 어느 정도만 야만적이다.

그러나 내가 보고 얘기했던 사람들은 역겨울 정도로 더러웠을 뿐만 아니라, 너무나 게으르고 아무런 꿈이 없었다. 시체처럼 누워 있다가 외국 군대가 침입해도 꿈적도 하지 않았다. 나무늘보처럼 축 늘어져 있으면서도 굶어 죽을 것이라는 한탄마저도 내 뱉을 힘이 없었다."

남부 대지주들도 외부 금융에 대한 채무, 영국 및 그 동맹인 북부의 뉴잉글랜드 섬유제조업을 통해 외부에 전적으로 종속되어 있었다. 남부에서 결투 또는 "신사들의 살인"은 놀라울 정도로 빈번했다.

남부에는 거의 전적으로 토착 제조업이 부재했고, 약간의 조약하고 원시적인 제조업이 발달했다. 그것은 원료 생산 또는 조야한 재화 생산에서의 중간 소재를 생산하는 공장들이었다. 한 남부 공장에서는 250명의 여자들이 한 곳에 모여서 일을 하고 있었는데 그들은 단정하지 못하고 곰팡내 나고, 누더기를 입고 있었고 더러우며 무식하고 비참한 형색이었다.

그들이 거주하는 곳도 강둑에 세워진 더러운 목재 판잣집들로서 문들은 겨우 걸려 있었고, 썩은 계단들은 더러운 통로로 이어졌다. 더럽고 부서진 취사도구들, 고인 물이 질병을 키우고 5~6명이 한 침대-방을 공유하고; 늙은 여자와 누더기 어린애가 햇빛에 축 늘어진 광경이 있는 집이었다.

"가난한 백인들"의 처지도 비슷했다: 그 일기에서 그의 일행이 행군 동안에 불모의 농업지역과 그 두뇌가 그들이 사는 토지만큼 메마른 "가난한 백인들"을 관찰하였다. 부유한 백인 대지주들은 이미 다 도망쳤고 남아 있는 자들은 무식하고 반-문명적인 사람들로서 그들의 생각은 제한되고, 영어 지식은 극도로 불완전했다. 사실상, 남부의 많은 곳에서 가난한 백인 자유노동은 무지하고 기술도 없고 읽고 쓸 능력도 없고 무기력한 계급이 되어 있었다.

미국 남부 노예제도의 경험에 따르면, 자유무역은 "자유" 시장에 대한 정부 개입은 없어야 한다고 주장하면서. 보호관세, 신용지도와 통제, 국내 개선 및 제조업 발달 및 혁신의 후견에 반대하는데 그 결과 미국 남부 주들에서 토지는 지력이 고갈되고 노예 착취는 갈수록 더 심해지고 노동자들은 지력과 활력을 잃고 노예주들과 농장들은 영국 자본의 채무 노예가 되었고 산업은 낙후되었다. 이는 자유무역 옹호론자들의 주장과는 정반대 결과이었다.

자유무역의 해악

자유무역주의는 19세기 초 영국의 경제학자 리카도에 의해 최초로 정식화된 비교우위론에 기초하고 있다. 다른 기술과 관습, 자원들을 가지고 있는 국가들이 똑 같은 제품을 만들 때 비용이 다르다는 것을 리카도는 간파했다. 그래서 각 국가는 자국이 비교우위를 갖는 제품을 특화해서 생산하고 서로 자유무역을 하면 누구나 다 혜택을 본다는 논리다.

세계은행(IBRD) 환경부문 수석 경제전문가를 역임한, 미국 메릴랜드대학교 교수였고 지금은 작고한 허먼 데일리(Herman Daly)는 리카도의 비교우위론은 자본이 국제적으로 대량으로 급속하게 이동하는 현실에서는 거의 전혀 맞지 않는 이론이라고 주장한다. 1993년 11월 Scientific American지에 실린 "자유무역의 해악"이라는 기사에서 자유무역이 가져오는 장단점을 논한다.

그에 따르면, 자유무역을 하고 나면 더 이상 자유무역을 하지 않을 자유가 없어진다. 빠져 나올 수 없는 덫에 걸린 꼴이 된다. 세계화는 운송의 세계화를 수반하는데 여기에는 화석연료 특히 디젤연료가 필수적이다. 화석연료의 추출, 가공, 정련 수송에는 막대한 환경적 비용이 동반된다. 화석연료 연소에 의한 환경비용도 디젤이나 가솔린 가격에 계산되지 않고 있다.

경제정책의 3가지 기본 목적은 자원의 효율적 할당, 자원의 공정한 분배, 자원사용의 지속가능한 규모의 유지인데, 데일리는 자유무역에서는 자원의 효율적인 배분은 불가능하다고 주장한다. 경제활동에는 언제나 비용을 다른 누군가에게 전가하는 외부화(externalities)가 발생하는데 국가마다 그것을 내부화하는 정도가 다르므로 자원은 효율적으로 배분될 수 없다고 한다. 국제무역은 경쟁을 촉진하고 경쟁은 비용을 절감시키는 장점이 있지만, 경쟁은 두 가지 방법-효율성을 높이든지 아니면 기준을 낮추든지 하여 비용을 줄이는 데, 자유무역에서는 후자의 경우가 왕왕 발생한다. 외부화의 인센티브가 늘 존재하고 따라서 오염, 쓰레기 처리비용은 해당 사회가 떠안게 될 위험도 상존한다.

최근에 하버드 대학의 "경제활동 지도"("Atlas of Economic Complexity")라는 뛰어난 실제 세계 연구에 따르면, 전문화가 아니라 다변화가 실제로 성장을 일으키는 "마법의 약"이다. 성공적인 나라들은 다변화된 산업들을 갖고 있고 그들은 더 전문화된 경제들보다 더 빨리 성장한다. 그들은 기존 산업들을 융합하여 새 산업들을 창조하기 때문이다.

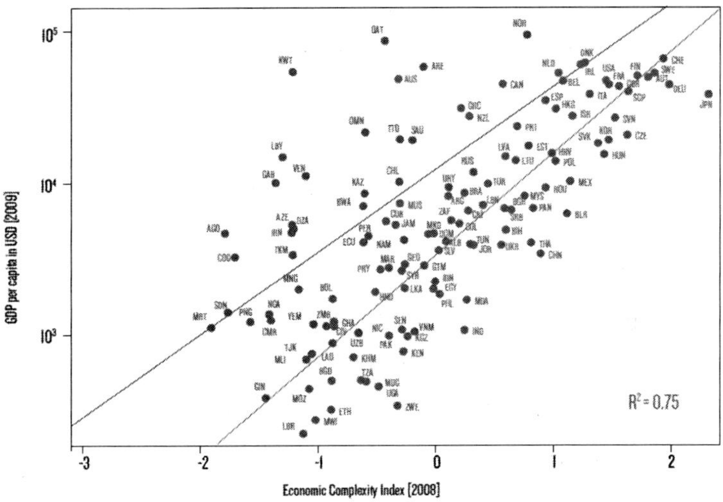

비교우위론은 외국과의 경쟁으로 자국 산업이 무너지면 그것은 다른 산업에서의 동등한 자본으로 "변환" 될 수 없다는 사실을 무시한다. 때때로 그것은 떨이로 처분되든가, 종종 외국에 팔려야 한다. 그렇지만 대부분 경우 그것은 단지 고철이 된다.

특성화(전문화)는 사기이다. 특화하면 나라들은 더 잘 살게 하는 것이 아니라, 더 가난해진다. 더 이상 쓸모없는 기계는 고철이 되고, 실제로 성장이 나오는 새 산업들을 발명할 방법이 적어지기 때문이다. 애용하는 예는 세일보드 [sailboard 돛이 달린 물에 뜨는 보드]이다. 그것들을 발명하기 위해서는 먼저 서핑보드와 돛을 생산하는 지역 산업들이 있어야 한다. 물론 특성화(전문화)와 그 때문에 필연적으로 생기는 무역은 다량의 금융 서비스와 보험료 그리고 다량의 국제 행사를 발생시킨다. 워싱턴에서 얼쩡거리는 부유한 엘리트들은 재미를 보지만, 국가 전체는 손해를 본다. 특히 노동계급이 손해를 본다.

그렇지만, 노예제와 연관해서 유리에게 관심사가 되는 해악은 직업의 획일화와 그에 따른 인간의 불구화 문제이다. 특화에 따른 다른 중요한 그러나 좀처럼 언급되지 않는 결과가 있는데 그것은 직업선택의 범위가 줄어든다는 것이다.

우루과이(Uruguay)는 분명히 소와 양을 키우는 게 비교 우위적이다. 만일 특화와 자유무역에 전념한다면, 우루과이 사람들은 카우보이가 되거나 양치기가 되는 수밖에 없다. 우루과이 사람들은 그들 농업과 산업뿐만 아니라 자신의 법, 금융, 의료보장이 필요하다. 그러한 다양성이 효율을 희생한다는 것은 사실이다. 우루과이는 자신의 교향악단을 가짐으로써 풍부해진다. 양모. 양고기, 소고기를 수출함으로써 교향악단을 수입하는 것이 더 비용-효율적일 지는 모르지만 공동체와 민족을 위해서는 다양성이 필요하다. 개인들도 여러 직업군의 선택가능성을 복지의 증가로 보아야 된다. 카우보이나 양치기도 카우보이나 양치기가 아닌 동향사람을 접촉함으로써 풍부해진다. 특화와 자유무역이 1인당 상품이용가능성을 높이므로, 그것이 좋다는 단순한 논리는 공동체의 복지라는 차원을 간과하고 있다.

데일리가 언급하고 있지 않은 자유무역의 또 다른 중요한 약점이 있다. 위에서 남부의 비참하고 무지몽매한 노동자들과 자유민들에게서 볼 수 있듯이 자유무역은 개인과 사회의 자유로운 발달을 억압한다. 기술은 다양한 기술들을 접할 수 있어야 발전한다. 하버드 대학의 지도에서도 보듯이 새로운 아이디어도 다른 아이디어들과 아이디어들이 접촉하고 부딪힐 때에 창출된다. 개인도 다양하고 풍부한 경험을 할 때에만 전인(全人, whole man)이 된다. 모든 사람이 똑같은 일을 하는 사회에서는 누구나 불구자이고 퇴보한다.

화석연료와 노예제

산업혁명과 노예제 폐지

산업혁명과 노예제 폐지 사이에는 분명한 연관관계가 있다. 증기력은 노동에 대한 인식을 변화시켰고 새로운 기술은 노예 폐지 운동과 책자들의 보급을 촉진했다. 산업 진보로 인한 기초적인 생존에 대한 위협이 줄어들면서 노예제도에 대한 감성과 도덕적 기준이 변화하고 비도덕적인 것으로 보는 시각이 늘어났다.

동물이나 풍력 또는 수력이 풍부한 지역을 제외하고는 노예제도가 화석연료 이전 사회의 오랜 에너지 부족에 대한 가장 쉬운 해결책이었다. 따라서 노예노동은 수메르부터 시작하여 복잡한 사회의 정상적인 특징이었다. 미주에서의 노예 제도는 이 오랜 역사의 절정에 불과했다 역사적으로 새로운 도구가 도입되어 스스로 작업을 할 수 있는 경우가 있다. 제분소와 같은 기술의 도입은 실제로 12세기 이후 유럽에서 노예의 수를 감소시키는 데 기여했다고 여겨진다. 아니면 그 반대일 수도 있다. 가톨릭이 기독교인 노예를 금지하여 노예노동이 부족해지자 서유럽 전역에 수차가 채택되었다. 그래서 수차와 풍차 기술이 발전하고 인력의 필요성을 줄이자 노동절약 기술에 대한 필요는 더욱 늘어났을 수 있다.

정의 피드백 과정이 작용했을 것이다.

로마와 같은 곳에서 노예노동이 이용 가능했고 따라서 인간과 다른 에너지원에 의해 구동되는 기계를 개발하려는 사회적 인센티브가 약하거나 존재하지 않았기 때문에 기술 진보가 방해되었다고 오랫동안 주장되어 왔다. 노예의 이용가능성은 분명 로마 및 다른 사회에서 노예제를 그대로 존속시키는 관성을 유도하는 역할을 했다 이것은 '닭과 달걀' 문제의 고전적인 예이다. 노동 부족이 어딘가에서 나타날 때, 그것은 노동 절약 장치의 발명을 추진하고 그 반대도 마찬가지이다. 따라서 대규모로 석탄를 사용하기 시작한 국가 즉 영국에서 대중 노예제 폐지 운동이 처음 시작되었고, 이후 영국과 동시에 미국으로 옮겨갔다는 점은 흥미롭다. 사회운동가 오웬(Robert D. Owen)은 1863년 노예해방 선언 이전에 링컨 대통령에게 약간의 영향을 주었는데 그는 또한 증기 동력기계를 노예로, 그리고 그것들의 소유자를 주인과 동일시한다.: "영국은 광대한 발명 영역에서 2억 명의 강력하고 수동적인 노예들을 수입해오고 있다고 말할 수 있다."

오스카 와일드(Oscar Wilde)는 당대에 널리 퍼진 노예 노동과 기계 사이의 연관성에 대한 아이디어를 다음과 같이 요약했다.

"무의미한 모든 노동, 단조롭고 지루한 모든 노동, 무서운 일을 다루고 불쾌한 조건을 수반하는 모든 노동은 기계로 수행되어야 한다. (...) 사실, 문명은 노예를 필요로 한다. 그리스 사람은 그 점에서 아주 옳았다. 더러운, 끔찍한, 재미없는 일을 하는 노예가 없다면, 문화와 묵상은 거의 불가능하게 된다. 인간의 노예는 잘못이고, 안전하지 못하고 타락시킨다. 기계적 노예 제도에, 기계의 노예 제도에 세계의 미래가 달려있다."

일단 에너지가 이용 가능해지자 일반 대중은 이 새롭고 덜 착취적인 방식을 자연스럽게 사고하게 되어 갔는데, 이것은 왜 18 세기의 마지막 4 반세기 전에는 대규모 노예폐지 운동이 없었는지에 대한 자주 언급된 퍼즐을 설명하는 데 한몫 한다. '근력'과 노예제도는 18세기 말과 19세기 전반에 걸쳐 점차적으로 진보의 길을 막는 퇴행적인 것으로 간주되어갔다. 진보주의자들은 노예제도를 거부하기 시작했다. 프랭클린, 워싱턴, 제퍼슨 등 많은 저명한 미국인들은 점점 더 노예제도를 "커다란 문제, 저주, 병해 또는 국가 질병"으로 보게 되었다. 영국과 미국의 노예제도 반대 운동을 이해하기 위해서는 이 진보에 대한 믿음이 기계사용의 증가 그리고 그에 따른 사람들의 마음속에서 생겨나는 심리적 혁명에 힘입어서 생겨났을 것이다.

화석연료와 노예

〈붉은 여왕〉 〈게놈〉 등의 세계적 과학 저술가 매트 리들리(Matt Ridley)는 화석연료의 광범위한 사용이 노예제 폐지에 필수적인 역할을 했다고 주장한다. 노예들이 하던 일을 화석연료가 기계를 이용해 하게 되면서 점차로 인력과 역축 사용이 줄어들게 되었다고 한다. 가령 그는 1807년 런던 의회가 윌리엄 윌버포스(William Wilberforce)의 노예무역 폐지 법안을 통과시키려고 할 때에 세계 최대의 공장 단지가 맨체스터의 앤코트 (Ancoats)에서 막 문을 연 사실은 우연의 일치가 아니라고 본다. 석탄에 의해 생성된 증기에 의해 구동되고 가스에 의해 불이 밝혀지는 제분소의 기계장치와 노예폐지 운동, 이 두 사건 사이에는 연결 고리가 있다. 당시에 랭커스터[Lancaster] 면화 업계는 수력에서 석탄으로 빠르게 전환하고 있었고. 화석연료는 결국 동물의 힘, 나무, 바람, 물과 함께 비윤리적 노예제를 비경제적으로 만들었다. 윌버포스의 운동은 화석

연료 없이는 얻을 수 없었을 것이다. 화석연료는 노예 제도를 근절했다.

'노예'라는 말의 정의부터 하자.

노예제도는 "소유주의 이익을 위해 일 또는 서비스를 수행하는 소외되고 일반적으로 천시되는 사람에 대한 영구적이고 무력적인 지배"로 정의할 수 있다. "소유주"는 노예의 인신에 대한 지배력을 행사하여 형벌을 가하거나 심지어 죽일 수도 있으며, 원하는 대에는 언제든지 일을 시킬 수가 있다. 이러한 관점에서 볼 때, 노예제는 다른 형태의 착취와도 질적으로 다른 관행이라기보다는 착취 스펙트럼의 맨 끝에 있는 착취의 한 형태이다.

이러한 정의의 관점에서는 화석연료도 일종의 "노예"라고 볼 수 있다. 소유주가 원하면 하시라도 일을 시킬 수가 있기 때문이다. 물론 인간 노예와 화석연료 노예 사이에는 차이점도 있고 유사점도 있다. 노예는 하나의 생물-인격체이므로 희로애락을 느끼고 주인에게서 고통을 받을 수 있지만, 화석연료는 주인이 무슨 짓을 해도 전혀 반응이 없다. 주인은 인간 노예에 대하여 우월감, 권력의지를 느끼고 과시하려고 하지만 화석연료에 대해서는 그런 감정이 있을 수도 없고 과시할 수도 없다. 그런 의미에서 화석연료에 대한 지배는 인간 노예에 대한 지배와도 다르고, 무력적인 지배란 의미가 있을 수 없다 그렇지만 화석연료를 마음대로 부릴 수 있다는 면에서는 일종의 지배관계로 볼 수 있다.

노예 소유주와 선진국 거주자 모두 외부 에너지원으로 생겨나는 일에 의존하여 여전히 자신의 생활방식을 즐겼고 즐기고 있다. 전자의 경우 즐길 수 있게 서비스를 제공한 노동은 노예에서 나왔다. 후자의 경우, 그것은 화석연료가 하는 '일'에서 파생된다. 오늘날 미국은 남부가 19세기 중반에 노예들에 의존했듯이 소비와 생산 패턴에 있어 화석 연료에 의존하여 서비스와 상품을 제공받고 있다. 현재의 화석 연료에 대한 경제적 의존과 19 세기 경제의 노예에 대한 의존성 사이에는 명백한 유사점이 있다. 오늘날 미국과 다른 세계 대부분은 과거에 미국이 노예 제도에 의존한 것보다 훨씬 더 많이 화석연료에 의존하고 있다.

1세기 전에 오스카 와일드(Oscar Wilde)는 증기엔진을 하인이나 노예와 기능적으로 같다고 간주했다. 그러나 '에너지 노예'라는 용어는 1950년대 초 미국의 철학자 R.B. Fuller에 의해 최초로 만들어졌던 것으로 보인다. 1950년에 지구상의 각 개인이 대략 38명의 "에너지 노예"를 쓰고 있다고 그는 계산했다. 이 수치는 가솔린 1리터에 약 9kWh의 에너지가 포함되어 있는 반면 평균 인간의 일률은 40시간 근무 주간에 약 3kWh라는 사실에 기초한다.

에너지 노예

"에너지 노예(Energy Slave)"라는 말은 미국의 건축가로서 공업생산을 예측한 메카닉한 주택을 설계한 것으로 유명한 버크민스터 풀러(Buckminster Fuller)가 Fortune Magazine 1940년 2월호에서 "World Energy"라는 제목의 표지의 캡션으로 처음 사용하였다. Alfred Ubbelohde는 또한 1955년 "인간과 에너지"라는 책에서 이 용어를 명백하게 독립적으로 만들었지만, 1960 년대까지는 널리 쓰이지 않았고 일반적으로 풀러에게 조어의 명예가 주어진다.

풀러는 하루 150,000 피트 파운드의 일 그리고 일 년에 250일을 일하는 사람의 평균 생산량에 근거하여 "에너지 노예"단위를 제안했다. 그 개념은 고 에너지 사회와 저 에너지 사회 사이의 거대한 간극을 극적으로 드러냈다. 저에너지 사회에서, 비인간 에너지 노예는 일반적으로 말, 황소, 풍차, 나룻배들이다. 풀러의 단위를 사용하면, 세기말에 평균적인 미국인은 8,000명 이상의 에너지 노예를 부릴 수 있었다. 게다가 풀러는 "에너지 노예들은 인간 노동만을 하고 있지만 예를 들어 5,000°F, 불철주야, 10분의 1인치 공차, 백만 배 배율, 제곱 인치당 400,000 파운드의 압력, 초당 186,000 마일의 공평성 등 같은 이, 사람이 견딜 수없는 조건 하에서도 일을 할 수 있기 때문에 엄청나게 더 효과적이다. "라고 지적했다.

1배럴의 오일에는 약 6.1 GJ(1,700 kWh)의 에너지가 담겨 있다.

(오크리지 국립연구소, 바이오에너지 과학센터, 에너지 전환, https://bioenergy.ornl.gov/papers/misc/energy_conv.html)

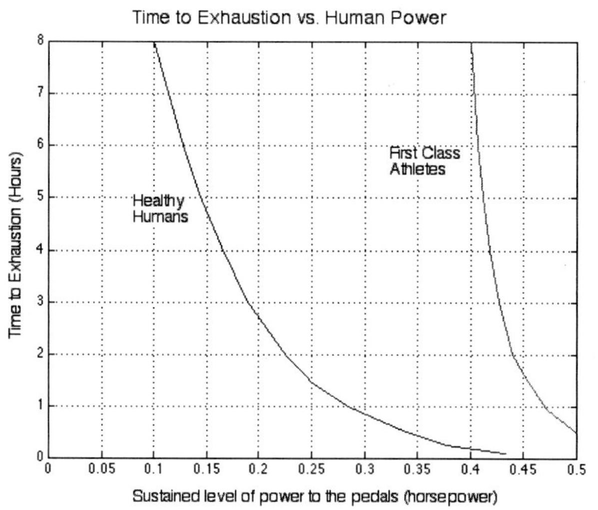

(출러, 오하이오 대학, 인간 동력 탈 것, http://www.ohio.edu/mechanical/programming/hpv/hpv.html)

위의 그래프를 보면, 평균적으로 "건강한 성인 남자"는 8시간 동안 꾸준히 0.1마력(약 75와트)의 일률을 낼 수 있다. 그 후로 기진맥진하기 때문에 쉬어야 다시 기력이 회복되어 일을 할 수 있다. 그러므로, 성인 남자가 하루에 8시간, 80w의 일률로 일주일에 5일간 일을 한다고 가정하면, 1년은 52주이므로 한 일의 총량은 80 × 8 × 52 × 5 = 208,000wh = 166kwh 이다.

주요국별 2014년 석유소비량

순위	국가	물량	점유율	1인당소비량
1	미국	19,035	20.7	21.79
2	중국	11,056	12.0	2.98
3	일본	4,298	4.7	12.34
4	인도	3,846	4.2	1.14
5	브라질	3,229	3.5	5.82
6	러시아	3,196	3.5	8.19
7	사우디	3,185	3.5	42.52
8	한국	2,456	2.7	18.28
9	독일	2,371	2.6	10.69
10	캐나다	2,371	2.6	24.84

(단위 : 천배럴/일, %)

(출처, "한국 1인당 석유소비 세계 5위…정제능력은 6위"(이승현), 에너지경제신문)

1배럴의 오일에는 1,700 kWh의 에너지가 담겨 있고, 오일의 에너지 전환효율을 1/4이라고 가정하면 425kwh의 일을 하는 셈인데, 이것은 약 2.4명에 해당된다. 즉 1배럴의 오일은 약 2.4명의 사람이 연간 행하는 일에 해당되는 일을 할 수 있다. 2014년에 한국 석유소비량은 국민 1인당 18배럴이었음으로 약 45명의 노예를 부리고 있는 셈이다.

미 원자력 해군의 아버지 리코버(Hyman G. Rickover) 제독은 세계 최초의 원자력 잠수함인 노틸러스호를 만들고 세계 최초의 원자력 발전소를 건설하였으며 세계 최초의 원자력 항모 엔터프라이즈호와 원자력 추진 순양함 등을 만든 미국 원자력 해군 역사에 깊은 족적을 남긴 사람이다. 그는 에너지의 중요성을 잘 아고 있었고 1957년 5월 14일에 미네소타 주 의학 협회의 과학 총회에서 의사들에게 에너지의 중요성을 강조하면서 에너지 노예를 언급하는 "에너지 자원과 우리의 미래"라는 강연을 하였다.

"높은 에너지 소비로 생활수준이 높아진다. 따라서 우리가 이 나라에서 통제하는 엄청난 화석 에너지는 우리 각자를 기계 노예 군대의 주인이 되게 하여주는 기계에 공급된다. 사람의 근력은 35 watts, 또는 1/20 마력으로 연속적으로 일을 한다.. 따라서 기계는 각 미국 산업 노동자에게 244 명의 남성과 동등한 에너지를 공급하며, 최소 2,000 명의 남성이 자동차를 길을 따라 밀며 그의 가족에게는 33 명의 충실한 가정 도우미가 공급된다. 각 기차 엔지니어는 10만 명의 남성과 동등한 에너지를 제어한다. 각 제트기 조종사는 70만의 남자들만큼의 에너지를 쓴다. 진실로, 가장 비천한 미국인은 한때 가장 부유한 귀족이 소유했던 것보다 더 많은 노예의 서비스를 즐기고, 대부분의 고대 왕보다 더 잘 산다. 돌이켜 보면, 그리고 전쟁, 혁명, 재난에도 불구하고 막 지나간 백 년은 황금시대로 보아도 무방할 것이다."

그는 또한 화석연료가 유한하고 따라서 현재의 높은 생활수준이 지속될 수 없음을 잘 알고 있었다. 에너지 노예가 사라지면 무엇이 그것을 대체해야 될지에 관해서 그는 우려를 표명했다,:

"나는 우리 자신의 미래를 위해 에너지 자원의 중요성을 증명하기 위해 더 이상의 세부 사항은 필요하지 않다고 생각한다. 우리의 문명은 막대한 양의 화석연료를 필요로 하는 기술에 기반하고 있다. 그러면 우리는 우리의 에너지 요구가 계속해서 화석 연료에 의해 공급될 것이라는 어떤 확신을 가지고 있는가? 답은 장기적으로는 없다는 것이다.

지구는 유한하다. 화석연료는 재생가능하지 않다. 이런 점에서 우리의 에너지 기반은 모든 초기 문명들과 다르다. 그들은 세심한 배려로 에너지 공급을 유지할 수 있었을 것이다. 우리는 할 수 없다. 연소된 연료는 영원히 사라진다. 연료는 금속보다 훨씬 더 일시적이다. 금속 역시 궁극적인 소멸의 위협을 받고 있는 재생 불가능한 자원이지만, 어떤 것은 고철에서 구할 수 있다. 연료는 고철을 남기지 않으며, 고갈된 화석연료 매장을 재건하기 위해 인간이 할 수 있는 일은 아무것도 없다. 그것들은 5억 년 전에 태양 에너지에 의해 창조되었고 현재의 양으로 자라기 위해 수천만 년이 걸렸다.

화석연료 비축량이 유한하다는 기본적인 사실 앞에서, 이러한 매장량이 지속될 수 있는 정확한 시간은 오직 한 가지 측면에서 중요하다. 그것들이 더 오래 지속 될수록 즉, 재생가능 에너지원이나 대체 에너지원으로 먹고 살 수 있는 방법을 고안하고, 그러한 이동에서 기대할 수 있는 거대한 변화에 우리의 경제를 조정할 시간을 더 많이 갖게 된다. 화석연료는 은행의 자본을 닮았다. 신중하고 책임감 있는 부모는 자식들에게 최대한 많은 유산을 물려주기 위해 아끼면서 자신의 자본을 쓸 것이다. 이기적이고 무책임한 부모는 방탕한 생활 속에서 그것을 탕진할 것이고 그의 자손이 어떻게 될지는 전혀 신경 쓰지 않을 것이다.

미국 하원도 에너지 노예가 고갈되고 있기 때문에 아폴로 프로젝트에 버금가는 에너지 프로젝트를 수립해야 된다고 2011년 1월의 결의안

(112TH CONGRESS 1ST SESSION H. RES. 12)에서 촉구했다. 그 결의안은 "피크오일(Peak Oil)이라는 필연적인 도전을 거론한다.

"석유 1배럴의 에너지 밀도는 1년 동안 풀타임으로 일하는 8명과 같다.

- 미국은 세계 석유 매장량의 2%만 가지고 있다.
- 미국은 세계 석유의 8%를 생산하고 세계 석유의 25%를 소비하지만 그 중 거의 60%는 외국에서 수입된다.
- 전 계 개발도상국들이 빠른 속도로 석유 소비에 대한 수요를 증가시키고 있는 반면, 예를 들어 벨로루시, 쿠웨이트, 중국, 싱가포르 국가들의 2003년에서 2004년까지의 평균 소비 증가율은 15.9% 였고,
- 미국은 현재 세계 최대 석유 및 천연 가스 수입국이다.
- 미국 인구는 10년에 거의 3천만 명씩 증가하고 있는 반면,
- 석유와 천연 가스의 저렴한 공급이 국가안보와 에너지 번영에 결정적인 역할을 하는 반면,
- 미국은 현재 소비율로 약 250년의 석탄을 보유하고 있지만 소비율이 연간 2% 증가하면 석탄 매장량은 75년으로 감소한다."

이제 만약에 "에너지 노예"인 화석연료가 고갈되면 과연 "인간 노예"가 다시 부활하지 않을까 하는 문제로 돌아가 보자. 우선 공자와 소정묘 사건을 보자.

공자의 소정묘(少正卯) 사건

노나라 정공(定公) 14년(BC 496)에 공자는 대사구(大司寇: 법무부 장관)가 된 지 7일째 되는 날 정치를 문란시킨 소정묘를 죽여 그 시체를 3일간 궁정에 내걸었다고 한다. 이 주살사건은 《사기(史記)》의 〈공자세가

편(孔子世家篇)〉, 《공자가어(孔子家語)》의 〈시주편(始誅篇)〉, 《순자(荀子)》의 〈유좌편(宥坐篇)〉 등에 기록되어 있다. 사마천은 사기에 "소정묘가 '정치적 혼란'을 조성했고, 그래서 공자가 그를 처형시킨 것이다"라고 적었고, 맹자는 이런 자를 '시류에 영합하는 자', 공자는 '덕을 해치는 자'라고 했다.

소정묘는 당시 군중과 함께 다니고 군중에게 연설을 했으며 군중의 비위를 잘 맞추는 명망가로 알려져 있었다. 소정묘의 소정(少正)은 관직이다. 경대부(卿大夫)에 속하는 조정의 고위관직이었다. 공자의 제자인 자공(子貢)은 소정묘를 인망이 높은 사람으로 생각하였으므로 공자의 행위를 힐난한즉, 공자는 도둑 이외의 대악(大惡) 다섯 가지를 들어 소정묘는 5대악을 겸하고 더구나 도당(徒黨)을 짜서 대중을 현혹시켜 체제에 반항하는 조직을 만든 '소인(小人)의 걸웅(桀雄)'이므로 주살함이 당연하다고 대답하였다.

"사람에게 악한 자는 다섯 가지가 있다. 도둑은 해당하지도 않는다; 첫째 심달이험(心達而險), 둘째 행벽이견(行辟而堅), 셋째 언위이변(言僞而辯), 넷째, 기추이박(記醜而博), 다섯째, 순비이택(順非而澤). 이 다섯 가지 중에서 하나라도 해당하는 자라면 군자의 주살을 면할 수 없다. 그런데 소정묘는 여러 가지 죄를 짓고 있었다. 그가 거처하는 곳은 많은 무리들이 모이고, 그의 말은 나쁜 말로 사람을 현혹시키고, 그의 강함은 반란을 일으켜 독립할만했다. 이는 소인의 걸웅(傑雄)이다. 죽이지 않을 수 없었다."(〈순자.유좌〉)

이 사건의 진위 여부는 여전히 논란이 되고 있다. 그렇지만 진위와 상관없이 이 이야기는 당시의 시대적 갈등에 대한 암시를 준다. 근래에 일각에서는 소정묘는 당시 신흥 지주계급을 대표하는 법가의 사상가(法家思想者)이며, 공자는 노예제를 기반으로 하는 구체제의 회복을 기도한 봉건 복고사상가임을 예증하는 것이라고 주장되고 있다.

중국의 문화혁명 시대에 붙은 한 포스터 "공자의 죄악 일생(孔老二罪惡的一生)"에서 주장된 내용을 보자.

2500년 전에 중국은 노예제국가에서 봉건국가로 사회가 변천하고 있었고. 새로이 등장하는 지주계급에 대항하여 노예 봉기가 일어났다. 그 사회계급 투쟁은 극도로 강렬했다. 이 사회 대변혁 와중에, 노예를 거느리는 계급의 정부는 공자가 대표했다. 기원전 551년에 공자는 노나라의 몰락하는 노예소유 가문에서 태어났다. 공자는 노예 반란을 아주 두려워했고 평생 동안 그것을 증오했다.

그는 각 계급이 자신의 본분에 충실해야 된다고 믿었다. 계급 질서는 흔들릴 수 없는 절대적 질서였다.

제나라 경공景公이 정치에 대해 물었을 때. 공자가 대답했다. "임금이 임금다워야 임금이라 할 수 있고, 신하가 신하다워야 신하라고 할 수 있으며, 아비는 아비다워야 아비라고 할 수 있고, 자식은 자식다워야 자식이라고 할 수 있습니다."(公日 善哉 信如君不君 臣不臣 父不父 子不子 雖有粟 吾得而食諸.)

그의 전 생애 동안에, 공자는 이 "군주는 군주로, 신하는 신하로, 아버지는 아버지로 자식은 자식으로 행동해야 한다."는 "정명 [正名, rectification of names]"을 전파하려 노력했다.

기원전 513년에 진나라의 혁명가들은 "법치"를 실행하여 노예소유주들의 이익을 제한하고 그 법령을 가마솥 위에 새겨서 모든 사람이 보게 하였고, 공자는 혁명가이자 법가 사상가인 소정묘를 "결사하고, 이단 교리를 설파하고 옳고 그름을 혼동한다"는 죄목으로 체포했다. 그는 소정묘를 주살하고 그의 시신을 3일 동안 전시하여 혁명가들을 겁주고 노예 소유 계급의 독재를 강화하였다.

노예의 필연성 -정약용과 콜린보의 생태이론

조선 초기에 성리학이 지도이념으로 자리 잡았지만 조선 중기 이후에 성리학이 교조화되고, 정파화되어 학문적 색채는 쇠퇴하고, 사회 지배의 이념과 집권층의 통치이념으로 작용하게 된다. 성리학의 한계성과 사회의 병폐를 깨닫고, 정신문화와 물질문화를 균형 있게 발전시켜 부국강병과 민생안정을 달성하려던 운동인 실학은 크게 두 갈래 흐름이 있었는데, 유형원(柳馨遠)·이익(李瀷)·정약용 등이 주도한 중농적(重農的) 실학파는 농촌사회의 안정과 농민의 이익을 강력하게 대변하고자 하였고, 유수원(柳壽垣)·박지원·박제가 등이 주도한 중상적(重商的) 실학파는 상공업의 진흥과 기술의 개발을 역설하였다.

중농적 실학파에서는 특히 토지제도의 개혁의 필요성을 갈파하여 유형원은 균전론(均田論)을, 이익은 한전론(限田論)을, 정약용은 정전론(井田論)과 여전론(閭田論)을 각기 그들의 저서인 《반계수록(磻溪隧錄)》《성호사설(星湖僿說)》《여유당전서(與猶堂全書)》에서 주장하였다. 그 중에서도 정약용은 실학을 집대성하였으며, 18년 동안의 유배생활에서 정치·경제·군사·자연과학·철학·언어학·지리학·의학 등 다방면에 관해서 지식을 수집-정리하였다.

중상적 실학은 18세기 후반에 와서 크게 발달한 상공업과 급속히 성장한 청나라 문화의 영향을 받아서 발달하였는데, 청나라의 문물을 적극 수용하자고 하여 북학파(北學派)라고도 하고, 물질문화 창달을 주장하였음으로 이용후생학파(利用厚生學派)라고도 한다. 중상적 실학파에서는 양반 문벌제도가 비생산적이라 간주하였고 농업에만 치우치지 말고 상공업을 일으켜 부국강병하자는 방안을 제시하고 있다.

이들은 "근대적인" 사상들을 제창했지만, 신분제에 대해서는 의외로 완고한 모습을 보인다. 예를 들어, '실학의 시조라고 여겨지는 반계 유형원은 신분의 귀하고 천한 차별이 불변의 이치이자 추세라고 말한다. "천지에 자연히 귀한 자가 있고 천한 자가 있어, 귀한 자는 남을 부리고, 천한 자는 남에 의해 부림을 당한다. 이것은 불변의 이치이고 역시 불변의 추세이기도 하다." (『반계수록』 '奴隷') . 유형원은 '학교론'에서도 양반의 자제는 누구나 입학자격을 주었지만, 서민의 자제는 준재만 입학을 허용하고, 일반 서민 이하의 자제는 자격을 주지 않았다.(『반계수록』 '貢擧事目') 또 유형원은 임노동자(雇工)가 확산될 때까지 노비제를 점진적으로 폐지해야 한다고 주장했다.

성호 이익도 신분제를 정당화하는 논리를 폈다. 실학의 집대성자인 다산 정약용은 1731년(영조7) 노비종모법을 실시한 이래 노비가 감소하자 이를 비판하고 부모 중 한 사람이 노비면 그 자식도 노비되는 이전의 일천즉천제로 돌아갈 것을 주장했다. "신해년(1731) 이후 출생한 모든 사노(私奴)의 양처(良妻) 소생은 모두 어미를 따라 양인이 되게 하니, 이때부터 위는 약해지고 아래가 강해져서 기강이 무너지고 민심이 흩어져 통솔할 수 없게 되었다.… 그러므로 노비법을 복구하지 않으면 어지럽게 망함에서 구할 수 없을 것이다." (『목민심서』 '辨等')

정약용은 노비제의 필요성을 다음과 같이 보았다. "나는 나라의 모든 백성이 통틀어 양반이 될까 걱정한다… 다 귀하면 성공하지 못하고 이롭지 못하다" (『여유당전서』,'跋顧亭林生員論').

공자도 유형원도 정약용도 시대를 초월하여 신분제-특히 노비의 필요성을 주장하였다. 노비가 국가가 존속하고 운영되는데 필수적이라는 사상이 깊이 뿌리박힌 것으로 보인다. 과연 신분제-노비는 화석연료가 없던 시대에는 국가와 문명이 성립하는데 필수적이었을까?

《왜 크고 사나운 동물은 희귀한가》의 저자인 생태학자 콜린보(Paul Colinvaux, 930~2016)는 "민족들의 운명 The Fates of Nations(1980)" 이라는 책에서는 생태학적 관점을 고려하는 생물학적 렌즈를 통한 역사 이론을 제시한다. 그 생태학적 이론에 있어서 사람을 포함하여 모든 유기체의 연구를 위해서는 2가지 개념들-니치(틈새niche 생존)와 번식 전략-이 중심적이다.: 니치는 동물이 삶을 영위하는 방식이다. 번식 전략은 니치에 의존한다. 각 동물은 재생산에 필요한 것보다 훨씬 더 많은 새끼들을 낳는다. 각 동물은 자신들이 키울 수 있다고 생각하는 수만큼의 새끼들을 갖는다. 한 종의 구성원 내에서 조율이 없기 때문에, 각 개체는 유전자를 다음 세대로 넘길 수 있는 최적의 개수의 새끼들을 낳는다. 그러므로 부모 개체수보다 언제나 새끼 개체수가 더 많다. 그래서 그 니치에서 이용할 수 있는 자원을 한참 넘어서는 새끼들이 낳아지고 이용 가능한 니치를 둘러싼 경쟁이 벌어지며 그 환경으로부터 니치를 가장 잘 확보하는 것이 살아남고 번식한다. 니치는 크기가 고정되어 있다. 번식 전략은 그 니치에 의해 정해진다. 각 동물은 자신의 니치에 맞추어서 번식한다.

새끼가 너무 적으면, 너의 이웃의 새끼들이 너의 새끼들을 압도할 것이고, 너무 많으면 새끼들을 제대로 키우지 못할 것이다. 정확히 맞는 가족 크기로 시작하는 가계가 승리할 것이다.

인간들은 호랑이처럼 희소한데, 크고 사나운 사냥꾼들이 얻을 수 있는 식량은 많지 않기 때문이다

인간은 아주 다양한 식물 물질들, 너츠, 씨, 과일, 구근을 채집하고 사바나에서 대형 동물무리를 좇는 크고 사나운 포식자로서 진화했다. 인간은 기술을 사용하여 우리의 니치를 확대할 수 있다. 우리는 사냥을 위해 개를 가축화 했고 무리 동물들을 가축화하고 그것들을 우리와 경쟁하는 포식자들로부터 보호하였다. 우리는 불을 사용하여 전 생태계를 잘라내고 불태운 후에 우리가 원하는 식물만으로 대체했다.

우리가 우리의 니치로부터 해방되자, 우리는 그 니치에 의해 우리에게 부여된 니치 사이즈의 한계로부터 자유로워졌다. 우리는 먹이사슬의 아래 것들을 먹었다. 우리의 큰 두뇌, 도구들, 협동 덕분에 식물 씨에 저장된 밀도가 높은 탄수화물 같은 다른 동물들에게는 이용 가능하지 않은 음식물을 가공하여 접근할 수 있었다. 우리는 본질적으로 포식자가 아니라 야간 초식동물이 되었다. 그 때문에 오늘날까지도 계속되는 건상상의 부정적인 결과가 생겼다.

우리가 인위적으로 주변 생태계를 변화시켰을 때, 사라지는 무리들을 좇기보다 한 장소에 머무는 것이 더 득이 되었다. 그래서 정착생활이 시작되었고, 식량 공급이 더 안정적이 되면서 인구가 증가했고 결과적으로 밀집되었다. 곡식과 우유 같은 연한 식량 때문에 이유 기간이 감소하고 그래서 더 많은 아이가 생기면서 번식전략에 변화가 생겼다. 일

단 자신의 영역에 대해 상당한 투자를 하면, 정착을 하게 되고 사유재산이 발생한다. 잉여가 발생하면, 불평등이 생긴다. 인구가 증가하면, 밀집되고 사회 갈등이 생긴다.

초유기체인 사회에서 농부, 몰이꾼, 장인, 상인, 성직자, 왕, 병사, 노예 같은 새로운 니치들이 생겨났다. 그래서 니치에 대한 새 정의가 나타났다. 전문가, 정치인, 관료, 노동자, 범죄자들도 일종의 니치로 볼 수 있다.

생태학을 따라 콜린보는 사회적 니치를 광역적 니치와 협소한 니치로 나눈다. 광역적 니치는 부유하고 권세 있는 자리이고 좁은 니치는 가난하고 힘들고 어려운 사회적 자리들이다. 사회가 등장하면서 대부분의 사람들은 노예 또는 제1차 식량 생산자로서 낮은 좁은 니치로 밀집되었다. 사회에서 니치는 생계 방식을 말한다. 각 사회 니치는 크기가 고정되어 있다.

"모든 인간 직업은 동물 니치와 공통점이 있다, 즉 각 직업 또는 니치를 따르는 개인들의 수는 그들의 삶의 방식의 조건에 의해서 절대적으로 정해진다. 니치가 그 수를 정한다." (p28~29)

군집은 또한 정부에 대한 필요성을 만들어낸다. 그리고 관리직과 고위직에 있는 자들은 사회의 가장 바람직스런 니치를 차지한다. 관리, 권한 그리고 평생 직업 전문화는 이제 인간 조건의 영구적인 특징이 된다. 곤충들이 특화되듯이 인간들도 특화된다.

농업이 발명되면 그 다음에 필연적으로 "도시-국가"라고 부르는 조직이 생겨난다. 농업에는 정착이 필요하고, 인간의 번식전략은 불변이기 때문에 자식들의 수는 부모 수보다 더 많아지고 정착촌의 인구밀도가 높아진다. 밀집한 공동체는 정부와 전문화가 필요하다. 지배자와 피치자를 포함하는 밀집한 정착은 그 나라를 거주지와 경작지로 나눈다. 도시-국가는 그 안의 사람들이 서로 다른 니치를 가져야 될 필요성에서 생겨났다. 밀집된 공동체의 정부는 단지 니치가 변화하면서 발생하는 최악의 결과들로부터 소수의 사람들만 구원한 것이 아니라, 부양능력(carrying capacity)도 증대시켰다. 정부는 배급하고 분배하고 축장할 수 있다. 잉여가 난 곳에서 결핍한 곳으로 잉여가 많은 한 철에 저장을 했다가 결핍된 다른 철에 사용할 수가 있었다. 그래서 생활필수품이 고르게 흘러가고 대가족은 안전하게 생존을 향유될 수 있었다.

관리, 성직자 및 군 당국들 같은 사회에서 상층 니치를 차지한 사람들은 그들의 빙하시대 조상들이 했던 것과 거의 같은 방식으로 살 수 있었다. 그들은 음식(특히 단백질), 섹스, 내구재, 예술 추구, 평안 및 안락 같은 광범위하게 다양한 자원들에 접근할 수 있었다.

"부자들은 활동과 진정한 기회에서 다양성을 추구한다. 그러나 선택의 자유는 모든 행해진 것에 대해서 행해지지 않은 것이 있어야 됨을 의미한다. 자유와 재산은 어느 정도는 연계되어 있는데, 각 니치-공간마다 아주 많은 자원들을 요한다. 그러므로 부자 그리고 진정으로 자유로운 자는 희귀하다." (p.71)

그와는 대조적으로 부실한 식사, 영양부족, 고되고 반복적인 일, 독신과 질병과 싸워야 했던 대다수의 농민들에게 삶은 훨씬 더 나빴다. 부자는 빈자보다 더 많은 칼로리를 먹으며 더구나, 부자들은 더 많은 고기를 먹는다. 그러므로 초부자는 극빈자보다 10~100배의 더 많은 토지가 필요하다. 얼마나 많은 부자가 있을 수 있는지는 얼마나 많은 사람들이 그들의 생계를 토지에서 얻고 있는지에 달려 있다. 부와 빈곤은 농업 기반 인류의 발명이지만 부보다 빈곤이 더 발명된 것이다. 사람들은 협소한 니치를 차지하는 것을 천성적으로 좋아하지 않기 때문에, 상층 니치에 대한 경쟁은 치열해진다. 그러나 광역적 니치를 만들기 위해서는 더 많은 자원이 소요되기 때문에, 필연적으로 광역 니치는 그 수가 적다. 콜린보의 또 다른 통찰은 더 바람직한 니치에 있는 사람들이 과밀의 효과를 가장 먼저 느낀다는 것이다. 그들은 대중보다 더 높은 생활수준에 익숙하기 때문에 또한 과밀의 영향을 가장 예민하게 느낀다.

인구는 늘어가고 광역적 니치의 증가 속도는 인구 증가 속도보다 더 느리기 때문에 전쟁, 식민화, 무역 및 기술 진보 같은 다양한 수단에 의해서 광역 니치의 수들을 확장하거나 카스트 시스템이나 억압 같은 광대 니치에 대한 접근을 제한하는 시도들이 행해진다. 광대 니치에는 다량의 자원이 필요하고 따라서 오직 소수만이 안락한 삶을 누릴 수 있다. 그러나 우리의 번식 전략으로 인해서 니치 수보다 훨씬 더 많은 사람들을 낳기 때문에 상층 계급 방식으로 살려는 젊은이가 매 세대마다 더 많이 나온다. 따라서 니치 이론에 따르면 인구 증가로 인해서 빈자에게 먼저 문제가 발생하는 것이 아니라 부자들에게 먼저 문제가 발생할 것이다.

기술은 이용 가능한 니치 공간을 키우는 또 다른 방법이다. 그러나, 이 전략은 고대 세계에서는 필연적으로 제한적이었다. 기술은 세대마다 느리게 변했기 때문에, 인구 증가는 필연적으로 기술 진보보다 더 빨랐다.

상층 니치에 대한 권리를 주장하는 자들의 과잉에 대처하는 하나의 방법은 니치에 대한 접근을 모종의 사회적 관습으로써 제한하는 카스트

제도를 제도화함으로써 경쟁과 사회적 갈등을 억누르는 방법이다. 이러한 사회적 관습의 기준은 혈연관계일 수도 재산이나 능력 같은 다른 어떤 것일 수도 있다. 콜린보는 몇몇 아시아 사회들의 비범한 안정성은 오래된 카스트제도 때문일 것이라고 추측한다. 고대 근동에서, 노예는 세습이었다. 성직자들은 종종 혈연관계에 기초한 분리된 카스트였다. 무적의 스파르타 전사들은 스파르타 사회의 다수를 구성했던 헬롯(Helot) 노예들 대문에 가능했다. 로마 사회는 귀족과 평민으로 나누어져 있었다. 고전 그리스와 로마에서 노예들은 인구의 80%나 되었다. 역사상 거의 모든 크고 복잡한 사회들은 모종의 카스트제도를 발달시켰다.

"카스트는 안정된 사회를 촉진한다, 그것은 사람들에게 직업을 배급하기 때문이다. 그것은 광역 니치에 대한 과밀 압력을 완화시킨다. 더구나, 카스트들은 학습된 타부에 의해서 원초적인 니치를 유지하는 동물들에게는 논리적이다."(p. 81)

특권적인 니치 공간을 위한 경쟁은 엘리트들에 의한 사회적 억압으로 이끈다. 사회가 더 과밀될수록, 언제나 정치적 억압이 뒤따른다. 낮은 인구 밀도를 가진 사회들은 더 많은 자유를 갖는다. 과밀의 효과가 더 예민해질수록, 정부는 공동체 개인들의 행동에 대해 점점 더 많은 제한을 가한다. 고귀한 이상으로서 개인적 자유를 전형적으로 숭배하는 사회는 낮은 인구 밀도와 풍부한 니치 공간을 가진 사회들이다. 카스트는 니치에 대한 경쟁압력을 줄인다. 일찍부터 제 분수를 알게 사회화되는 것이다. 물론 그래도 광역 니치의 엘리트 자식들 간에는 니치를 두고 치열한 경쟁과 투쟁이 벌어질 것이다.

콜린보의 생태적 이론에 따르면 화석연료가 니치를 확장시키지 않는 고대세계에서는 거의 카스트제도가 필연적인 귀결이었다. 인구는 늘어가고 니치는 그에 따라서 같은 속도로 증가할 수 없었음으로, 식민화, 정복, 무역, 도시 집중 같은 방식으로 니치를 늘렸지만 그것도 한계가 있었다. 내부적으로는 노비나 노예 같은 니치들을 고정시키고 세습화할 필요가 있었다.

노예의 미래

물론 이 이야기는 공자를 헐뜯기 위해서 만들어낸 허구일지도 모른다. 그렇지만, 이 이야기는 노예가 없는 세상이 어떻게 가능한가라는 의문에 대한 일종의 우화일지도 모른다. 만일 "에너지 노예"가 없다면 다시 "인간 노예"가 광범위하게 필요하게 되고 사회가 신분제 사회로 복고할지도 모른다.

언뜻 보기에 이것은 기이한 생각으로 보일지 모르지만, 화석 연료 고갈에 대해 우려하는 많은 사람들은 암묵적으로 또는 명시적으로 그런 생각을 하는 것으로 보인다. 자원 전쟁과 경제 붕괴가 급속히 일어날 수도 있고 아니면 아주 느리게 진행될 수도 있지만 사회는 현재와는 판연하게 다를 것이다. 곳곳에서 혼란이 지속적으로 또는 간간이 발생할지도 모르고, 에너지 부족을 특히 심하게 경험하는 곳에서는 어떤 식으로든 돌아다니면서 약탈하는 갱들에 의해 많은 사람들이 노예가 되어서 팔리는 세상이 올지도 모른다.

화석 연료를 상업적으로 이용하기 전에 인류의 인구 증가와 제국 확장은 전적으로 인간 노예, 역축, 바이오매스 및 기타 풍력 및 수력과 같은 자연적 에너지원의 생산에만 의존했다. 오늘날 세계의 많은 지역에서 1인당 상업 에너지 소비량은 여전히 연간 몇 십 킬로그램이다. 인간이 화석 연료의 통치하에 그들의 영향을 확산시키고 번식할 수 있는 속도와 비교할 때, 생물권을 인간이 사용하는 이전의 자연적 과정은 필연적으로 저에너지이고 매우 느린 것이었다. 선진국에서는, 특히 인간 노예와 관련하여 화석연료 이전 사회들에서 필요한 강요, 납치 및 속박의 요소는 주관적으로나 객관적으로 잔인한 것으로 간주된다. 그렇지만 화석연료가 부족해지고 생활도 궁핍해지면서 선진국 사람들의 도덕적 감정도 변화를 겪을 것이다. 필자에게는 예전의 그런 감정들과 사회적 기준으로 돌아갈 개연성이 농후한 것으로 보인다.

오늘날의 미국, 캐나다, 호주, 뉴질랜드 및 기타 국가의 문화, 경제 및 헌법 체계는 화석연료 위에 쌓아진 모래성에 불과하다. 이와는 극명하게 대조적으로 느리게 성장하고 화석 에너지 의존도가 낮은 아랍과 무슬림 제국은 인간 노예를 포함하여 봉건제의 많은 특징을 여전히 갖고 있음이 그것을 입증한다. 그러므로 서구가 자랑하는 소위 "역사의 종언"인 현대 민주주의와 자유주의는 실제로 자발적인 순수한 도덕적 감정보다는 값싸고 풍부한 화석에너지와 화석에너지 노예의 흐름에 더 의존한다. 그러므로 석유 기반 경제가 더 이상 존속하지 못하면 자유민주주의도 더 이상 존속하지 못할 것이다. 자유와 평등 같은 보편적 인권은 화석연료 경제에 기초하고 있다. 화석연료가 부족해지기 시작하면 공자가 완고하게 집착한 인간 노예가 되돌아오리라고 보는 것이 정확한 예견일지 모른다.

돈과 에너지

돈은 거의 모든 것을 살 수 있게 하고 거의 모든 사람을 부릴 수 있게 한다. 그러므로 돈은 상품과 서비스에 대한 일종의 청구권이다. 화폐는 근원적으로 추상적 가치 측정 수단으로서 일종의 청구권 또는 신용/채권을 나타내고 국가권위는 화폐의 근본적 기초를 이룬다. 화폐가 다른 상품들과 구별되는 것은 바로 이 추상적 가치척도의 기능을 수행하도록 특별히 따로 지정받았기 때문이다. 경제학자 케인즈에 따르면 "계산화폐는 화폐의 으뜸 기능"이다.

화폐는 일종의 상징으로서 그것의 가치는 상품–물질에서 도출되는 것이 아니라 재화에 대한 청구권에서 나온다. 모든 화폐수단은 증표이거나 티켓이다. 모든 화폐의 가치는 그것이 추상적 계산화폐로 표현된 채권으로서 갖는 가치이다. 돈은 청구권이기 때문에 그리고 "권리"는 법적인 것이기 때문에 일반적으로 시장만으로는 독자적인 화폐를 만들어낼 수 없다 화폐의 논리적 기원과 역사적 기원은 모두 국가에서 발견된다.

돈은 상품과 서비스에 대한 청구권인데, 다시 상품과 서비스들에 공통적인 "가치"는 무엇일까? 하는 의문이 떠오른다. 이 의문은 영국의 저명한 예술비평가인 존 러스킨이 답하려고 한 문제이기도 하다. 영국의 비평가·사회사상가로 "예술의 기초는 민족 및 개인의 성실성과 도의에 있다"고 하는 자신의 미술원리를 주장한 존 러스킨[John Ruskin, 1819~1900]은 후기에는 경제와 사회문제로 관심을 돌려서 돈과 부의 본질을 탐구하였다. 《나중에 온 이 사람에게》(1860)에서 그는 돈과 부는 결국 인간 노동에 대한 청구권 또는 권력으로 본다.

"그러나 중상적 경제, "품삯(merces)" 또는 "보수(pay)"의 경제는 개인들의 수중에 다른 사람들의 노동에 대한 법적이거나 도덕적 청구권 또는 힘의 축적을 의미한다. 그런 모든 청구권은 다른 편의 그 만큼의 가난 또는 빚을 함의한다."

물론 모든 사람이 풍족하고 여유가 있으면 한 사람이 다른 사람에 대한

우얼적 힘을 갖는 것은 어렵다. 공궁한 위치에 있는 사람들이 있어야 돈과 부는 힘을 발휘한다.:

"실물 재산의 축적은 그것과 함께 노동에 대한 상업적 권력(힘)이 없으면 그 소유자에게 거의 소용이 없기 때문에도 그런 마음 자세가 생긴다. 아무리 광대한 비옥한 토지를 가진다해도 일꾼이 없으면 아무 소용도 없다. 하인들을 갖기 위해선 이웃의 누군가가 가난해야 하고 그의 금이나 곡식을 원해야 한다. 아무도 빈궁하지 않으면 그 어떠한 하인도 없다. 하인이 없으면 그의 자신의 빵을 구워야 하고 자신의 의복을 손수 만들어야 한다. 그의 창고 물건들은 썩을 것이다. 그는 평상적인 편안함을 누리려고 해도 가혹하고 흔한 노동의 삶을 영위해야 한다. 그는 집을 수선할 수도 없게 될 것이고 밭은 놀리게 될 것이다."

러스킨에 따르면, 재물은 본질적으로 사람들에 대한 권력(힘)이다.. 하인, 상인 그리고 예술가의 노동을 얻을 수 있는 힘이다.; 넓은 의미에서 나라의 다수 국민을 부릴 수 있는 권위이다. 물론 이 부의 힘은 그것이 행사되는 사람들의 가난에 다소간 직접적으로 비례한다. 그리고 그 만큼 부유한 사람들의 수에 반비례한다. 그러므로 그에게 있어서 돈의 주된 가치 및 장점은 인간들에 대한 힘을 가진다는데 있다; 이 힘이 없다면, 다량의 물질적 소유물은 쓸모가 없고, 그러한 힘을 갖고 있는 자에게는 이런 소유는 상대적으로 불필요하다. 부의 본질은 사람들에 대한 권력이다. 사람들 자신들이 부이고, 황금은 아주 번쩍거리고 아름답지만 사람들을 옭아매는 마구(馬具)이거나 덫이다.

러스킨은 그러므로 돈(부)는 타인에 대한 권력이지만 타인의 노동을 부릴 수 있는 힘으로 본다. 그러면 이 노동에서 공통적인 것은 무엇인지하는 궁금증이 생긴다. 다종다양한 노동들에게 공통적인 것은 무엇인가?

고전파 경제학자들은 생산과정에서의 제1차적 인풋을 찾아낼 수 있다면, 생산과정에 기초하여 교환가치들을 설명할 수 있을 것이라는 것을 알았다. 문제는 노동도 다른 그 어떠한 단 하나의 상품도 제1차적이 아니라는 것이었다. 왜냐하면 그것들은 모두 다 그것들의 생산을 위해 서로를 필요로 하였기 때문이었다. 전통적인 제1차 요소들은 사실은 중간적 생산요소들이다. 고전파 경제학자들은 열역학이 만개하기 전에 활동하였다. 에너지는 제1차적 인풋의 기준을 만족하는 특성들을 갖고 있다.

1) 에너지는 어디에나 있다.
2) 에너지는 모든 생산 과정에의 필수적인 인풋이다.
3) 에너지는 모든 경제 및 생태 시스템에서 생산되는 상품들의 한 성질이다.
4) 다른 모든 상품들은 다른 에너지원을 제공할 수 있지만, 일을 할 수 있는 능력이라는 에너지의 본질적인 성질은 결코 대체될 수 없다.
5) 전 지구적 관점에서, 지구는 본질적으로 닫힌 열역학 계이다. 즉 에너지만이 그 경계를 지나 출입한다. 따라서 에너지만이 지구의 유일한 제1차적 인풋이다.
6) 아담스미스의 교환가치의 3원천(임금, 이윤, 그리고 지대)은 전 지구적 관점에서는 중간 인풋으로서 제1차적 에너지 인풋을 사용하여 상호전환 될 수 있다.

(코스탄자, "Value Theory and Energy" p.342)

소디의 경제사상

돈은 에너지를 나타낸다는 주장은 1921년 방사성동위원소에 관한 연구업적으로 노벨화학상을 수상한 프레더릭 소디[Frederick Soddy, 1877~1956]

도 했다. 그는 우라늄 U으로부터 라듐 Ra을 생성하고, 방사성원소의 붕괴에 관하여 연구하여 α붕괴·β붕괴에 따른 원자번호의 변화법칙(방사성 붕괴에 따르는 원소의 변위법칙)을 찾아내어 처음으로 동위원소의 존재를 밝히는 데 성공하고 동위원소라는 말을 조어했다.

과학적 진보와 과학지식의 열매가 모든 사람이 공유하는 사회의 가능성에 관한 열렬한 신봉자였음에도, 소디는 역사상으로 과학은 인류에게 축복인 만큼 저주이기도 하다는 것을 잘 알고 있었다. 그리고 그는 과학자는 그들의 연구 결과가 어떤 용도로 이용되는가에 관해서 책임이 없다는 견해를 거부하고 세계의 진짜 문제는 잘못된 과학이 아니라 잘못된 경제학이라고 보았다. 그래서 그는 그의 생애 후반부를 경제학 연구에 전념했다.

소디는 원자 에너지의 이론적 잠재력을 잘 알고 있었다. 소디는 원자력 에너지와 과학적 결실이 세계를 위협하는 이유는 사회의 경제 제도 특히 은행과 화폐 제도 때문으로 보았다. 과학적 지식이 그런 위협이 된다는 것은 경제 사상과 제도들에 근본적으로 잘못된 그 무엇이 있음에 틀림없다고 본 소디는 경제학을 근본적적으로 비판적인 시각에서 검토하는 일에 착수하였다.

소디는 정통경제학자들의 기성 패러다임에서 완전히 자유롭게 탐구를 시작하였기 때문에 시카고학파의 저명한 경제학자인 프랑크 나이트를 제외하고는 소디의 연구는 다른 경제학자들에게서 무시당하였다. 소디는 괴짜로 따돌림을 당하였다. 타임스지의 문학평론지Times Literary Supplement)는 그의 주요한 경제적 연구서인 《Wealth, Virtual Wealth, and Debt》에 대해서 존경 받는 화학자가 그가 상당히 무지한 주제에 관해서 집필함으로써 그의 명성을 파괴하는 것을 보는 것은 슬프다고 언급할 정도였다.

소디는 물리학에 기반하여 부의 에너지 이론을 제안하였다. 그는 그 경제학을 데카르트 경제학이라고 불렀다. 그에게 있어 일률(power)은 데카르트 경제학의 출발점이다. 일률이란 일을 하는 속도를 나타낸다. 부는 바로 에너지라는 이론이다. 그는 기관사, 경비원, 신호원, 경영자, 자본가, 주주, 발명가, 노동자도 기차를 가게 하지 않으며 그들 모두를 합쳐도 기차를 움직이게 할 수 없고 진짜 기관사는 그 당시의 지배적인 에너지원이던 석탄이라고 주장하였다. 태양이 멈추면 세계는 단지 생물만이 생명을 잃게 되는 것이 아니라 무생물의 절대 다수도 그 활력을 잃게 되고, 지금까지 알려진 모든 형태의 생명의 파워를 제공하는 것은 햇빛이다. 그가 제창하는 소위 데카르트 경제학의 출발점은 열역학의 제1법칙과 제2법칙으로 알려진, 잘 알려진 에너지의 보존 및 변환 법칙이다.

그러므로 그에게 있어서 우리 문명의 근본 사실은 인간들은 연료를 태우는 기계류의 도움으로 그들의 외부 노동을 경감시킬 수 있는 한편, 그들의 내부는 단지 햇빛으로 그리고 식물들의 일을 통해서만 연료를 공급할 수 있다는 것이다. 석탄은 진짜 자본인데 그 이유는 그것의 소비로부터 자본주의 문명이 건설되었기 때문이다.

우리 사회의 부, 사회의 개인들의 생존 및 안락의 수단-삶의 액세서리들, 옷들, 집들 및 연료들은 과거의 지질학적 시대에서 보존된 에너지 자본에서 나온다. 생명은 매순간 연속적인 에너지 플로에 의존하고 따라서 생명의 필수물인 부는 저장(스톡)이 아니라 에너지 플로 즉, 일률의 성격을 띠는데 이 일률은 주로 화석연료에서 온다. 생명은 그 활동과 생명유지에 필요한 모든 물리적 에너지 또는 일률을 자신의 생명체에 내포되어 있는 그 어떤 것에서도 또한 외부의 신성한 것에서 얻는 것이 아니라 오직 무생물 세계에서 얻는다. 인간 법과 관습들의 원리들 및 윤리들은 열역학 원리들에 역행할 수 없고 인간을 비롯한 생명체들은 다른 형태의 열기관과 다르지 않기 때문에, 생명의 물리적 문제들은 결국 에너지 문제들이라고 소디는 보았다. 그래서 그는 에너지 원천인 햇빛을 고려해야만 한다고 주장했다. 그것은 생명 기관차들이 그 삶에서 소비하는 연속적인 에너지 소득을 공급한다.

소디에 따르면 현대 문명의 근본 사실은 인간들은 화석연료를 태우는 기계류의 도움으로 그들의 외부 노동을 크게 경감시킬 수 있는 한편, 인체들은 단지 햇빛으로 그리고 식물들의 일을 통해서만 연료를 공급받을 수 있다는 사실이라고 한다. 기계의 연료가 되는 석탄은 진짜 자본이고, 그것의 소비로부터 자본주의 문명이 건설되었다. 생존의 수단은 농업을 통한 태양에너지의 매일의 소득에서 파생된다. 나머지 직접적으로 생명을 유지하지 않는 삶의 액세서리들, 옷들, 집들 및 연료들은 과거의 지질학적 시대에서 보존된 에너지 자본인 석탄에서 나온다.

소디는 현대는 기계의 시대가 아니라 파워(일률)의 시대로 본다. 인간 진보가 인간 연합과 노동분업의 편익에서 나온다는 아담스미스의 낡은 전통적인 생각은 현대의 진보와는 상당히 무관한 주장이라고 그는 보았다.

"그 공동체의 각 성원은 전문화 된 형태의 직업에 종사할 때 각자가 독립적으로 자신의 필요를 제공할 때보다 부의 공통 펀드에 훨씬 더 기여할 수 있으리라는 생각은 충분히 사실이긴 하지만, 과학적 시대라고 불리는 것에서 성취된 진보의 근본적인 도약의 기원은 거의 다루지 않는다. 광의의 도구들은 생활의 다양한 업무들에서 인간 사용자들의 효율성을 제고시키는 진짜 문명화 하는 요인으로서 언제나 생각되어 왔다. 그러나 우리는 그런 단계를 이미 지났다. 기계 시대에 관해 말하는 사람들은 마차를 말보다 앞에 놓는 격이다. 대부분의 기계들은 보통 더 강하고, 더 지칠줄 모르며, 인간의 전문화된 생산적 기능들의 더 정확한 모방들이고 사람들처럼 연료를 먹어야 한다. 에너지가 공급되지 않으면 그것들은 시체처럼 죽은 것과 같다. (소디, 돈의 역할, p.160)

그에 따르면 과학적으로는 수공업(manufacture)과 기계-공업(machino-facture) 간에는 흔히 생각되는 것보다 차이가 적다. 두 경우에 다 에너지가 제1차적 고려 대상이다. 에너지가 식량을 먹은 인간이나 가축에서 나오든, 연료를 먹은 기계에서 나오는가의 여부는 생산물인 그 대상에 관해서는 중요하지 않다고 그는 보았다.

"경제적 의미에서 인간은 자연의 에너지를 끌어 쓸 수 있기 때문에 존재한다. 원시적 문명들은 거의 전적으로 에너지 플로에 의존했다. 그들은 햇빛을 이용하여 식량을 재배하고 역축을 기르고 그들의 배를 추동하기 위해서 풍력을 이용했다. 그러나 이것들은 지금은 먼 과거의 연료 속에 쌓인 저장된 에너지에 의해 보충되고 있다."(돈의 역할, p.161)

그에게 있어 돈에는 2가지 근본적인 원리가 있는데 사람들은 부를 돈과 교환하여 부가 아닌 돈을 갖고 있는데 그러므로 그 사람들은 부를 포기한 만큼의 돈을 갖고 있음으로 그 돈은 실제 부가 아니라 가상 부(the Virtual Wealth)로 본다. 이 가상 부는 개인의 입장에서는 언제든지 실제 부와 교환할 수 있지만 공동체 전체로서는 언제나 가상으로 남기 때문에 그는 이것을 일종의 빚으로 본다. 그에 다르면 1) 돈의 양은 그 공동체가 그것 없이 지내는 부의 양이다. 왜냐하면 한 사람이 얻는 것은 다른 사람이 포기하는 것이고, 한 사람이 포기하는 것은 다른 사람이 얻는 것이기 때문이다. 2) 공동체가 아무 것도 아닌 것을 위해서 일시적인 자발적인 무엇인가를 포기하는 것이 아니라 공동체 전체의 관점에서 그 공동체의 그 돈에 해당되는 재화와 용역이 언제나 포기되고 있는 결과가 된다. 즉 그는 공동체가 계속적이고 영구적으로 포기하는 재화 및 용역들의 총합을 그 공동체의 가상 부라고 부른다. 그래서 가상 부는 개인이 국가와 맺은 신용이다. 그 신용은 재화와 용역을 직접적으로 돈의 발행자에게 건넴으로써 확립되었고, 요구하면 그 발행자가 아니라 공동체에서 재화 및 용역으로 받을 수 있고, 채권자가 그 신용을 보유하고 언제든지 쓸 수 있는 한 그 빚에는 이자가 붙지 않는다. 이자는 미래의 지정된 시간에 갚는 빚에게만 강요될 수 있지, 그 소유자가 원하는 시간에 언제든지 받을 수 있지만 받기를 연기하는 그런 빚에게는 붙을 수 없다.

돈에게 구매 권한을 부여하는 제1차적인 요인은 사람들이 부를 자발적으로 포기하고 없이 지내는 대신에 가상 부를 가지고 있으려고 하기 때문이다. 만일 모든 사람이 돈에 대해서 그 어떤 것도 포기하기를 거부한다면, 판매자는 없고 구매자들만 있게 될 것이다. 돈은 존재하지 않는 것에 대한 청구권이다. 돈의 본질적 특징은 존재하고 있는 부보다 더 많은 부에 대한 법적 청구권이라는 사실이다. 왜냐하면 개인주의적 사회에서 기존의 부는 이미 사람들의 수중에 들어가 있기 때문이다. 결국 돈은 다른 사람의 수중에 있는 부에 대한 청구권이지 그 자체는 부가 아니다. 그런 의미에서 사회의 돈에 대응되는 부는 더 이상 존재하지 않는다.

소디는 이 가상 부를 창조하는 권리에 대해 우려했다. 그는 "현재의 돈은 당신이 어떤 것이든 얻기 전에 무엇인가를 지불하고 얻는 아무 것도 아닌 것이다."로 정의하면서 이 아무 것도 아닌 것을 최초로 발행하는 자는 그 아무 것도 아닌 것을 부와 교환하여 공짜 점심을 챙긴다고 보았다. 그는 다른 사람들의 노동과 에너지에 대한 권리를 갖게 되고 일을 부릴 수 있다는 의미에서 노예의 소유자가 되는 셈이다.

에너지 가치론과 생물물리 경제학 역사

에너지가 상품이나 서비스를 구성하는 가치라는 이론은 역사가 깊다. 초기 에너지 분석가들 중에서, 소디, 분화 인류학자 화이트(Leslie White), 그리고 코트렐(W. Fred Cottrell)은 사회에 이용될 수 있는 에너지 자원들은 문화적 가치들의 발달에 영향을 미친다고 믿었다. 코트렐은 에너지가 사람이 무엇을 할 것인가에 대해 영향을 미친다고 보았다. 그는 더 나아가서 가치 시스템이 지속적으로 보존되려면 가치 시스템이 요구하는 양의; 계속적인 에너지가 공급되어야 한다고 믿었다. 비슷한 맥락에서 소디는 인간의 포부들이 실현가능 한지의 여부는 최종적으로는 인간들의 심리적 태도가 아니라 물리적 자원들의 문제라고 보았다.

그러나, 에너지와 인간 가치의 관계는 소디와 코트렐이 믿었던 거처럼 그렇게 엄격한 결정론적 관계는 아니다. 자연자원들과 특히 연료의 종류와 양과 질은 인간 가치들의 발달과 인간 아이디어들을 물리적으로 실행하는 데 대한 일반적이지만 확정된 한계를 긋는다는 것이 그들의 아이디어의 요점이다.

열역학 법칙들은 19세기 중반에 물리학자들에 의해서 정식화 되었다. 그 이후로 이들 법칙들에서 이끌어낸 원리들은 사회, 생물, 물리 과학의 많은 분석가들에 의해서 사용되어 왔다. 고전파 이론과 신고전파 이론들은 연료와 천연자원들이 생산에서 필요 요소라고 그 중요성을 인식하지만, 그렇다고 에너지와 물질의 법칙들을 경제이론에 포함시켜야 될 정도로 중요하다고는 믿지 않았다. 경제학자들 중에서 예외적인 중요한 두 학자는 레겐과 데일리(Herman Daly)인데, 그들 둘은 생물 물리적 토대가 결려된 것이 주류 경제이론의 주요한 결점이라고 생각한다. 그러나 일반적으로, 경제 시스템에서 에너지에게 주요한 역할을 부여하는 사람들은 생물학자, 물리학자, 사회학자와 공학자 같은 아웃사이더들이다.

소디를 비롯하여 경제학을 생물-물리적 시각으로 보는 분석가들은 연료 및 다른 천연자원들의 공급과 질을 분석의 초점으로 만드는 새로운 종합적인 패러다임을 구성하려고 한다. 두 명의 생태학자들, 오덤(Howard T. Odum) 과 콘스탄자(Robert Costanza)는 에너지 가치 이론에 기초한 대안적 경제 패러다임을 구성하려는 선구자들이다. 이들 생태학자들과 다른 이들은 이들 아이디어들을 경제 시스템들을 설명하는 완전한 패러다임으로 만들려고 현재 시도하고 있다.

오덤과 코스탄자에 의해 개진하듯이. 에너지 가치론에 따르면, 개인적이거나 사회적 취향, 선호, 그리고 경제적 결정들은 천연자원의 질과 이용가능성 그리고 특히 자유 에너지의 영향을 받고 종종 그것들의 방향이 정해진다고 가정한다. 이러한 추론에서는, 에너지는 모든 경제적, 사회적 그리고 정치적 가치들이 궁극적으로 나오는 조직원리이다. 오덤은 인간 취향과 선호가 어떻게 형성되고 그것의 물질적 -에너지적인 기반을 경제학적으로 철저히 이해하는 것이 결정적으로 중요하다고 진술한다.

오덤의 에너지 가치이론은 자연선택이 에너지 사용의 차이와 효율에 의해 자연선택이 추동된다는 로트카(Alfred Lotka)의 가설에 근거한다. 오덤은 도덕적, 윤리적 그리고 모든 심리적 현상들은 생존에 유리한 패턴들이 궁극적인 가치들로 짜여진 것이라고 본다. 생존에 역행하는 패턴은 종국에는 사라지고 유리한 윤리와 심리만 남았다고 그는 본다. 자유

에너지가 모든 생물의 생존과 번식에 결정적으로 중요하기 때문에 그는 에너지 사용 속도나 효율을 높이려는 사회적 진화적 압력들이 많은 인간 행태의 핵심에 놓여 있다고 제안했다. 오덤의 가설에 따르면, 에너지 이용가능성과 에너지 변환 속도와 효율의 변화들은 자연 선택, 문화 선택 그리고 경제발전에서의 주 기제이다.

오덤은 최대 일률 원리(maximum power principle)를 제창했는데 그 원리는 모든 생물은 에너지 사용량을 최대로 하는 것을 목적으로 하지 않고 일률(power)을 극대화하려고 한다는 것이다. 그 원리는 시스템들이, 생태 시스템이든 경제 시스템이든, 행태 패턴들을 고르는 기준이다. 살아남는 패턴들은 유기체, 문화 또는 한 시스템의 한 단위가 에너지를 환경으로부터 주위의 다른 유기체들과 성공적으로 경쟁할 수 있게 해주는 속도와 효율로 유용한 파워로 변모시키는 것들이다. 최대 파워 원리는 대부분의 에너지 전환에 대해서는 전환의 효율이 에너지 전환 비율이 증가함에 따라 감소한다는 관찰에 기초하고 있다. 매우 느린 속도에서는 에너지는 아주 효율적으로 사용되지만, 그 느린 속도 때문에 파워가 많이 생성되지 못한다. 더구나, 낮은 속도로 사용하면 경쟁자들이 그 에너지 자원의 많은 부분을 전유할 수도 있다. 아주 빠른 속도로 사용하면, 에너지는 상대적으로 비효율적으로 사용되고, 에너지가 낭비되면서 생성된 파워는 작다. 그러므로, 중간 지점 어딘가에 파워를 최대화하는 곳이 있다. 오덤은 최대 파워는 모든 생명체가 추구하는 최적치라는 가설을 세웠다. 오덤에 따르면, 파워를 최대화하는 시스템들은 그렇지 않는 시스템과의 경쟁에서 이긴다. 코트렐이 제안했듯이, 어떤 문화들은 한 에너지원에서 다른 에너지원으로 바꾸었는데, 그렇게 하는 이유는 그 에너지원이 더 큰 파워를 주기 때문이다 그러므로, 어떤 에너지 분석가들은 경제 시스템들은 파워를 최대화하려고 시도한다는 가설을 세웠다.

생물 물리 경제학의 역사

생물-물리 경제학이란 생태학과 열역학을 적용하여 경제과정들을 분석하는 경제학을 가리킨다. 생물-물리 사상의 역사는 18세기 중농학파로부터 시작되는데 경제적 과정들을 생물-물리적 시야에서 분석하면서 신고전파의 천연자원 이론도 비판한다.

중농학파

1750년대에 프랑스에서는 그 제일원리로 천연자원과 특히 비옥한 농토가 물질적 부의 원천이라고 주장한 경제사상 학파가 등장했다. Physiocracy는 글자대로 해석하면 "자연의 지배"를 의미하는데, 최초의 조직된 경제사상 학파이었다. 프랑스와 케네와 그의 문하생들에 의해 주도되었던 중농학파들은 경제적 과정들은 단일한 물리적 요소 즉 농업의 생산성에 초점을 맞춤으로써 이해될 수 있다고 주장하였다.

중농학파들은 경제 과정들은 인간의 자유의지와는 무관하게 작동하는 특정한 객관적 법칙들을 따른다고 주장했다. 그들은 그러한 법칙들을 '자연법칙'이라고 불렀는데, 그것은 물리적 법칙과 도덕적 법칙 2가지 성분으로 이루어졌다. 도덕 법칙은 "물리적 법칙들에게 순응하는 도덕적 질서에서의 인간 행위의 규칙"이었다.

물리적 법칙들은 강우와 토양 비옥도 같은 중요한 경제적 매개변수를 결정한다. 중농학파들은 자연법칙은 인간의 자유의지와는 무관하게 작동하고 인간들이 자연법칙이 함의하는 "본래의" 경제행위들을 정확하게 연역한다면 사회후생이 최대화 될 것이라고 주장하였다.

중농학파 모델의 핵심은 채취산업의 물리적 생산성 특히 농업에서 생산된, 순생산물이라고 불리는 잉여이다.. 중농학파는 경제의 코스는 순생산물의 변화와 같이 부침한다는 가설을 세웠다. 농업은 최고의 산업인데, 그것만이 인풋을 넘어서는 가처분 잉여를 산출한다고 믿었다. 중농학파의 모델에서는, 경제적 지대는 자연에 의해 행해진 보상되지 않은 일에서 나오는데, 그 이유는 식량 가격을 정하는데 있어, 경작자들은 토양의 비옥도에 의해 공헌되는 잉여가치뿐만이 아니라, 그들의 노동과 경비도 계산에 넣기 때문이었다. 케네는 그의 경제 표에서 지주-자본가-노동자 3계급들 사이의 순생산물의 흐름의 화폐가치들을 측정하고 추적하였다. 중농학파의 영향력은 1780년대에 최고조에 달한 후 급속히 쇠퇴하였다.

열역학 법칙들

19세기 초에, 중농학파에 의해 직관적으로 파악된 경제생산의 물리적, 생태적인 기초는 열역학법칙들의 발견에 의하여 정식화되었다. 카르노와 클라우지우스(Clausius)를 비롯한 이들이 열역학법칙들을 정식화 한 후 곧, 많은 생물학자와 물리하자들은 그 법칙들이 그들 각자의 분야에 대한 갖는 엄청난 함의를 깨달았다. 카르노의 증기기관 실험들은 열역학 제2법칙 즉 에너지 전환으로부터 얻어질 수 있는 유용한 일의 양을 증명하였다. 카르노의 실험들은 또한 열역학 법칙들은 본질적으로 물리적 관계들을 경제적으로 정식화한 것인데 왜냐하면 “유용한” 또는 “이용 가능한” 에너지-엑서지(exergy)를 이용하여 경제가 천연자원들의 조직 상태를 향상시켜 유용한 재화와 서비스로 바꿀 수 있는데 이 때 에너지는 그 질이 열화되기 때문이다. Joseph Henry는 미국 물리학자이면서 스미소니언 연구소의 최초의 연구소장이었는데, "정치경제학의 근본 원리는 인간의 육체노동은 소위 파워나 에너지를 소모함으로써 물질을 조야한 상태에서 인공적 조건으로 변모시킴으로써만 그 물질을 개량시킬 수 있다."고 말하였다.

생물학자이면서 철학자인 스펜서(Herbert Spencer)는 인간의 시스템들은 자연의 에너지 흐름을 뽑아 씀으로서 엔트로피의 자발적 증가를 일시적으로 정지시키거나 역전시킬 수 있는 독특한 능력을 지녔다고 관찰하였다. 스펜서는 생물학적이고 사회적인 진화과정을 엔트로피 법칙에 유비했는데, 왜냐하면 생존투쟁은 이용 가능한 에너지와 자원들에 대한 투쟁이었기 때문이다. 스펜서는 "진화는 가장 덜 합일적인 형태에서 더 합일적인 형태로의 변화인데, 에너지의 분산과 물질의 통합의 결과이다."라고 주목하였다.

독일 화학자 오스트발트(Wilhelm Ostwald)는 열역학을 경제발전 일반론 속에 포함시켰다. 오스트발트는 에너지는 "유일한 보편적 일반화"라고 진술하였는데, 왜냐하면 에너지는 모든 환경 하에서 보존 원리를 가지기 때문이었다. 이러한 이유 때문에 오스트발트는 에너지 법칙들은 "모든 과학들의 기초"가 되어야 한다고 믿었다. 이 원리에 기초하여 오스트발트는 문명들의 시작을 에너지 용어로써 묘사하였다. 문화가 인간의 자연환경을 통제하는 수단이고 모든 사건들은 그 근원에는 에너지 전환이라면, 문명은 인간의 목적을 위해 점점 더 많은 에너지를 통제하는 역사이다. 문명은 에너지를 갖고 인간 노동에 힘을 주는 새롭고 더 나은 방법들이 고안되었을 때 진보하였다. 오스트발트는 "과학의 진보는 점점 더 많은 에너지가 인간의 목적을 위해 활용되고 원료 에너지의 변화는 점점 더 증가된 효율성에 의해 수행된다는 사실에 의해 특징지어진다"고 진술하였다.

포돌린스키(Podolinsky)는 우크라이나 사회주의자인데, 최초로 경제과정을 열역학적 관점에서 명시적으로 면밀히 조사하였다. 그는 노동가치설을 경제과정의 열역학적 분석과 통합시키려고 노력했다. 여러 번에 걸쳐서 엥겔스에게 편지로 밝혔듯이 그는 사회주의 모델은 "과학적 사회주의"가 모든 천연자원의 희소성을 극복하고 무한한 물질적 성장을 가능하게 할 것이라고 가정은 오류라고 보았다. 그는 경제 성장에 대한 궁극적 한계는 생산관계의 족쇄가 아니라 물리적 생태적인 법칙들이라고 결론 내렸다 포돌린스키의 업적은 3가지 개념들-식량생산 시스템의 효율성을 특징짓기 위한 에너지 흐름 분석; 노동생산성을 노동을 보조하는 에너지 양의 함수로 모델링한 것; 에너지 공급 과정에 의해 산출된 에너지 잉여 또는 순에너지의 중요성을 1세기 전에 창안해낸 것이었다. 그는 그의 시대의 식량생산시스템이 조달하는 에너지 잉여 즉 생산된 식량의 칼로리가를 그것을 생산하는데 사용된 에너지와 비교하여 계산했다. 그는 단위 면적 당 식량산출과 에너지 잉여는 보조되지 않은 자연 생태계보다 인위적 에너지 투입에 의해 보조받은 생태계에서 더 크다고 계산했다.

20세기 초

20세기 초는 인간사 특히 경제 생산에 있어서의 천연자원의 역할에 대한 분석이 점증하였다는 사실이 특징적이다. 가장 주목할 만한 저자는 노벨 화학상 수상자인 소디(Frederick Soddy)이다.. 그는 후기에 열역학 법칙들을 경제 시스템들에 적용하고 표준 경제 이론 특히 화폐이론을 비판하는데 많은 시간과 노력을 바쳤다. 중농학파들처럼, 소디는 경제적 부는 에너지에서 나온다고 보았다. 소디는 태양에너지가 모든 생명 과정들에 동력을 준다는 것을 강조했다. 인간 생명은 식물에 의해 포획되고 변형되는 태양에너지를 갖고 자신을 재충전함으로써 지속된다. 소디는 식물들을 "원래의 자본가들"이라고 불렀다. 오스트발트처럼, 소디는 경제적 진보는 직접적인 태양에너지에서 화석연료에로의 이행에 의해서 가능하게 되었다고 믿었다. 인류가 에너지 소득(태양에너지)이 아니라 에너지 자본(화석연료)를 처음으로 꺼내 쓰면서, 전례 없는 경제발전이 가능하게 되었다. 사회가 현재 만끽하고 있는 "현란한 시기"는 인간의 재간만이 아니라 화석연료에 체화된 석탄기로부터의 태양에너지를 이용하기 때문이다.

소디는 확연한 물리적 차원을 갖는 부와 물리적 차원을 갖지 않는 순수하게 허상적인 수학적 양인 빚-돈을 같은 것으로 혼동한 것이 경제학의 치명적인 오류라고 주장하였다. 부와는 달리, 빚은 마음먹은 대로 창조될 수 있는데, "빚은 물리법칙이 아니라 수학 법칙에 종속되기 때문이다. 열역학 법칙들에 종속되는 부와는 달리 빚은 시간이 가도 녹슬지 않는다. 그와는 반대로, 빚은 단리와 복리라는 잘 알려진 수학 법칙에 의해 매년 성장한다."

소디는 이 혼동으로 부의 생산의 기저에 깔려 있는 물리적 원리들과는 동떨어진 금융 제도들이 발전하게 되었다고 믿었다. 은행들은 부분 지급 준비율 제도를 통해 자의적으로 돈을 창조하고는 이자를 붙여 그 "하구적인" 돈을 대출한다. 반면 부는 열역학 법칙들 때문에 영원히 기하급수적으로 자랄 수는 없다. 소디는 어느 시점에서는 빚은 부를 추월하고 은행 시스템은 붕괴할 것이라는 가설을 세웠다. 대공황의 경제적 질병을 증거로 들면서, 소디는 100% 지급준비율과 일정한 가격수준을 요구하는 법령을 그 치료책으로 제안했다.

소디와 같은 시대의 수리생물학자인 로트카(Alfred Lotka)는 자연선택의 기제는 에너지 용어로써 설명될 수 있다고 주장하였다. 로트가는 그의 생물-물리 원리들을 경제학에 적용하지는 않았지만, 그의 이론들은 그 후에 다른 분석가들에 의해 에너지 질과 생명계들 간의 관계를 강조하는데 사용되었다. 그는 열역학 법칙들과 결합된 진화과정은 모든 인간 행태의 기저에 깔린 자연법칙을 형성한다고 제시하였다. 로트카는 유기체들은 이용 가능한 에너지를 차지하기 위해 다투고 진화에서의 승자는 에너지를 더 많이 그리고 더 효율적으로 쓰는 개체와 종이라고 주장하였다. 그에게 생존투쟁은 열역학 법칙들에 의해 지배되는 게임이었다. 그에 따르면 생존투쟁에서 이용 가능한 에너지를 그 종의 보존에 유리한 방향으로 돌리는데 가장 효율적인 에너지 포획 장치를 갖는 그러한 유기체들이 가장 유리하다.

1950년대

이 시기는 사회와 경제 발전에 있어서의 에너지와 천연자원의 역할에 관한 연구에 관한 한 특별한 시기였다. 오하이오 대학교의 사회학자인 코트렐은 인간 사회들에서의 에너지의 역할에 대한 가장 포괄적인 평가를 행하였다. 코트렐의 저서 《Energy and Society》는 인간사에서의 에너지의 역할에 대한 극도로 통찰력 있고 매우 읽을 만한 분석이다. 코트렐은 에너지 질과 경제&사회 발전 사이의 관계의 두 측면을 강조했다. 첫 번째 면은 그가 "잉여에너지" 과정에 의해 조달된 에너지와 그 조달 과정에 투자된 에너지와의 차이,라고 명명한 양-순에너지이다. 코트렐이 강조한 두 번째 면은 노동 노력을 보조하기 위해서 사용된 에너지양과 노동 생산성 사이의 연관성이다. 코트렐은 "기술적 변화"라고 불리는 것들의 많은 것들이 작동하는 방식이 특정한 경제 과제를 수행하기 위해 노동자 1인당 점점 더 많은 고질의 에너지(특히 화석연료)를 사용한다는 것에 깊은 인상을 받았다. 그에 따르면, 산업혁명은 경제적 관점에서 인간 노동이 화석연료라는 형태로의 엄청난 양의 무생명의 에너지에 의해 보조되었기 때문에 혁명적이었다. 그러한 보조로 1인당 시간당 행해진 일의 양은 전례 없는 폭발적으로 증가했다. 그것의 동력은 화석연료에서 나왔다.

코트렐은 또한 사회와 문화 패턴의 발전에 대한 에너지 질과 에너지 잉여들의 영향을 조사하였다. 예를 들어, 흐르는 물의 에너지의 일방통행적인 성격으로 인하여 하류에 사는 사람들과 상류에 사는 사람들 간에는 특정한 사회 경제적 배열이 나타난다. 곡식, 광물 그리고 목재 같은 다량의 원료들이 오지에서 생산되어 그러한 원료들이 결합되어 더 가치 있는 재화로 생산되는 강 하구 도시들로 강줄기를 따라 내려 보내진다. 하류 도시들에는 부와 인구가 쌓이지만, 그러한 부는 상류로 거슬러 올라가는 경우는 드물다.

에너지에 대한 그의 강조에도 불구하고, 코트렐은 물리법칙들이 모든 사회적 제도들과 문화들을 결정한다고 주장하지 않았다. 그는 이용 가능한 자원의 양과 종류 그리고 질이 사회가 변화하는 일반적 방향을 정한다고 주장하였다. 그에 따르면, 자연은 인간들에게 다음과 같이 말한다. "이것을 원하는가? 그러면 그것을 가질 수 있는 조건이 여기에 있다.” 가장 중요한 두 가지 조건들은 :(1) 환경으로부터 추가적인 에너지 양을 발견하고 개발하기 위한 이미 추출된 최소량의 에너지의 투자 (2) 다른 사회로부터 자신의 에너지의 흐름을 보호하기 위한 약간의 이용 가능한 에너지의 사용. 첫 번째 조건에 관해서, 에너지원의 가장 중요한 질은 그것이 가져다주는 잉여에너지인데 코트렐은 일반적으로 사회들은 새로운 에너지 기술이 더 많은 잉여에너지를 가져다주고, 따라서 더 많은 재화와 서비스를 생산할 더 큰 잠재력을 가져다 줄 때에만 그 기술을 채택한다고 관찰했다. 산업혁명은 전례 없는 경제적이고 사회적인 팽창을 가져왔는데, 그것은 화석연료들에 의해 조달된 에너지잉여가 산업혁명 전에 사용되었던 재생에너지에 의해 생산되는 에너지잉여를 압도한 사실에 상당부분 기인한다.

에너지 잉여 변화는 자원들의 물리적 성질들과 그것을 추출하는데 사용되는 기술의 함수인데, 전자는 잉여에너지의 양에서 가장 중요한 요소이기 때문에 경제가 팽창하는 것에 대한 궁극적 한계일지도 모른다.:그는 잉여에너지 수확이 체감되면 산업혁명이 감속할 것이라고 보았다. 코트렐은 자연에서 자연선택이 에너지 유율을 최대화하는 자들을 선호한다는 로트카의 가정에 근거하여, 다음과 같이 진술하였다.:

“로트카의 주장에 대한 증거가 그것을 법칙으로 정식화할 수 있을 정도로 아직 충분 하게 있지는 않다. 그러나 그것이 표현하는 경향은 에너지 보존을 통제하는 그들의 복제를 위해 에너지를 요구하는 패턴들의 영속에 관여하는 하나의 요소라는 증거와 일치한다. 분명히, 관찰 가능한 인간 행태의 패턴들은 그 범주 안에 맞아 떨어진다. 사람은 열역학을 벗어날 수 없다. 그의 필요에 봉사하고 그의 가치들을 만족시키게 하는 에너지 전환을 통제하는 그의 효과성은 서식지에서의 그의 생존 확률의 한 척도이다.”

코트렐과 같은 시기에, 허버트(M. King Hubbert)는 인간 문명의 폭발적 개화와 화석연료 경제로의 이행 사이에 놀라운 상관관계가 있다는 사실에 깊은 인상을 받았다. 지구물리학자인 그는 물리, 수학 그리고 지질학에 대한 폭 넓은 그의 지식을 사용하여 비-재생 자원들이 분석되는 방식을 혁명적으로 비꾸었다. 허버트는 미래에 얼마나 많은 에너지가 이용 가능한지를 예측하기 위해 에너지 생산, 발견 그리고 소비 속도에 대한 경험적 자료들을 수집한 최초의 사람들 중의 하나였다. 1949년에, 허버트는 오일 생산이 2000년데 처음 10년 안에 피크를 칠 것이라고 예측하였고, 1956년에는 그는 미국 국내 오일 생산이 1970년 초에 피크를 이를 것이라고 추정하였다. 자원들의 생산량 추이를 추적하는 허버트 곡선-종형 곡선은 지금도 상당히 유효하게 쓰이고 있다.

1970년대

생태학자 하워드 오덤(Howard T. Odum)은 그의 저서 《Environment, Power, and Society》에서 에너지 흐름을 사용하는 체계적 방법론을 발전시켜서 인간과 자연이 통합된 시스템을 분석하였다. 오덤은 다윈의 자연선택설과 로트카가 주창한 자연선택은 에너지사용을 극대화하고 효율적으로 이용하는 종과 개체를 선호한다는 가설을 “일반 에너지 법칙”으로 종합하였다.: 자연선택의 기준은 에너지전환에서 얻어지는 유용한 일을 극대화하는 정도이다. 오덤은 이 ‘법칙’을 ‘최대 일률 원리’라고 명명했다. 최대파워원리는 아직 검증이 안 되어서 엄밀한 경험적 테스트를 받아야 하지만, 다윈과 로트카가 제시한 자연선택 원리에 기초한다.

오덤은 생존하고 번성하는 생태계를 비롯한 계들은 그것들과 경쟁하는 다른 계들의 에너지 활용 전략들보다 더 나은 최적 비율로 에너지를 사용한다고 관찰하였다. 인간계는 다른 계들과 마찬가지로 똑같이 일률의 크기에 구속되므로, 오덤은 이 이용 가능한 일률 내에서만 윤리도 문화도 가능하다고 보았다.

오덤은 에너지 질을 여러 등급으로 매겼고 경제에서 에너지와 돈이 서로 반대 방향으로 교환된다는 것을 관찰하였다. 에너지의 질(품위)이란 그 에너지 단위를 생산하는 데 다른 에너지들이 필요한데 이런 과정을 몇 단계나 거치는지를 나타낸다. 가령 햇빛은 다른 에너지의 도움 없이 그저 생산된다. 그렇지만 화석연료는 그 태양에너지를 수천만 년 지구 내에서 열과 압력을 가하여 만들어지므로 더 높은 품위의 에너지가 된다. 즉 가공단계가 높은 에너지일수록 더 높은 품위의 에너지가 된다. 그런 의미에서 전기는 가장 품위가 높은 에너지로 볼 수 있다. 오덤은 연료들은 각각 질이 다르기 때문에, 고-품질의 연료에 접근할 수 있는 사회들은 저질의 연료들을 사용하는 사회들에 대해 경제적 우위를 갖는다고 주장하였다. 오덤은 또한 경제적 작업에는 그에 맞는 품위의 연료를 쓰는 것이 중요하다고 강조했다.

오덤은 에너지가 경제적 가치의 원천이라고 주장하였다. 경제에서 돈이 흐르는 곳에서는 어디에서나 반대 방향으로의 에너지가 흐른다고 그는 지적했다. 돈은 언제나 에너지를 사용한 재화와 서비스를 사는데 사용된다. 구매에 쓰인 돈은 지하로부터 더 많은 에너지를 끌어내어 추가적인 재화와 서비스를 생산하여 경제를 자극한다. 돈은 닫힌 루프 안에서 순환하는 반면, 저-엔트로피 에너지 즉 유용한 에너지는 외부에서 들어와서 경제적 작업에 사용되고 그러면 그 에너지는 이제 고-엔트로피 에너지 즉 무용한 열로 바뀌어 경제 시스템을 떠난다. 오덤은 또한 생명에 필수적인 많은 자연 에너지 흐름들-햇빛, 물, 바람 등은 돈과는 무관하게 흐른다고 관찰하였다. 그러므로 이 에너지 흐름을 사용하면서 수반되는 비용은 돈으로 계산되지 않기 때문에 환경 파괴와 잘못된 관리가 발생한다.

생태학자 콘스탄자(Robert Costanza)는 미국 경제에서의 하나의 재화나 서비스를 생산하기 위해 사용되는 직간접적인 에너지와 시장 거래에서 그 재화나 서비스에 붙여지는 달러 가치 사이의 관계를 분석하여 오덤의 몇몇 아이디어들에 대한 경험적인 검증을 시도하였다. 콘스탄자는 한 재화나 서비스의 총 에너지 비용을 묘사하기 위해서 "체화된 에너지"라는 용어를 사용하였다. 그는 한 재화의 체화에너지 내용과 그것의 달러 가치 사이에는, 에너지 계산에서 직접적인 연료비용만이 아니라 노동과 정부 서비스의 에너지 비용이 포함된다면, 강한 통계적 관계가 있음을 보였다. 콘스탄자는 이 경험적 증거를 사용하여 인간에 대한 한 재화나 서비스의 가치는 그것의 생산에 직간접적으로 사용된 에너지의 양에 궁극적으로 관련 있다고 주장하는 체화에너지 경제 가치론을 주장하였다.

비판에 대응하여 콘스탄자는 2가지 가정에 입각한 이론적 논리로써 그것을 옹호했다. 첫째로, 태양에너지는 우리의 닫힌 생명권으로의 유일한 순 투입이다. 둘째로, 로트카와 오덤의 논리처럼, 자유에너지는 생명을 존속시키고 기존의 문화적 틀들을 유지하는데 필수적이고 이 자유에너지 획득은 가장 근본적인 인간 활동이었다.

쿡(Earl Cook)은 지질학자로서, 자원 공급 시스템의 경험적 모델링만이 아니라 에너지 사용, 자원 고갈, 그리고 환경 훼손과 연관된 폭넓은 사회적 이슈들에도 관심을 가졌다. 쿡의 저서 《Man, Energy, and Society》는 그 주제에 관한 가장 완결된 책 중의 하나로 꼽힌다. 쿡은 우리 사회의 경제 성장에 대한 거의 맹목적인 믿음과 그러한 성장이 유한하고 비-재생적인 화석연료 스톡들에 의존한다는 사실 간의 명백한 양립 불가능하다는 괴리가 함의하는 위험들을 걱정했다. 그는 다음과 같이 관찰하였다.:

"진보는 에너지의 더 많은 통제에 의존해 오고 있다. 라인 강 사람들은 황소를 길들였고, 베네딕트 수도원은 수력을 길들였다. 해양 국가들(스페인, 포르투갈, 네덜란드, 영국)은 풍력을 이용하였다. 미국인들은 목재로 출발하여 석탄으로 바꾼 다음 석유로 돌려서 세계 최대의 물질적 풍요와 국력을 이루었다. 풍부하고 저렴한 에너지가 없었다면, 유럽은 2차 대전의 폐허에서 그렇게 빨리 회복될 수 없었을 것이고, 일본은 산업강국으로 세계에 나서지 못했을 것이다."

쿡은 산업사회 특히 미국은 역사에서 유례가 없는 자원의 갈림길에 직면하고 있다고 주장하였다. 화석연료들의 질이 급속히 떨어지고 있음으로, 산업사회는 2가지 옵션을 갖고 있다. "진보적 옵션"은 전지전능한 기술 진보와 소위 경제 법칙이 우리를 자원들과 관련된 문제들에서 구원해 줄 것이라고 믿고 가는 것이었다. "신중한 옵션"은 우리의 가치와 생활 스타일을 에너지와 자원의 현실과 맞추어서 조정하는 것이다. 쿡은 다음과 같이 경고한다.:

"우리의 에너지 낙하 부유에서의 최대 위험은 기회주의적 집단에 의해 우리의 민주 정부가 해체되는 것이다. 그 집단은 에너지시스템을 통제하여 우리를 통제할 것이다."

아이레스(Robert Ayres)는 경제과정에 대한 통찰력을 얻기 위해 생물-물리적 방법들을 사용한 또 한 명의 물리학자였다. 물질-에너지 균형 모델을 사용하여, 아이레스는 표준 경제학의 닫힌 순환적 모델은, 저-엔트로피 물질과 에너지가 유용한 원료로서 경제과정 속으로 들어가서 궁극적으로 그 과정을 나오고 고-엔트로피 쓰레기로서 자연에 돌아간다고 진술하는 열역학 제1법칙과 모순된다고 기술하였다. 그래서 소위 "외부 효과"는 경제 과정들의 예외적 특징이 아니라 필연적으로 수반하는 특징이라는 결론이 도출된다.

아이레스는 엔트로피 원리와 열역학 제2법칙을 사용하여 물리적 용어로써 천연자원의 질을 기술했다. 고질의 음-엔트로피 스톡들(고도로 질서 잡힌 천연자원 광상들)은 발견하고 추출하고 가공하는데 적은 양의 연료와 다른 천연자원들을 요구하는 것들이다. 우리가 더 빨리 광물 자원 중 음-엔트로피 스톡들을 고갈시킬수록, 우리는 화석 에너지 자원를 고갈시켜야 된다. 저질의 자원들은 그것들을 추출하는데 더 많은 에너지가 들기 때문이다.

이 제동기 효과는 석탄과 같은 고질의 연료가 사용되어야 함으로 더 증폭된다. 아이레스는 천연자원 희소성에 대한 표준 경제 모델은 하락하는 자원의 질과 그들 자원의 추출 속도와의 정의 피드백을 설명하지 않는다고 강조하였다. 표준 모델은 최근까지도 에너지 물질의 증가된 사용에서 나오는 고-엔트로피 쓰레기의 축적에 따른 환경 비용을 무시해왔다. 아이레스와 그의 동료들은 엑서지(exergy)에 입각하여 에너지와 물질들을 모으는 시스템을 제안한다. Exergy는 에너지나 물질에서부터 얻을 수 있는 유용한 일을 측정하는데, 물질에 체화된 화학 에너지 또는 준거 상태에 대한 물리적 조직에 기초한 에너지에 기초하고 있다.

니콜라스 죠르제스크-레겐(Nicholas Georgescu-Roegen)의 공헌

레겐은 물리학과 과학사와 과학 철학에 대한 상당한 지식뿐만이 아니라 경제 이론, 경제사, 그리고 수학에 대한 이해도 깊고 철저하였다. 전통적 경제 분석은 한 경제 내의 구성원들 사이에서의 상품 교환에 집중하는데, 소비자 선호, 기술, 그리고 시장 균형의 존재와 안정성을 위한 자본 부존의 역할에 초점을 맞춘다. 그와는 대조적으로 레겐은 경제 분석을 경제과정의 생물-물리 현실 속에 근거하려고 노력하였다. 조르제스크에게는, 기존 경제 분석은 펀드와 흐름을 혼동하는 대 오류를 범했다고 본다. 이것 때문에 제조된 자본과 자연 자본의 관계에 대한 근본적인 오역이 나왔다.

조르제스크의 가장 유명한 주장 중의 하나는 "물질도 또한 중요하다"는 것이다. 그는 엔트로피 법칙은 에너지만이 아니라 물질에도 적용된다고 주장하였다. 에너지와 물질은 언제나 함께 쓰인다.: 물질 수용자, 물질 지렛대, 또는 물질 전달자가 없으면 우리는 결코 에너지를 다룰 수가 없다. 그러므로 그는 열역학 제1법칙의 "쌍대 원리" 즉 어떠한 기계적 일도 물질을 사용하지 않고는 행해질 수 없다는 원리를 주장하였다. 그는 더 나아가 열역학 제2법칙은 "물질의 불완전성"에 기인한다고 주장하였다. 즉 마찰 없는 물질도 없고 완전한 차단제, 완전한 전도체, 완전한 탄성 물질 등등이 없다. 이런 불완전성으로 에너지가 기계적 일로 완전하게 전환될 수 없다. 결과적으로, 물질과 에너지 변환에 대한 이해는 물질에 대한 명시적인 주의를 요한다.

02

장자상속제의 역사와 영향

국가와 사유재산의 발생

아마도 국가들은 사방으로 사막이나 늪지 또는 산악 같은 건너가기가 어렵거나 살기에 적합하지 않는 지역으로 둘러싸인 곳에서 형성되었을 것이다. 전쟁은 빈번하고 인구는 증가하고 비옥한 농경지지와 민물 그리고 저장 가능한 곡식 잉여가 있는 곳들에서 국가들이 탄생했을 것이다. 원초적 국가가 발달했을 개연성 있는 곳은 확실히 뚜렷하게 포위된 생산지역들이다. 이 지역들은 농업 개발 잠재력이 급속하게 낮은 지대들로 둘러싸인 비옥한 중핵들이다. 사실상 그 곳들은 사막이나 최소한 아주 건조한 지대들로 둘러싸인 강 계곡이나 호수 지역들이다. 고대 이집트, 메소포타미아, 그리고 인도는 범람원[氾濫原, flood plain]에 의존했다. 이 지역들에서 다른 곳으로 도망 갈 길은 거의 없었다. 게다가, 이곳들은 모두 국가의 등장 이전에 인구가 급속히 증가하는 곳이었다.

전쟁도 마찬가지로 빈번했다. 이집트의 전설은 정복 이야기로 시작된다. 특수한 무기와 요새는 고고학적 기록에 나타난다. 메소포타미아에서 무기와 노예 및 전투 그림은 왕조 이전에 있었다. 중국의 상 왕조는 극도로 군사적인 사회였다. 최근에 인더스 강 국가들의 중심지에서는 정복에 의해 파괴된 요새화 된 마을의 존재가 확인 되었다.

인류학자 마빈 해리스에 따르면 그런 확장하는 마을들은 원래 모지적(matrolocal)이었을 것이다. 여자들은 자기가 나고 자란 곳에서 짝을 짓고 살아가지만 남자들은 자라면 다른 곳으로 이주하여 짝을 찾고 새 삶을 시작했을 것이다. 전쟁이 더 흔하게 되면서, 결국 부계가 인수한다. 토지 상속이 중요해지면서, 부계는 더욱 강화되었다. 일부일처제가 규범이 되고 여자의 정조가 중요해졌다. 토지 소유가 사회 지위의 주요한 구분 도구였기 때문에, 약 8000년 전에 시작하여 남자 17명 중 1명만이 유전자를 남길 수 있었다. 국가의 등장과 함께 여자들은 이전에 누리던 지위를 잃었다. 로마에서 중국까지, 그들은 법적으로 아버지, 남편, 오빠의 피보호자로 정의 되었다. 그 이유는 모계는 군대를 모집하고 훈련시키는데 기능적으로 더 이상 필요하지 않았기 때문이다. 처음으로, 인간은 재산을 축적하기 시작했다.

그래서 전 세계적으로 엄청난 인구가 가난하고 비참하고 농업에 종사하는 때때로 기근으로 몰살당하는 한편 이웃에 대해 끊임없이 조직적 전쟁을 벌이고 권력에 굶주린 사회병적이고 권세욕이 기득한 지위를 놓고 필사적인 엘리트들이 등장했다.

공예가들이 도시로 이주하면서, 복잡성, 산업 그리고 노동분업이 크게 발달한다. 처음에 금과 은의 금속 가공이 그 다음에 구리 그리고 곧 청동 가공이 발생한다. 컵과 보석에서 옷과 조각으로 "사치"품이 나타나고 집들은 사회계급을 분화시킨다. 호혜[reciprocity]와 재분배는 부역(賦役), 세금 그리고 가정경제[household economy, 家政經濟]로 대체된다. 시간이 가면서, 엘리트는 많아지고 생산자들은 적어진다. 그래서 오이코스[oikos] 경제로 전환된다.

농작물은 비옥한 초승달지대에서 시작하여 퍼지면서 원래 괭이에 기반하여 이루어졌고, 따라서 주로 여성의 일이었다. 괭이 기반 농사는 육아 중일 때 할 수 있다. 남자들은 사냥하고 나중에는 목축했고 여자들은 농사를 지었다. 평등주의적 규범과 신념에서 벗어날 내생적인 이유는 없었다.

그렇지만 BC 6천년 또는 대략 8~7,000년 전에 레반트(Levant)에서 쟁기가 발명되면서 남녀 사의의 관계에 극적인 변화가 일어나기 시작했다. 쟁기에는 두 가지 효과가 있다. 그것은 농민의 생산성을 높이고 이제 농사는 남자의 일이 되게 만든다. 생산성이 극적으로 높아지면서 (1) 더 많은 사람들 (2) 사회적 분화 가능성, (3) 더 많은 추출 가능한 잉여들이 동반되었다. 또한, 더 센 악력과 상체 힘이 중요하기 때문에 쟁기질은 남성의 작업이다. 또한 쟁기질 하면서 아이를 보는 일을 할 수 없기 때문에 쟁기질은 남성의 전유물이 되었다. 또한 목축하면서 육아도 불가능하다. 그 결과 주요 생산 자산에 대한 남성 독점이 생기고 결과적으로 공공 사회 공간에 대한 남성 지배가 이뤄진다.

쟁기질에는 소나 말 같은 역축이 필요하다. 그래서 세계 최초의 부유한 엘리트들은 황소와 말을 사용하는 지주들이었음이 밝혀졌다. 과학자들은 고대사회 불평등의 근원을 밝히기 위해 깊은 과거의 부자의 부상을 추적했는데 수천 년 전의 부유한 농가들은 말과 소 같은 대형 역축을 부려서 그렇게 큰 부를 축적할 수 있었다고 한다. 그 시기는 경작이 시작된 지 수천 년이 지난 후 소와 말의 가축화된 시기에 시작되었다. 쟁기를 끄는 가축 특히 황소를 사용하여 토양을 부수어 더 많은 작물을 재배하고 농가에서 멀리 떨어진 곳에 있는 밭을 확장하는 것이 가능하게 되었고 그래서 일부 농민들은 생산성을 크게 높일 수 있었고 매우 부유해졌다.

(Timothy A. Kohler 외,"Greater post-Neolithic wealth disparities in Eurasia than in North America and Mesoamerica", nature, 2017년 11월)

신세계의 유일한 큰 동물은 개와 칠면조 밖에 없었고 그것들은 쟁기질에는 부적합했다. 그래서 아메리카에서는 불평등이 덜했다. 그러나 유라시아에서는 시간이 지남에 따라 상승하기 시작하여 수천 년 전에 약 0.6의 수준에 도달한 후 정체되었다. 이 상승은 소와 말의 도입과 그들의 밭 경작 이용과 일치한다.

사유재산과 불평등이 발생하면서 상속의 문제도 발생한다. 만일 부모가 사망하게 되면 부모가 소유했던 재산을 누가 상속받아야 하는가? 상속의 역사를 본격적으로 연구하려는 것은 이 책의 주요 목적도 아니고 그럴만한 능력도 필자에게는 없다. 주요 사례들을 살펴보고 그에 대한 이론적인 답을 고려해 보는 것으로 만족하려고 한다.

유럽 상속제의 역사적 변천

유럽에서는 부계 장자상속제는 중세시대와 근대에 널리 퍼졌지만 고대에는 그렇게 광범위하게 퍼지지 않았던 것으로 보인다.

아테네에서, 데모스테네스와 솔론 법에 따르면, 장남은 집을 물려받았고, 그것으로 조상 제사를 책임졌다. 아리스토텔레스는 테베와 코린트에 있는 동안 부계 장자상속을 관찰했다. 그는 또한 여러 도시국가들에서 장자상속제에 반대하여 일어난 반란에 대해서도 이야기했다. 아리스토텔레스는 장자상속제에 반대한 반면 플라톤은 그것이 더욱 널리 보급되기를 바랐다. 고대 그리스인들은 또한 장자를 부모들이 당한 부당한 피해에 대해 복수해야 했다. 그리스 신화에서 세 자매로 나오는 복수 및 저주의 여신들인 에리니에스 [Erinyes] 자매는 언제나 맏아들의 지휘를 받는다고 말해졌다.

로마법에서 장자상속제가 인정되지는 않았지만, 실제로는 로마인들이 장남을 선호했다. 고대 페르시아에서는 부계 장자상속에 의해 가장 자리;가 계승되었다. 켈트족과 게르만족들은 고대에는 그 땅을 각 아들들에게 균분상속 하는 것이 지배적인 풍습이었던 것 같다. 하지만 집은 그들 중 한 명에게만 상속해야만 하는데 삭센스파이겔과 같은 실제 관행과 법령의 증거를 보면 독일인들이 그 집을 막내아들에게 맡겼던 것으로 보인다. 이것은 아마도 막내아들이 가족 조상 제사를 지내야 하는 관습과 연관이 있을 것이다. 아일랜드와 프랑스 북부의 켈트족들은 그 집을 장남에게 맡겼다.

독일인과 아일랜드인은 모두 근대 초기까지 토지를 균등하게 분배하였는데, 그 이후로 양 민족 사이에 점차 단독상속이 자리 잡게 되었다. 그러나, 타키투스에 따르면, 텐테리의 독일 부족은 부계 장자상속을 실시했다. 슐레스비히홀슈타인 [Schleswig-Holstein] 지방에서는 토지는 장남에게 맡기고 동생들에게 금전적으로 보상하는 것이 서기 100년 전후의 지배적인 관행이었다는 증거도 있다. 부계 장자상속은 바이킹들 사이에서 우세했다.

스코틀랜드를 보면 1066년 노르만정복 이전에도 스코틀랜드 저지대특정에서는 특정 유형의 재산은 장남에게 독점적으로 상속되었다. 윌리엄 1세(1165~1214년)의 통치 기간 동안 모든 종류의 부동산에 관한 부계 장자상속(Patrilineal primogenities)는 스코틀랜드의 모든 지역에서 법적 규칙이 되었다. 1868년까지는 스코틀랜드의 법률에서 "상속 재산"(건물, 토지 등)이라고도 불리는 모든 부동산을 장남이 독점적으로 상속하였고 그것은 유언장에 포함시킬 수 없었다. 1868년 이후에도 유언이나 증언에 포함될 수 있었지만, 부모가 유언 없이 사망하면 여전히 장남에게 독점적으로 상속되었다. 1964년, 이 남성 장자상속법은 마침내 폐지되었다. 베데에 따르면, 노섬브리아의 관습은 노르만 정복과 다른 지역 상속의 풍습이 장남에게 일정한 부가적인 혜택을 주기 전부터 장자에게 상당한 선천적 권리를 남겨두었다고 한다

노르만 정복 이후 장자상속제는 영국 전역에 널리 보급되어 1215년 마그나카르타의 공포로 일반법이 되었다. 이는 스코틀랜드에서보다 조금 늦은 것에 불과했다.1540년 이후, 유언자는 부동산을 적합하다고 생각한대로 처분할 수 있었지만, 유언이 없이 죽으면 1925년까지 여전히 장남에게만 상속되었다. 영국의 향신들과 귀족들이 비교적 엄격한 형태의 장자상속제를 실시했지만, 농민들 사이에 분명히 만연한 상속 패턴은 없었고 일종의 "자본주의" 농촌경제, 즉 "절대 핵" 가족을 낳았다.

정복왕 윌리엄이 장자상속제를 강요한 이유 중의 하나는 군사적인 이유였다. 장자상속제가 되면 군사력이 장자의 손에 집중되는데, 군사적 정

보와 지식이 소수에게만 집중되어서 적군에게 새어나갈 개연성이 줄어든다. 장군의 지시와 회의 내용을 공유하거나 실행하는 지휘관들이 그 수가 적을수록 그의 작전은 더욱 빠르고 직접적으로 집행될 것이다. 봉건시대 군대는 한 명의 지휘관이 전군에게 명령하고 통솔하는 병사들의 집합체가 아니라 지주의 지휘통제 하에 있는 농노 집단으로 구성되어 있었다. 전쟁 대의보다는 자신이 속한 부대에 더 충성하고 각자는 자신의 장군보다 자신의 지휘관의 지시에 더 복종했다.

윌리엄은 형제들 간의 상반된 이해와 질투, 모략으로 인해 끊임없이 발생하는 갈등을을 방지하였다. 봉토(封土)를 받은 신하. 대 봉신(封臣)사이에서만 이점이 있었던 것은 아니었다. 하위 계급의 기사들도 누가 자신의 주군이 될지를 미리 알게 됨으로써 미래의 불확실성을 없앨 수 있고 형제들 간의 불화를 걱정할 필요도 없어졌다. 장자상속제의 추가적인 이점은 군대복무 기간이 단축되는 것을 방지했다는 것이다. 장자상속제의 추가적인 이점은 기사료 분할이 초래했을 군복무 기간의 단축을 방지하는 데 있다. 길이 험하고 행진이 느린 시대에, 군대를 자주 교체하는 것에는 너무나 인력과 자원이 낭비되었고 신속하게 군대를 이동시킬 수가 없었다. 또한 장자상속제는 자원을 한 곳에 모음으로써 방어와 보호에 득이 되었다. 더구나 만일 재산이 균분상속되면 그 가문의 위신과 힘은 분산되어 그렇지 않은 다른 가문 대비 경쟁에서 불리했다.

그렇지만 영국에서 국왕의 권력이 전국으로 미치고 사회가 안정되면서 법치가 확립되고 더 이상 장자상속제의 보호가 필요치 않았고, 용병의 군대가 약간의 돈으로 고용될 수 있게 되자, 장자상속제의 군사적 필요성은 없어졌다. 그 다음부터는 장자상속제의 영향은 영국에서는 행정적이거나 경제적인 것이었다.

중세 말기에 말자상속제는 영국에서는 지배적인 관습으로 볼 수 있는데 이 사회 계급은 둠스데이 북에 따르면 인구의 대부분을 차지하고 있었고 그것은 농노들의 상속 관습이었기 때문이다. 반면 스코틀랜드에서는 엄격한 장자상속제가 농민들 사이에서도 우세했다.

프랑스 북부의 일부 지역에서는 10세기 이전에도 농민들 사이에서 장남에게 약간 더 큰 몫을 주는 것이 일반적이었다. 그 세기 이후, 귀족들 사이에서 장자상속제가 발달하였다 반면 프랑스 북부 대부분에서는 농민들 사이에서 결코 단독상속이 대세가 되지 못했다. 플랜더스는 아마도 귀족들 사이에서 장자상속제가 지배하게 된 첫 번째 지방이었을 것이다 프랑스 혁명 무렵에는 장자상속제는 서유럽, 중부유럽, 북유럽의 이 사회계급에서 거의 보편화되었지만, 농민들 사이의 상속 풍속은 지역마다 크게 달랐다.

영국에서의 장자상속제의 영향

영국에서의 부르주아의 기원

영국에서 장자상속제 실시로 인해서 유럽의 대다수와 비교하여 영국 귀족의 차남 이하 아들들은 상대적으로 빈곤에 빠질 가능성이 훨씬 더 높았다. 영국에서의 중간계급은 명예혁명 이후에 혼란에 빠진 새로운 관료제를 위한 업무 능력을 갖춘 노동에 대한 수요를 충족시키는 수단으로뿐만 아니라 장자상속제에서 상속받지 못하고 살 길을 개척해야 하는 사람들에게 높은 지위를 유지하게 해주는 수단으로도 만들어졌다.

16~17세기에 나타난 영국 사회의 새로운 양상들을 먼저 살펴보자

중간계급이라는 이름 자체가 상층계급과 하층계급에 대조되는 계급으로서 그 두 계급 사이에 있는 계급임을 함축한다.

중간계급은 전통에 따라 생활하고 땅에 묶여있는 보통 무산 노동자들 위에 있던 계급이었다. 중간계급은 또한 생계를 유지하기 위해 일해야 했고 토지 자산을 거의 또는 전혀 갖지 않았지만, 상당한 유동자산을 보유하고 있었고, 이것들을 부가적인 부를 창출하기 위해서 자본으로 사용하거나 자본을 차입하는데 사용하여 부를 축적하기 때문에 중간계급은 다음과 같이 정의될 수 있다.

"중산층의 대다수는 상업적 또는 산업적 자본가로서 아버지의 증여, 상속 또는 융자로 얻은 돈을 가지고 있고, 더 많은 돈을 벌기 위해 그 것들을 계속해서 회전시키는 자들이다. 그들은 또한 돈이 없기 때문에 다른 사람들에게 의존하여 살아가는 기계공들을 고용하는 자들이다."

중간계급은 안정되고 영구히 지속되는 토지 자본이 없음으로 자신의 부를 늘리고 더 발전시켜야했다. 그들은 자신의 지위를 지속적으로 향상 시켜야 했다. 그리고 이것은 더 많은 부를 축적해야만 얻을 수 있었다. 그렇지만 상층계급은 일하는 데에는 관심이 없고 재산에서 파생되는 소득은 더 많은 부를 창출하는 것이 아니라 엘리트 구성원들에게 기대하는 사회적 역할을 유지하고 관리하는데 사용되었다. 그들은 거대한 영지를 독점하고 호화로운 교육을 받고 높은 지위를 추구와 다른 엘리트 회원들과 유대를 다지는 삶을 선호했다. 19세기에는 당시에 단지 1,700명에 불과한 지주들이 영국과 웨일즈의 토지의 40 %를 소유했다 토지

기반 향신들은 밀접하게 짜여 진 사회적 네트워크를 이용하여 지역의 일들을 통제하였다. 이러한 개인은 소작인들을 절대적으로 통제했고 당시 국가정치에 독점적으로 참여했다. 당시에는 재산을 가진 사람이 더 책임감이 있고 수뢰하지 않을 개연성이 높았기 때문이었다.

영국에서 16세기 동안 일꾼들이 남아돌아서 노동가격은 하락했지만, 공간적으로 다른 지역으로 이동하는 것이 불가능했기 때문에 이 불균형은 자연스럽게 해소될 수가 없었다. 그러나 영국에서 명예혁명이 발발하자 이 기간의 일반적인 혼란을 틈타 전례 없이 사회적으로 이동할 수 있는 가능성이 열렸다. 그 여파로 가족들은 노동 부족 문제가 심한 곳으로 갈 수 있었다. 더욱이 과격한 평등을 주장한 수평파(Levelers)의 의제에 내재한 계급투쟁에서는 새로운 수준의 중급 관료들이 요구되었다.

또한 수도 런던에는 숙련 인력과 반-숙련 인력이 많았고 그래서 이 상황은 새로운 기업가들에게 제조 및 무역에 투자할 수 있는 기회를 제공했다. 저지대로부터 가져온 기술과 영국의 식민지와 유럽에서 런던으로의 무역이 늘어남에 따라 이것은 새로운 행운을 쌓을 무수한 기회들이 생겨났다.

정상에 변화가 생겨서 중산층에게 새로운 기회가 창출되었다.

다른 한편 단순히 토지에 의탁하여 농민들의 결실을 빨아먹는 엘리트도 토지에서 나오는 이익이 추락하자 소유를 확대하고 천연자원을 탐색하든지 아니면 소규모 산업을 운영하든지 하여 새로운 살 길을 모색하였다. 새 농법에는 새로운 종류의 토지 관리자들이 요구되었다. 1610년과 1650년 사이에 토지 관리자의 임금은 4배로 뛰었다. 토지의 경제적 가치를 유지하는 데 있어서 관리자의 중요성이 커짐과 더불어, 이전에는 중요한 사람으로 여겨지지 않은 토지 관리인들의 영향력은 커졌다.

도시에서의 사업의 성격 변화도 새로운 종류의 중간계급의 발달에 기여했다. 무역과 제조업에는 학식이 있고 수치에 밝은 사람들이 필요했는데 이러한 직업들은 새로운 중간계급의 일부분이 되었다. 또한 섬유산업은 엔지니어링, 운송, 무역, 소매, 금융 및 기타 예술 거래 같은 부수적인 일자리를 창출했다. 초기 자본이 상대적으로 작게 요구되는 새로운 기술이 등장하면서 중간계급을 위한 새로운 분야들이 생겨났다. 학교, 신문, 커피 하우스 및 출판사와 같은 새로운 중간계급 상인 및 산업가의 교육 및 예능을 지원하기 위한 시스템이 더불어 발달되었다. 이러한 역할을 수행하는 개인들도 또한 성장하는 중간계급에 흡수되었다.

누가 중간계급의 일원이 되었고 어떤 과정을 거쳐서 그런 위치에 들어가게 된 것일까?

중산계급에 편입하는 가장 보편적인 방식은 견습공제도[apprenticeship, 見習工制度]였다. 젊은이들은 가족과의 관계를 통해 자신이 관심이 있는 업종에 이미 종사하고 있는 사람을 찾은 다음 기술을 배우는데 수업료 대신에 노동을 제공하는 조수로 일했다 공직과 성직도 비슷한 시스템으로 운영되었다. 가족관계 또는 운 좋게 알맞은 교육을 받은 청년은 그 직업 사다리의 맨 아래에 자리를 잡을 수 있었다. 그 후로는 시간이 가고 경험이 쌓이면서 그는 더 큰 존경과 보상을 얻을 것이었다.

중간계급에 들어가기 위한 자본 집약적인 다른 옵션도 있었다. 상층계급의 자식들은 중간계급으로 편입하는데 이 방법을 더 자주 사용하였다.

영국의 장자상속제에서는 상층계급의 비상속인들은 다른 선택의 여지가 거의 남아있지 않았다. 자식들이 그들의 부모의 사회 경제적 지위보다 아래로 떨어지는 경우는 아주 흔했다 돈을 가진 대부분의 부모는 아들들이 학계, 군대 또는 성직자와 같은 존경받는 직업에 들어가는 것을 선호하지만 이 분야에서의 성공은 시간, 돈, 재능에서 많은 투자를 요구했다. 그렇지만 모든 아들들이 다 재능이 있거나 성실하지도 않았고 부모가 충분한 재정적 여유가 있는 것도 아니었다. 그런 아들들에게 남겨진 대안은 무엇이었나? 그 경우에 어린 아들들을 런던으로 보내여 견습생이 되게 하는 것이 흔한 해결책이었다.

장자 아래 남아들은 부모로부터 더 많은 지지를 받았을지라도, 토지와 부동산을 물려받을 수 없음으로 결국 자신의 앞길을 다른 데에서 개척할 수밖에 없었다. 결국, 18 세기가 되면 손아래 아들들은 부모로부터 자기 삶을 살아가기 위한 종자 돈 또는 종자 교육을 받았다. 그들은 새로운 중간계급을 형성했다.

초기 근대 영국에서 젠트리 아들들의 교육과 직업훈련

좁은 의미에서 '젠트리[gentry, 향신(鄕紳]'란 출생에 따른 사회적 계층에서 귀족(nobility, peerage) 바로 아래에 위치하고 있으며, 계속해서 역사적으로 두터운 층을 이루는 유력한 존재였다. 본래 봉건제 사회의 하층귀족(기사)에 연원하는 이 계급은 중세 말부터 근세에 걸쳐 지주농업을 적극적으로 경영했고 상공업에 대한 투자 등을 통해 경제적으로 융성해가는 한편, 언제나 명망가로서 전통적인 지방자치의 담당자였다. 계급 지위가 고정불변이 아니라 유동성과 개방성도 있었고, 이 계급은 19 세기에 이르기까지 영국의 정치적 사회적 형세의 큰 틀을 유지하는 완충기적 역할을 수행했다.

근래의 영국사학 이해에서는 이 계층이 '시민혁명'과 '산업혁명'을 거친 근대를 통해 정치·사회적으로 뿐만 아니라 경제적으로도 일관되게 주도권을 잡고 있었다는 견해가 강화되고 있다. 이른바 젠틀맨 자본주의론의 주장에 따르면 전통적으로 토지 소유가 그 부의 기반을 이루었던 귀족 & 젠트리 계층은 시대의 흐름에 부응하여 점점 더 상업-금융업과의 관계를 강화해 영국의 제국의 확장노선 그리고 영국 런던을 세계 금융 중심지로 만드는 정책을 뒷받침했다.

영국에서 장자상속제는 부르주아 계급의 형성을 촉진했음은 위에서 본 바와 같다. 부르주아가 되기 위해서는 "인적 자본"이 필요했다. "인적 자본'을 갖추기 위해서는 많은 투자가 필요하고 거기에는 많은 비용이 든다. 그러므로 장자상속제 하에서 아들들에 대한 투자는 출생순서에 밀접하게 연관될 수밖에 없다. 이는 초기 근대 영국에서 젠트리 계급이 아들들에 대해서 출생순서에 따라 상이한 교육 및 직업훈련 기회를 주었다는 역사적 사실에서 확인된다.

아이들이 어떻게 교육되어야 하는지는 사회의 모든 수준에서 영원한 골치 아픈 문제였고, 여전히 난제로 남아있다. 교육은 사회적 집단이 스스로를 재생산하는 주요 장치 중 하나이고 자원은 희소하기 때문에 모든 자식들에게 동등하게 투자할 수 있는 것은 아니다. 따라서 차별적 투자가 예상되는데 아들들이 딸보다 더 선호되고 나이가 많은 아들이 적은 아들보다 선호될 것이라고 예상될 수 있다. 이 이유에 관해서는 나중에 진화론적으로 살피기로 한다.

자원의 희소성과 장자상속제라는 사회적 제약 하에서 3가지 의문이 역사가들의 관심을 끌어왔다.

1) 초기 근대에 젠트리들의 어린 아들들의 전망은 어땠는가? 장자상속제로 인해서 상속자와 그의 동생들 사이에 결정적인 장벽이 생겨났는가? 어린 아들들은 방치될 수도 있는가?
2) 젠트리 아들이 견습생으로 들어가 사업을 할 수 있을까? "양반 자제"가 "천한" 사업에 종사할 수 있었을까?
3) 출생 순서가 미래의 삶의 방향을 결정하는데 규범적인 기대는 얼마나 강력했는가?

영국의 대부분의 어린 아들들은 그들 자신의 부를 쌓을 것으로 기대되었고 17세기에도 둘째나 셋째 아들은 법조계로, 다음아들을 교회로, 그리고 막내를 사업을 위해 보내는 반복적인 경향이 있었다.

젠트리 아들들의 고등교육과 훈련은 대학, 법학원(inns of court), 견습생이라는 3대 주요 경로를 밟았다. 거의 3분의 1의 상층계급 아들들이 대학에 들어가거나 런던 견습생 또는 법학원에서 시간을 보냈다. 이것은 높은 비율이었고 영국 전역에서 비슷한 양상을 보였다.

젠트리 아들들이 런던 견습생(12%)으로 가거나 대학 중 한 곳에 입학하는 비율(14%)은 거의 같았다. 심지어 수도에서 멀리 떨어진 카운티의 가족들도 그들의 아들들 8명 중 1명꼴로 런던에 견습생으로 보냈다. 상층계급의 아들들에게 견습생은 받아들여질 수 있는 선택사항이었지만, 견습생으로 들어간 거의 90%의 상층계급 아들들은 런던의 12대 회사 중 한 곳 맡겨졌다. 이 12개 회사나 길드 회원들은 도시사업을 독점하고 있었고 그곳에는 또한 상인들이 모이는 경향이 있었다.

젠트리 아들들을 위한 교육과 사회적 기회의 원천을 제공하는 대학들의 역할은 잘 확립되어 있다. 예를 들어, 일정 기간의 대학교육은 교양의 원천 또는 성직이나 의료직으로 진출하는 데 점점 더 필요해진 단계로 볼 수 있다.

향신(鄕紳)신사들의 아들들에게 법학원은 사회적, 문화적, 지적 기회를 결합하여 대학들과 유사한 목적을 수행했다. 법학원은 사람들에게 사회적 네트워크를 확대하고 대도시의 교양을 획득하는 데 있어 유용한 배경이 되었음에 틀림없다. 그들이 그곳에서 획득한 몇몇 법적 훈련은 법조계 경력의 기초가 되었기 때문이다. 특히 일부 장자들과 상속인들도 이 길을 택했다.

대부분의 상층집안 아들들은 10대 후반에 집을 떠났다. 교육이나 훈련을 시작하는 나이를 보면, 대학 입학 또는 수습(修習) 시작 나이는 별 차이가 없어서 대학입학 연령은 평균 16.8세에, 수습 시작 연령은 17.1세로 약간 더 나이가 많았다. 법학원 입학 연령은 평균적으로 19.8세로 다소 더 늦었는데 그 이유는 이전에 대학에 다녔던 자들이 재입학했기 때문이다.

향신 아들들의 교육과 훈련은 출생 순서에서 그들의 위치에 의해 어느 정도 영향을 받았는가? 장남은 대부분의 땅을 얻었을 뿐만 아니라, 교육을 받을 기회도 얻었다. 전체적으로는, 18%의 젠트리 가족 장남이 대학에서 교육을 받았고, 16%는 법학원에서 공부했으며, 8%는 두 곳 모두에서 수학했다.

어린 아들들이 받은 교육은 출생 순서를 통해 확립된 위계에 의해 강하게 형성되었다. 아들이 대학 또는 법학원에서 수학할 확률은 셋째 아들까지 출생 순서를 밟을 때마다 떨어졌다. 이 이하에서는 아들이 대학에 진학하여 공부를 할 확률은 그 상태로 더 이상 변동이 없었고, 막내아들의 확률은 증가하여 아마도 이 어린 아들들이 일반 교육이 아닌 교회나 법에서 직업 훈련을 추구하고 있었음을 시사하고 있다.

출생 순서	수	대학(%)	법학원(%)	대학&법학원 (%)	견습생(%)	교회(%)	문학사(BA) 취득 (%)
1	756	18	16	8	4	1	23
2	604	13	7	3	10	2	41
3	400	11	6	3	15	3	47
4	225	11	4	2	19	4	56
5	109	11	6	2	17	4	67
6	88	15	3	3	24	5	69

(출처, Patrick Wallis & Cliff Webb,"The Education and Training of Gentry Sons in Early-Modern England,working paper,2008, 표4)

실제로 학위를 받은 아들의 비율은 출생 순서가 내려갈 때마다 증가했다. 장남은 5분의 1이 안 되는 비율로 졸업했지만 5자 미만 아들들은 3분의 2이상이 졸업했다. 문학석사(MA) 학위도 장남의 2%에서 6남의 8%로 상승했다. 성직자 입회 비율은 비슷한 방식으로 증가했다.

견습생에 관해서는 전혀 다른 이야기가 된다. 출생 순서가 중요했다. 아래로 내려갈수록 대학이나 법학원에 들어갈 확률은 감소하는 것과는 정 반대로, 젠트리 아들이 견습생으로 들어갈 확률은 그들의 출생 순서에 따라 일관적으로 상승하였다. 장사에 종사하기 위해 훈련한 장자는 20명 중 1명, 둘째 아들은 10명 중 1명 미만이었다. 그와는 대조적으로 6남은 거의 네 명 중 한 명이 견습생이 되었다.

가족들이 자녀들을 교육하고 훈련시키기 위해 하는 투자는 직접 상속은 차치하고 세대 간 부와 사회적 지위의 이전이 이루어지는 중요한 메커니즘 중 하나이다. 다음 세대에게 주어지는 교육의 내용과 구조도 사회집단이 스스로 형성하고 재생산하는 중심적 장치다. 초기 현대 영국 젠트리들 사이에서, 문법학교와 가족의 수준을 넘어선 교육과 훈련은 세 개의 주요 기관인 옥스퍼드 대학과 케임브리지 대학, 법학원과 런던의 견습을 중심으로 했다. 상층계급 아들들들의 3분의 1이 넘는 비율로 이 세 개 기관 중 적어도 한 곳에서 시간을 보냈다.

젠트리 아들의 교육은 16세기 후반에서 17세기 후반 사이에 비교적 안정된 형태를 따랐다.

두 가지 결과가 두드러진다. 첫째, 런던에서의 수습은 상층계급 아들들에게 삶의 출발점을 주기 위한 방편이다. 옥스퍼드나 케임브리지 입학과 거의 비슷하게 많은 상류층 아들들이 견습생이 되었다. 둘째, 젠트리 아들에 대한 교육과 훈련은 출생 순서의 위치에 의해 강한 영향을 받았다. 장남에게 동생들보다 더 많은 기회가 주어졌을 뿐만이 아니었다. 출생 순서가 내려갈 때마다 대학 교육의 가능성이 줄어들고 견습생으로 위탁될 확률은 높아졌다. 어린 아들에게 있어서, 모든 종류의 교육은 형들보다는 미래의 직업을 위한 훈련의 문제였고, 어린 아들들은 둘째나 셋째 아들과는 전혀 다른 대우를 받았다

장자상속제와 자본주의적 농업

장자상속제로 한 지역에서 오래 동안 자리를 잡고 부와 권세를 유지한 향신(鄕紳)들은 중세 말기에서 근세에 걸쳐 귀족이나 요먼리의 세력이 쇠퇴하여 간 데 반해 이 계층만은 지방의 유력자로서 남아서 절대주의

시대에 이르러서는 치안판사 및 그 밖의 사회적 지위를 맡아서 활약하여 사회의 실권을 장악하는 등 지방의 지도자 집단을 형성하였다. 장자가 아버지의 공직을 세습함으로써 공공 봉사정신이 투철했고 책임감이 있었다.

반면에 아버지와 같은 정부와 자식 같은 국민이라는 체제에서 그들은 거만하고 잰체하는 지도자였고 국민들은 그들에게 굽실거리고 알랑대어야 했다. 또한 부모에게서 재산을 물려받지 못하는 자식들은 불만이 가득했고 사회에 대한 적개심으로 반란과 폭동 그리고 무질서 및 도적질에 경도되는 경우도 많았다. 장남만이 아버지의 재산을 물려받는 장자상속제 전통에서 형제들은 서로 증오하게 된다. 장자상속제에서는 2남과 3남이 장남의 죽음을 바랄지도 모르는 상황이 만들어졌다. 토지가 없으면 남자들은 생계를 위해서 무엇이든 해야 한다. 사업을 하든지 성직자로 나가거나 아니면 국가의 공직에 복무하거나 군주의 수행원 또는 군인으로서 생계를 유지하거나, 아니면 상속인에게 빌붙어 살거나, 약탈하며 살아야 했다. 부유한 상인의 달하고 결혼할 수도 있다. 그래서 그들은 국가 공직을 늘리거나 군비 경쟁을 하거나 교회에서 성직매매나 뇌물을 받아먹는데 관심이 많았다.

다른 한편 장자상속제가 자본주의 발달에 미친 영향을 보면 대형 농장으로 나누어진 대규모 토지의 영국시스템은, 오직 장자상속제 하에서만 존재할 수 있는 시스템으로서, 순 생산량이 더 많고 단위 노동당 더 큰 이익을 토지에서 얻으며, 자본을 축적하여 새로운 농법을 실험하고 농기구에 대한 투자를 가능하게 하여 확대재생산이 지속적으로 발생 가능하다는 장점이 있다.

영국에서 2차례에 걸쳐 농업 혁명이 일어났는데 그것들은 15, 16세기의 제1차 농업혁명과 18·19세기의 제2차 농업혁명으로 나뉜다. 영국은 집약농업, 윤작(輪作)실험, 가축 개량, 자본주의적 대농장의 경영 등 이른바 신농법의 성공, 아서 영(Arthur Young 1741 1820) 등이 신 농법에 앞장섰다. 1750년 이후 타운센드 경이나 털(Tull, J.) 등을 통해서 네덜란드와 프랑스에서 과학적 농업기술을 꾸준히 받아들였으며 밭작물을 교대로 심는 윤작법으로 가축의 겨울 사료나 비료 생산에도 혁신이 일어나 농업경영 및 가축 사육이 획기적으로 변화했다. 특히 과학적 영농법이 개발되자 일부 농업 대지주들은 노동자의 수를 줄이고도 생산을 증가시킬 수 있었고, 또 일부 대지주들은 아예 농업보다는 목축업을 통해 양모산업으로 뛰어들기도 했다. 게다가 양모업에 뛰어든 대지주들은 자신들의 의회 대표권을 이용하여 합법적으로 울타리를 치는 인클로저 법을 정함으로써 제2차 인클로저 사태가 발생했다. 어느 것이나 17세기의 시민혁명 후 대지주가 승리하고 중농이 몰락하는 추세가 강화되었다.

대지주들이 그러한 농업 개선을 주도했다. 그들의 농업에 대한 열정은 당연히 비판을 불러왔다. 양반이 무슨 천한 일에 종사하는 것이 말이 안 된다는 볼멘 소리였다. 1783년 에드워즈 박사의 영농 개선을 위한 사업 계획은 2세기 전부터 널리 퍼진 느낌을 표현했다. “젠트리들은 농부가 될 권리가 없으며, 그들이 사업을 하기 위해 농업에 들어가는 것은 아마도 그들의 도덕적 의무의 위반일 것이다.” 그러나 이제는 어린 아들들뿐만 아니라 땅을 상속받은 장자들도 농부의 제자로 가기 시작했다. 조지 3세는 “농부 조지”라는 칭호에 기뻐하며, 자신의 영지의 어떤 사람보다 아서 영에게 더 많은 빚을 졌다고 생각하고, 여행용 마차에 아서 영의 책들을 싣고 다녔으며, 모델 농장을 윈저에 설치하고, 메리노

양떼를 사육하며 우량종 번식에 관한 실험을 했다.

블랙베리 마운트의 제임스 스몰에 의해 개선된 노포크Norfolk 쟁기이나 로더햄(otherham)쟁기와 같은 쟁기의 경제성과 간편함은 점차 인정받았고, 중세의 불편하고 많은 가축이 사용되는 도구들은 대체되었다. 메이클(Meikle)의 타작기(1784)는 인간 노동의 노고를 몰아내기 시작했다.

1788년에서 1816년 사이에 농업에 대한 수확, 풀베기, 건초 제조(乾草製造), 풍구(벼·보리·팥·콩·밀 등 곡물의 쭉정이·겨·먼지 등을 가려내는 농기구), 검불절단기, 순무 조각기 및 기타 기계 보조 장치들에 대한 수많은 특허들이 출원되었다. 북부 지방에서는 철문과 울타리가 사용되기 시작했다. 도량형을 통일하려는 논의가 활발하게 전개되었고 추천되었다. 소 품평회, 양모 시장, 쟁기 대회가 전국 각지에서 열렸다. 더럼, 노섬버랜드, 체셔, 레스터셔와 같은 백작들이 실험적인 농장을 시작했다. 수많은 협회들도 설되었다. "농업 지식의 개성자들"의 협회가 1723년에 결성되었지만 단명했다.

1780년부터 1813년까지의 기간은 농업 진보에 있어서 예외적인 활동의 하나였다. 지주들과 농부들은 왕성하게 일했고 엄청나게 많은 자본과 노동의 지출에 박차를 가했다. 새로운 전국 교통과 통신 시설들 덕분에 농부들은 생산물을 전국적으로 판매하여 수익을 얻을 수 있게 되었다; 새로운 땅들이 개간되었다; 공유 경작지와 목초지가 해체되고, 폐쇄되고, 더 많은 이윤을 창출했다; 막대한 돈이 건물과 개선에 쓰여졌다. 생산량이 늘었음에도 불구하고, 가격은 점점 더 높아졌고, 임대료도 덩달아 올랐다. 경제학자 리카도는 "지대 때문에 곡물이 비싼 것이 아니라, 곡물이 비싸기 때문에 (높은) 임대료가 지불된다."라고 말했다.

공유지는 봉쇄되었고, 소농 소유지는 지주로부터 토지를 임차하여 자기의 가축·농구·경영자본을 가지고 노동자를 고용하여 농업을 영위하는 차지농업자 [tenant farmers, 借地農業者]에게 임대하는 대농장으로 합쳐졌다. 영국의 부동산 소유권은 유별나게 집중되어 있었다. 지대는 오른 반면 임금은 정체되어 있었다. 19세기에 이르러서는 지주들의 저택은 호화롭고, 농부의 집은 보통이었으며, 노동자의 오두막은 가축우리 같았다.

농촌 생활의 혁명은 점점 더 상업화된 사회에서 일어나고 있었다. 16세기부터, 런던은 유럽에서 가장 빠르게 성장하는 도시들 중 하나이다. 18세기에 이 역동성은 지방 도시까지 확대되었다. 중세 말기의 낙후된 촌 지역에서 영국은 18세기에 유럽 최대의 상업적 강국이 되었고, 19세기에는 선도적인 산업국가가 되었다.

영국의 농업혁명에 관한 정통학설은 영국의 대농 제도가 농업혁명을 위한 전제조건 중 하나였다고 본다.

1. 농업에서의 기술혁명은 영국의 농촌기관의 '근대화'에서 비롯되었다. '전통적인' 혹은 봉건 소농 농장과 중세의 공유지는 진보에 장애가 되고 있었다. 인클로저와 대농장들은 사유 재산과 자본주의를 창조했다; 그들은 시장을 확장하고 상업적 태도를 확산시켰다. 그 결과는 생산적인 농업이었다.
2. 농업 생산성의 증가로 영국의 초기 산업화는 강한 힘을 받았다. 그것이 산업화의 전제 조건이었을지도 모른. 제조업 도시들은 농업 잉여로부터 절약된 돈으로 건설되었고, 농업에서 해방된 노동력으로 가득 차 있었으며, 개선된 농법에 의해 생산된 식량을 공급받았다. 1차 산업혁명은 농업혁명의 결과였다.

3. 불평등의 증가는 농업혁명의 본질적인 특징이었다. 농업 효율의 성장과 제조업의 확대는 병든 평등 사회에서 이루어질 수 없었을 것이다. 성장과 형평 사이에 트레이드오프가 있다는 생각은 가장 고착된 농업근본주의의 사상 중 하나이다.

영국의 농학자로서 18세기 말 농업혁명기에 농업기술의 개선과 새로운 경영방법의 보급에 힘썼던 아서 영[Arthur Young,1741~1820]은 영국·프랑스 각지의 농업사정을 시찰하고 여행기 등의 저서를 출판하여 명성을 얻었다. 특히 농업근대화의 본질을 포착하여 농업기술의 개선과 새로운 경영방법의 보급에 힘썼다. 저서 《농민의 연중행사 The Farmer's Calendar》(1771) 《아일랜드 여행 A Tour in Ireland》(1780) 《프랑스 여행 Travels in France》(1792) 등은 농촌에 관한 귀중한 사료로서 오늘날에도 널리 이용된다.

아서 영은 중농주의 학파의 케네의 대농(grande culture)과 소농(petite culture)의 구분 (1756, 1757년)에 감명을 받아 그 논리를 영국에 적용했다. 영은 노동집약적인 경작과 가축용 곡물 수확을 증가시켜야 한다고 주장했는데, 그러한 경작은 큰 초기 운용 자본의 지출이 필요했다. 영은 대농들이 소농들보다 금융에 더 잘 접근할 수 있다고 믿었고, 그래서 농장의 합병은 자본의 집약도 증가, 고용 증가, 그리고 수확량 증가로 이어진다고 주장했다. 영은 프랑스 시찰을 계기로 심지어 소농 소유를 비하하기까지 했다.

"여행하기 전에 나는 소농은 경작을 잘하고, 그런 농장의 점유자는 지불해야 할 임차료가 없기 때문에 편안하게 일을 개선하고 활기찬 영농을 영위할 수 있다고 생각했다. 하지만 내가 프랑스에서 본 것으로 나는 그들에 대해 좋게 생각하던 아음이 크게 줄였다."

그러나 그는 공정을 기해서 소농의 장점도 거론했다.

"소유자들의 근면은 너무나 눈에 띄고, 또 너무나 칭찬할 만하다. 그것은 토지 재산이, 다른 모든 것들 중에서, 심각하고 끊임없는 노동에 가장 적극적인 자극제라는 것을 증명하기에 충분했다. 그럼에도 불구하고, 오직 대농들만이 자본집약적인 농업을 실행했다. 아주 다양한 사례로 만난 소농 영농은 상상할 수 있는 만큼 나빴다."

아서 영은 소농보다 대농이 농법 개량과 실험 그리고 특히 자본을 빌리는 데 유리하다고 보았다. 자본이 희소하고 따라서 자본을 빌리는 데 비용이 많이 들던 당시에는 아마도 대농이 유리했던 것으로 보인다. 장자상속제는 대농 소유를 강화하든지 아니면 최소한 악화시키지는 않았을 것이다. 다른 한편, 균분상속은 갈수록 보유되는 토지의 면적을 줄이는 경향이 있고 이는 언젠가는 멈추어야 한다. 소농이 토지 단위당 더 많은 산출을 할 수 있다 하더라도 그것은 균분상속제 하에서는 몇 세대 이상 지속될 수 없다.

바이킹과 장자상속제

갑작스러우면서도 극적인 바이킹의 등장은 오랫동안 연구자들을 당황케 하였다. 서기 793년 6월 8일, 바다를 건너온 전사들이 잉글랜드 해안의 린디스판(Lindisfarne)의 기독교 수도원을 공격했다. 교회는 파괴되었고, 수도사들은 살해당했으며, 약탈자들은 수도원의 보물로 배를 가득 채우고 고향으로 귀환했다. 이 사건은 오랫동안 바이킹 시대의 시작으로 여겨져 왔다.

린디스판의 약탈은 향후 아이슬란드, 그린란드, 그리고 짧은 기간이지만 캐나다의 뉴펀들랜드까지 이어지는 바이킹의 확산의 서막이었다. 동쪽으로는 오늘날 서부 러시아와 우크라이나의 하천들을 지배했고, 콘스탄티노플로 사절을 보내기도 했으며, 북아프리카, 바그다드와 교역을 하기도 했다.

왜 바이킹은 하필 이시기에 갑자스럽게 폭발적인 약탈을 시작했던 것일까?

아마도 토지와 여자와 노예 획득이 주목적이었을지 모른다. 역사적 사료에는 "바이킹들은 노예를 획득하고, 운송하고, 매각하였다"고 분명히 기록되어 있다. 노예들은 스칸디나비아 인구의 약 25%정도를 차지하였을 것으로 추정되고 있다. 노르웨이 사가(saga)에서도 노예를 언급하며 그들에게 멍청이, 땅딸막이, 역겨운 놈 등의 경멸적인 이름을 붙였다고 전한다. 바이킹들은 노예를 잡아가는 버릇이 있었다. 노예제도는 대부분의 사람들이 알고 있는 것보다 북구 사회에서 훨씬 더 큰 역할을 했다. 노예 즉, 그들이 "thralls"이라고 부르던 노예들은 대부분의 북구 지역사회에 존재했고, 많은 노예들은 유럽 전역의 바이킹 습격에서 잡혀간 자들이었다. 전사들은 대부분의 시간을 싸움이나 술로 보냈지만, 마을 주변에서 많은 일을 하는 것은 노예들의 몫이었다.

현대 아이슬란드인들의 DNA를 분석한 결과 아이슬란드 남성의 약 80%는 노르웨이, 스웨덴, 덴마크와 같은 스칸디나비아 국가에서 온 북구 사람들이었다. 아이슬란드는 물론 북구 정착민들이 세운 식민지였다. 그러나 어머니에게서만 전해지는 미토콘드리아 DNA를 바탕으로 보면 여성 정착자의 절반 이상이 켈트족이었는데, 이는 그들이 아일랜드, 스코틀랜드, 영국의 서북부 섬에서 왔다는 것을 의미한다. 그래서 본질적으로 아이슬란드를 세운 자들은 북구 남자와 켈트족 여성들이었다.

그 이유는 무엇보다도, 바이킹은 젊은 여성 노예들을 선호했기 때문이었을 수 있다. 습격당한 이 소녀들은 가내 노예생활에 내몰리면서 정기적으로 강간당했을 것이다. 여성에 대한 욕망은 9세기에 바이킹이 영국을 침략하기 시작한 이유에 대해 많은 것을 설명할 수도 있다. 일부 학자들은 초기 북구 사회가 일부다처제였다고 제안하고 있다. 권력 있는 족장들은 여러 명의 부인과 결혼하여 다른 남자들에게는 짝을 짓을 수 있는 충분한 수의 여자들이 없었을 수도 있다. 이 이론에 따르면, 스칸디나비아에는 배우자로 맞을 수 있는 있는 여자들이 거의 없었기 때문에 바이킹은 처음으로 여자들을 찾기 위해 바다로 나아갔다.

이 이론은 아이슬란드로 정착하기 위해 떠나는 바이킹들이 왜 영국에서 여자들을 구했는지 설명할 수 있을 것이다. 스칸디나비아에는 섬에 정착하는 것을 도울 수 있는 충분한 수의 여성들이 없었다. 만약 그렇다면, 북구 바이킹 습격자들이 도중에 영국에 들러서, 남자들을 죽이고, 여자들을 아이슬란드로 잡아가서 일도 시키고 성적인 욕구도 채우면 일석이조였을 것이다.

바이킹들은 또한 토지 경작지를 얻으려고 모험을 떠났을 것이다. 과잉인구론으로 이 토지 부족을 설명하는 이론도 있지만 토지/인구 비율은 그리 크지는 않았던 것으로 보인다. 문제는 장자상속제에 있었다. 특히 큰아들이 모든 것을 얻었기 때문에 그다지 많은 것을 물려받지 못한 어린 아들들에게 먹고 살기에 충분한 토지가 충분하지 않았다. 일이 없고, 소득을 얻을 방법이 없기 때문에 차남 이하 아들들은 해외로 가서 다른 곳에서 토지와 여자와 노예들을 찾으려고 했을 것이다. 장남은 거의 모든 것을, 적어도 모든 땅을 얻었다. 그래서 어린 아들들은 전사가 되는 것 외에 할 일이 별로 없었다. 그리고 물론 전사들을 부르는 소리가 있었다. 용병처럼 돈을 낼 준비가 되어 있는 사람에게 당신의 무력을 파는 것이다. 그리고 그것이 그들이 영국에서 한 짓이다. 그들은 아이슬란드, 파로 제도(Faroe Islands),, 그린란드처럼 경작 가능한 땅을 찾아 정착하고 살 수 있는 새로운 땅을 발견하기 위해서 습격을 했다. 이상적으로는 그 땅은 사람이 살지 않는 곳이어서 그들이 그 땅을 위해 싸울 필요가 없으면 좋겠지만 그들이 싸워야 한다면, 그것 역시 괜찮았다.

아시아의 상속제도

중국의 균분상속

중국은 당(唐)나라 때에 균분상속을 법제화 하였다. 강력한 귀족 가문과 군벌에 의존하게 되면 왕조가 흔들릴 수 있다는 것을 염려한 당(唐)의 통치자들은 자기 영지 또는 기능적 권력 기반이 없는 직업 관리 집단을 만들어서 그런 문제를 해결하려고 하였다. 당나라 법규는 합법적인 상속자들 사이에서 상속 재산의 동등한 분배를 보장하여 사회적 이동성을 허용하고 권문세가 관리가문이 장자 상속제를 통해 토지귀족이 되는 것을 막았다.

중국에서 장자 상속제가 부재했음으로 가부장이 죽었을 때 아들들 사이에 재산분배가 일반적인 관행이었다. 그래서 유럽에서처럼 귀족들이 부상하지 못했다. 만일 2~3세대 동안 가족 구성원 수를 조절하지 못하여 많은 수의 자식을 특히 아들들을 낳아서 장성한다면 조만간 그 가문의 재산은 흩어지고 줄어들어서 평범한 가문으로 몰락할 것이다. 그러므로 각 세대는 잠재적으로 언제나 하층민으로 강등되거나 몰락할 개연성이 있었고 사대부 [士大夫]는 송나라 때부터 실시된 과거에 합격하여 관직에 올라야 사대부의 지위를 유지할 수 있었다. 사대부 신분은 세습이었지만 가족 구성원 중에 누군가가 고위직에 있어서 엘리트에 합류한 가족이 그 구성원 중에 다시 과거에 합격하여 추가적인 고위직에 오를 수 없으면 그 지위가 하락할 것이다. 그러나 당 나라에서는 아직도 공식 관직에 다시 입신할 수 있는 순위가 매겨진 관료제 밖의 다양한 지위 그룹을 유지했다는 점에서 완충장치들이 제공되었다. 중국과 조선 그리고 베트남에서는 균분상속과 과거제의 확립으로 일찍부터 "능력에 의한 통치" –현능정치의 발판이 마련되었던 셈이다. 그렇지만 균분상속은 자본과 재산의 축적을 방해하기 때문에 조선에서는 계[契]와 문중[門中]의 발달을 촉진했다.

조선시대에 발달한 계는 공동체라기보다는 이익집단 내지 기능집단으로 보는 것이 타당하다. 즉, 계는 촌락이나 도시와 같은 지역사회 자체가 아니라, 지역사회 내부에 존재하는 특정한 이해 또는 여러 가지 이해를 공동으로 추구하기 위하여 조직된 하나의 집단인 기능집단의 일종으로 볼 수 있다. 아마도 균분제로 인한 자본 축적의 어려움이 이러한 자본의 풀링(pooling)의 배경이었을 것이다. 계의 종류는 '셀 수 없을 정도'라고 하였을 만큼 많았다. 계의 분류는 조직 목적, 외적 형태, 기능 등을 기준으로 하였다. 특히 기능에 따랐던 것이 일반적인 경향이었다.

이슬람의 균분상속

이슬람 상속법에 따르면, 남자든 여자든, 아들이든 딸이든 부모나 가까운 친척이 남긴 유산에 대한 권리가 있다.

"남자에게 부모와 가까운 친척이 남기는 것에서 몫이 있고, 여성에게 부모나 가까운 친척이 남기는 것에서 몫이 있다. 많든 적든, 확실한 몫이다."(코란, Surah Nisa' 4:7.)

부모가 죽으면 아들과 딸은 2:1의 비율로 자기 몫의 유산을 물려받는다. :

"알라신은 당신에게 당신의 자녀와 관련하여 맡긴다. 한 아들의 몫은 두 딸의 몫과 동일하며, 만일 [자녀]가 딸들뿐이고 둘 이상일 경우, 그들의 몫은 유산의 3분의 2이며, 딸이 하나뿐일 경우 그녀의 몫은 절반이고, 각 부모는 죽은 자식이 아이가 있을 경우 유산을 6분의 1씩 상속한다. 만약 고인이 자식이 없고 부모가 유일한 상속인이면 어머니는 3분의 1을 상속받으며, 고인이 형제가 있다면 어 유언 집행과 고인의 빚을 청산한 후 어머니는 6분의 1을 상속받는다. 당신은 당신의 부모와 자식들 중 누가 당신에게 가장 이득이 되는지를 모른다. 이것은 알라의 명령이다. 확실히 알라는 전지전능하다."(Surah Nisa, 4:11.)

아들이 딸보다 2배의 유산을 받는 이유는 남자는 알라신이 다른 사람들보다 그들에게 조금 더 많은 이점을 주고 그들의 수단으로부터 여자들을 부양하기 때문에 여성의 보호자 및 감독자라는 책임을 지기 때문이라고 한다.

이븐 아빌유자(Ibn Abil'uja)는 아할(Ahwal)에게 말했다. "왜 약한 여자는 한 몫, 부유한 남자들은 두 몫을 받아야 하는가?"라고 말했다. 그는 '나는 이맘 사디크(Imam Sadiq)에 대해 같은 질문을 했다. 그는 아킬라(피의 대가), 나파카(nafaqah, 남편의 아내의 재정적 부양책임), 지하드(Jihad, 성전) 등 어떤 것들은 여성에게 의무가 아니며, 그들은 남성들에게 의무적이다. 따라서 2몫이 남성에게, 1몫은 여자에게 지정되었다.라고 대답했다.(Bihar al-Anwar, vol. 104, p. 327)

이슬람의 균분상속은 이슬람 사회에 어떤 영향을 주고 역사의 궤적을 어떻게 변경시켰을까?

대략 10세기경에 중동은 생활수준, 기술, 농업 생산성, 읽고 쓰는 능력 또는 제도적 창조성으로 측정했을 때 세계에서 가장 선진적인 경제를 가진 지역 중 하나였다. 당시에는 중국만이 이슬람보다 더 발전했을지도 모른다. 하지만 그 후, 중동은 자원을 모으고, 생산적인 활동을 조정하고, 교류할 수 있는 능력을 크게 증대시킨 서구의 제도적 변혁을 따라가지 못했다. 중세 초기 유럽보다 높은 생활수준과 경제발전을 이룩했던 이슬람 세계는 12세기 이후 점차 정체하는 모습을 보여준다. 특히 근대의 관점에서 볼 때 중세 이후 유럽과 이슬람 세계가 보여준 장기적인 분기 추세는 흥미롭다.

사실, 중동의 제도는 계속 발전했다. 그러나 경제적 근대화에서 중심적인 특정 제도들에서는 최소한 서구의 구조적 변혁과 대비할 때 그리고 이슬람 초기 세기 동안의 중동 자체의 제도적 진화와 비교할 때도 아주 작았다. 18세기 카이로에서 신용 관행은 10세기의 관행과 거의 차이가 없었다. 마찬가지로, 투자자와 거래자들은 8세기 전에 널리 퍼진 것과 본질적으로 동일한 기업형태를 사용하고 있었다. 19세기가 되면, 서유럽에 비해, 중동 전체는 분명히 "저개발" 상태였다.

두 번째 천년 기간 동안 중동의 서유럽과의 상업은 점점 유럽의 지배

아래 놓이게 되었다. 두 가지 요소가 중요한 역할을 했다. 첫째, 이슬람 상속제도로 인해 한 파트너가 사망하면 동업이 해체되기 때문에 중동의 상업적 사업은 작고 한시적으로만 유지가 가능했다. 또한 동등한 유산 상속 때문에 이슬람 세계는 또 장기적으로 자본을 축적하기 어려웠다. 사업가가 사망하면 다수의 부인과 자식들에게 재산이 분산되는 결과를 낳았고 따라서 자본축적은 역행되었다. 일례로 17세기 카이로에서 현대의 스타벅스처럼 커피하우스 체인점을 운영하면서 사탕수수에도 투자했던 부호 이스마일 아부 타키야(Abu Taqiyya)가 사망했을 때 그의 재산은 4명의 부인과 11명의 자식에게 분산됐다고 한다. 실제로, 재산을 분산시키기 위해 고안된 상속 규칙 때문에 아부 타키야의 사업 제국은 무수히 많은 단기 계약을 기반으로 하였고 그가 사망한지 십 년 이내에 그의 사업제국은 소멸되었다. 따라서 세계경제가 나아가던 방향으로 볼 때, 아부 타키야게게 득이 되었던 법제는 전혀 최선이 아니었다. 이로 인해 중동과 일반적 이슬람 문명이 전반적으로 쇠퇴했다. 그래서 또한 잃어버린 시간을 보충하기 위한 방어적인 제도를 이식해야 했다. 아부 타키야의 알려진 목표와 관련하여 이슬람 법제는 정적으로 효율적이지만, 역동적으로는 비효율적이었다.

둘째, 일부 유럽 상속제도는 조기 해산의 가능성을 줄임으로써 크고 튼튼한 파트너십(동업, partnership)을 촉진했다. 서구의 상업적 파트너십이 복잡해지면서 더욱 발전된 제도로 진화하고 있을 때 중동지역의 상업 기반시설, 특히 이슬람 파트너십 법제는 수세기 동안 정체된 상태로 유지되었다. 초기에는 이슬람의 동업사업과 유사한 서구의 파트너십 법률은 보다 다양하고 유연한 상속 체계와 결합되어 기업 성장, 복잡성 및 장수를 촉진했다. 서구에서 사업 단체(corporation) 형성은 크고 오래 가는 기업의 발전을 위한 대안적인 경로를 제공했다. 아부 타키야가 명성을 쌓아 가던 16 세기 후반에 주주가 수백 명이 넘지는 않더라도 수십 명에 달하는 지속되는 합자회사들이 세계 무역의 확장을 주도하고 있었다. 초기 해외 기업은 서구에서 유래했으며 상인들은 공통 관심사를 추구 할 수 있는 영구 조직을 형성하는 오랜 역사를 가지고 있었다. 당대의 이집트 장거리 상인에게는 정식 조직이 없고 길드조차 없었다. 따라서, 그것들은 크고 지속되는 강한 글로벌 무역회사를 구성하기에 부적절했다. 이슬람 율법에서는 단체(corporation) 개념이 없었기 때문에 이러한 경로는 취해질 수 없었다. 결과적으로 유럽 기업은 이슬람 세계의 기업보다 커졌다. 더욱이, 유럽에서는 대기업들이 조직의 변혁을 추진한 반면 중동에서는 항상 작을 수밖에 없는 사업들 때문에 중동의 경제 근대화가 지체되었다.

두 지역의 제도 진화의 차이는 18세기와 19세기의 이슬람 상업위기를 낳았다. 이 위기는 유럽-중동 교역량의 대규모 증가를 배경으로 펼쳐졌다. 그 과정에서 이슬람법에 따라 사업을 하는 상인과 금융가는 서구제도에 의존 할 수 있는 사업들에게 시장 점유율을 잃었다. 이는 서구의 제도가 진화하면서 이슬람의 전통적인 상업제도들은 더 이상 경쟁이 안 되었기 때문이다. 앞서 이슬람법의 형성기 동안 중동의 상업 기반제도는 세계 경제 상황에 크게 잘 적응했었다. 균분상속과 단체(합자회사)의 부재가 이런 결과를 초래한 원인이었다.

일본의 장자상속제

일본에서는 가마쿠라 시대(약1185~1333년)까지는 분할상속이 현재와 마찬가지로 규범이었다. 당시 여자 구성원들은 재산을 물려받을 권리가 있었다. 아버지 자산은 물론이고 어머니의 자산도 딸을 포함하여 모든 자식들에게 나누어졌다. 단독 자식에게 상속하는 개념은 존재하지 않았다. 재산(주로 토지)은 유산 상속을 통해 개별 자식에게 개별적으로 상속되었다.

에도시대에 도쿠가와 이에야스(Tokugawa Ieyasu)가 제정한 법전에는 장자상속제에 대한 언급이 없었다. 에도시대 초기에는 종종 가장 큰 상속분은 가장 재능 있는 아들이 받았다. 그러나 시간이 지남에 따라 그리고 평화가 지속됨에 따라 장자상속제가 규범이 되어서 오늘날에도 그렇게 남아 있다. 공식 법률은 오직 사무라이 계급에게만 적용되었지만 상인들과 농민들 역시 사무라이 법 모델을 따랐다.

메이지 시대에는 모든 시민들에게 사무라이 계급 모델이 채택되었다. 한 명의 개인이 가장 자리와 가족 재산을 전적으로 상속 받았다. 이것은 점령 미군에 의해 본질적으로 권위주의적인 것으로 간주되었으며, 재산의 균분상속은 1945년 이후 법률에 통합되었다. 가장의 개념은 제거되었다. 남성과 여자 자손은 동등한 유산을 보장받았다.

가마쿠라 시대(약 1185~1333년)까지는 균분상속이 규범이었지만, 사망한 부모의 재산의 대다수를 큰 아들만이 차지하는 단독상속 관행은 13세기 후반 사무라이 씨족들 사이에서 점차 일반화되었다. 이러한 변화는 본질적으로 일족의 영토가 더 작은 구역으로 나뉘는 것을 방지하기 위한 것이다. 이 변화는 농부들 사이에서는 사무라이 일족들에서보다 나중에 일어난 것으로 추정되나, 모든 가족 자산을 한 상속인에게 전가하는 관행은 16세기에 자리를 잡았다.

농부들은 14세기 후반까지 성명(명자 및 옥호)을 사용하지 않았다. 농민들 사이에서 가족의 이름을 사용하는 것은 16세기까지 널리 퍼지지 않았다. 상속관행이 분할상속에서 단독상속으로 이동한 결과로 16세기의 한 가족의 가산이 그대로 유지되었다.

다케다 신겐과 우에스기 겐신 같은 유명한 군벌이 서로 싸우고 있던 16 세기 중엽에 가산의 이름과 사업이 한 세대에서 다른 세대로 이어지는 가(ie, 이에 = 家) 시스템이 농민 수준에 뿌리 내리게 되었다 .

일본 에도시대에 가(이에)는 :과거 현재 미래의 성원들을 포함하는 연속적인 개념으로서 가족 구성원이 누구인지를 명시하는 규칙을 따랐다. 직계(ちょっけい[直系])는 상속자와 그 아내를 포함하는 이에의 구성원이고 방계(ぼうけい,傍系)는 나머지 형제자매들, 친척 및 하인들을 포함했다. 이부들은 이에 바깥의 사람들이었다.

일본에서의 성(姓)과 명자(名字 = 苗字, 묘자 myoji)의 차이점

오늘날 일본에서 가족 이름을 의미하는 성[性]과 명자가 역사적인 관점에서는 다른 것이다. 성(姓)는 미나모토, 후지와라와 같은 고대 귀족에 의해 사용된 일족 이름을 나타낸다. 일족은 공동조상에 의해 결합된 고귀한 사람들의 집단이다. 헤이안 시대 (794 ~ 1185)에 사무라이 계급이 상승했을 때, 사무라이는 일족의 이름을 사용하기 시작했다. 결국 농민들도 일족 명칭을 사용하기 시작했다. 이 일족 명칭은 무로마치 시대 (1338~1573) 이후에 점점 더 적게 사용되었지만 결코 사라지지 않았다. 그들은 사무라이들이 중요한 행사와 권위를 나타내는 문서에서 사용되었다.

한편, 명자名字(=苗字)는 중세 사무라이가 채택한 개인의 이름(주로 지명)을 지칭하며, 이 이름은 대대로 이어져 결국에는 성이 되었다. 이 유형의 성은 센고쿠시대 (전국시대, 15세기 후반 ~ 16세기 후반)에 농부들이 일반적으로 사용했다. 즉, 에도시대 (1603~1868)에는 많은 비율의 농부가 이런 성을 가졌다. 일본의 고등학교 역사 교과서에서는 농부들이 성을 사용하고 검을 들고 다니는 것을 금지했다고 되어 있지만 실제로는 사무라이에게 제출한 문서에 성을 사용하거나 사무라이 앞에서 그 이름을 사용하는 것만 금지되었다.

가명(家名)과 옥호(屋号 가게 이름)의 차이점

아직도 성을 갖고 있지 않은 농부들이 있었고, 사무라이 앞에서 공개적으로 성을 사용할 수 없었던 사람들도 있었다. 이러한 배경에서 일부 농부들은 명자와 구분되는 이름을 사용하기 시작했다. 그들은 대신 직업명을 사용하기 시작했다.

많은 사람들이 상인과 가게 이름(옥호(屋号)을 연관 짓지만, 사실상 농민도 옥호를 사용했다. 이 유형의 이름을 일본어로 옥호(tsumyo)라고 한다. 옥호는 아버지에게서 장남에게 전해지는 이름이다. 장남이 아버지의 이름을 취하는 행위를 종명(しゅめい[種名 shumei)라고 한다. 토지로(Tojiro)와 카네몬 (Kanemon)과 같은 직명(tsumyo)은 특정 가족의 특징이 되었기 때문에 가족의 이름이 되었다.

메이지 유신 이후 일본 정부는 근대 민족국가를 세우는 과정에서 세금 및 개인 징집을 위한 개인을 식별해야 할 필요성이 제기됨에 따라 종명 관행을 금지했다. 슈메이(종명) 관습은 오늘날 아버지에서부터 아들에게 전해지는 전통이 남아 있는 가부키와 같은 전통 공연 예술에서만 살아 있다. 그러나 에도 시대에 그 관습은 사람들 사이에서 꽤 흔했다. 직명은 센고쿠 (東北) 시대의 농민들에게서도 볼 수 있다.

일본 에도시대의 가정 꾸리기 규칙

일본에 시스템에서 가정을 꾸리는 데에는 규칙들이 있었다.

1) 가(이에) 시스템에서, 한 명의 아들이 부모 집에 남고 나머지는 떠나야 한다. (일자 승계규칙) 그래서 "형제는 타인의 시작이다"라는 속담이 생겨났다.
2) 상속자가 결혼을 하면 바로 곧 이에의 가장이자 관리자가 되지는 않는다. 승계는 결혼부터 아버지 사망 사이에 일어난다.
3) 상속자와 다른 자식들의 결혼 패턴은 다르다. 상속자는 일찍 결혼하는 경향이 있고 나머지 집을 떠나는 자식들은 늦게 결혼하는 경향이 있다.
4) 비상속자 아들들의 결혼은 경제적 조건 특히 토지 접근과 직업 기회에 의존한다. 일반적으로는 직업을 얻는 기회가 중요했다.

도쿠가와 막부 시대 여자들은 상대적으로 늦은 나이인 평균 23살 즈음에 결혼하는 경향이 있었고 출산율은 서구보다 더 낮았다. 남자들은 평균적으로 27살 전후에 결혼했다. 독신으로 죽는 남자의 비율은 10명 중 1명 꼴이었다.

일본의 나카하라 지방에서는 18세기 일본 농민들은 아주 극단적인 형태의 단독상속을 실천했다. 거의 예외 없이 오직 한 명의 아들만이 땅을 물려받았고, 오직 이 아들만이 결혼을 했다. 전형적으로 이 상속인은 장남이었다. 그 관습은 철저하게 지켜졌고, 상속자만 가족에 남고 다른 아들과 딸들은 떠났다,

미국 상속제도의 변천

영국의 초기 식민지였던 뉴잉글랜드에서 상속제는 여러 번 바뀌었다. 처음에 경작지가 풍부하고 개간할 수 있는 토지가 지천에 널려 있을 때에는 아들들 사이에 토지가 그나마 균등하게 분배되다가 다시 장남에게만 주는 관행으로 돌아갔고, 새로운 농지가 개척되면서 다시 평등한 방향으로 흐르다가 또 다시 장자상속제로 돌아갔다. 현대에는 균분상속이 법적으로 성문화되어 있다.

아메리카 정착민들은 영국에서 상속에 대한 기본 개념을 신세계로 가져왔다. 그래서 초기에는 영국에서의 유산에 관한 주요 규칙이 식민지 시대에 재현되었다. 정착민들은 그들의 문화에 그렇게 깊이 각인된 규칙을 그대로 가져왔지만 그들은 개별 식민지의 독특한 상황에 따라서, 처음부터 그것에 토착적인 요소들을 추가하기 시작했다.

법적으로 강제하는 장자상속제는 이미 영국에서 폐지되어 있었고, 미국 정착민들은 처음부터 유언의 자유를 받아들였다. 유언에서 제한 중 하나는 사망자의 부동산 중 일부를 반드시 생존한 배우자의 생계를 보장하기 위해 남겨놓아야 하는 재산인 유류분(遺留分)이었다. 과부의 경우 3분의 1를 유산으로 받았다.

그렇지만 미국 식민지는 본국인 영국과는 달리 유언이 없는 경우에도 원칙적으로 법정상속을 인정하고 이를 그 피상속인의 의사로 추정하는 뜻으로 간주하는 무유언주의[無遺言主義]를 택했다. 영국에서는 유언이 없으면 장남이 토지를 상속했다. 일찍이 17세기부터 뉴잉글랜드 식민지의 대부분은 펜실베이니아와 함께 이 규칙을 폐지했는데, 비록 몇몇 식민지가 성경을 따라서 장남에게 유산 중 2명 몫을 할당하였지만, 모든 자식들에게 평등한 유산을 유지하도록 하였다

농촌 뉴잉글랜드의 아버지들 중 많은 사람들은 장자를 특별 우대하는 공식에 집착했다. 17세기 마지막 10년 동안 매사추세츠 주 서퍽 카운티의 46개 유언장 샘플 중 대부분의 건수(44건)이 남성에 의해 작성되었다. 이 중 절반은 한 명 이상의 아들을 언급했다. 아들이 한 명 이상인 이 아버지들 중 17명은 특별한 처우를 위해 특정 아들을 선별했거나 과거에 특정 상속인이 증여 또는 채무 변제나 지불의 대가로 토지를 받았다는 것을 인정했다. 6명의 경우, 유언자는 특별히 "장남을 위한 2명 몫"이라는 문구를 인용했다.

개인 재산과 토지에서 장자는 2인 몫을 차지했다. 어린 아들 딸들은 1명 몫을 받았다. 독립혁명 전 뉴욕에서 법원은 토지에 대한 장남의 장자장속 권리 이외에 장남에게 개인재산의 두 명 몫을를 배분하여 영국 관습보다 더 장남에게 특혜를 주기도 했다.

성경에 장자에게 2명 몫을 주라는 구절을 신명기에 나온다.

"어떤 사람이 두 아내를 두었는데 하나는 사랑을 받고 하나는 미움을 받다가 그 사랑을 받는 자와 미움을 받는 자가 둘 다 아들을 낳았다 하자 그 미움을 받는 자의 아들이 장자이면
자기의 소유를 그의 아들들에게 기업으로 나누는 날에 그 사랑을 받는 자의 아들을 장자로 삼아 참 장자 곧 미움을 받는 자의 아들보다 앞세우지 말고

반드시 그 미움을 받는 자의 아들을 장자로 인정하여 자기의 소유에서 그에게는 두 몫을 줄 것이니 그는 자기의 기력의 시작이라 장자의 권리가 그에게 있음이니라"

(신명기. 21:15~17)

이러한 관습법으로부터의 일탈을 옹호하기 위해, 매사추세츠 주의 균분 상속 지지자들은 장자에게 특혜를 주면 아버지가 땀 흘려 힘들게 황야를 개간할 때 다른 자식들은 수수방관할 것이고 따라서 변경 개척이 어려워질 것이라고 주장했다.

미국의 독립 후에도 상속법은 거의 변화되지 않았다. 그렇지만 아들들을 공평하게 대우하는 무유언주의가 모든 주에 퍼져 나간 것은 독립 이후의 시기였고, 장남에 대한 2명 몫도 법령에서 사라졌다.

그렇지만 시간이 흐르면서 유언도 다른 식으로 상속을 지정했다. 17세기 중반 매사추세츠 주 앤도버의 황무지에 정착한 1세대 아빠의 96%가 두 명 이상의 아들에게 재산을 분배했다. 앤도버의 정착민 1세대에 한 건의 장자상속만 기록되었다. 한때 공동체를 둘러싼 풍성한 삼림이 개간이 되어 경작이 되고 있던 3대가 되면 아버지 중 58%만이 2명 이상의 아들들에게 땅을 나누어 주었고, 나머지 42%는 한 명의 아들(주로 장남)에게만 재산을 물려주었다. 유언에 의한 아버지 토지의 상속자의 대다수가 장남이었다.

1720년대 이후 아버지로부터 상속을 받을 수 있었던 3대 아들의 4분의 3이 장남이나 차남이었다. 간단히 말해서, 장자상속제는 영국에서 온 초기 정착민들에 의해 버려졌고, 토지가 제한될 때 희석된 형태로 재창조되었고, 조건이 다시 바뀌면 다시 버려졌다.

그러나 1750년 이후 뉴햄프셔가 정착을 위해 개방되면서 매사추세츠 농지(아직도 주요 생산수단)에 대한 압력이 줄어들었다. 다시 한 번, 아들들은 더 동등하게 대우받았다. 1820년대에 들어서면서 점점 더 상업경제가 땅과 별개로 기회를 제공하기 시작한 코네티컷의 지역에서는, 더 큰 땅을 가진 부모들이 재산을 아들들에게 균등하게 분배했을 뿐만 아니라, 달들도 토지를 분할 해 주기 시작했다. 그렇지만 토지가 적은 집에서는 여전히 딸들은 상속에서 제외되었다.

변경 테제와 상속제

프레데릭 잭슨 터너(Frederick Jackson Turner,1861~1932)는 미국의 역사가로서 프런티어의 존재와 그 이동, 진전이 가져다 준 영향을 강조하여 미국사 해석에 새로운 장을 열었다. 프런티어 테제(Frontier Thesis) 또는 터너 테제(Turner Thesis)는 터너가 1893년 논문 《미국사(美國史)에서의 프론티어의 의의》에서 제창한 테제로 미국 민주주의가 미국 변경에 의해 형성되었다는 주장이다. 그는 변경이 점점 더 서부로 이동해 가는 과정과 그런 과정이 개척자들에게 미치는 영향을 강조했다. 그는 특히 미국의 민주주의, 평등주의, 고급문화에 대한 무관심, 폭력은 변경 확장의 일차적인 결과라는 점도 강조했다. 그에 따르면 미국의 민주주의는 이론가의 꿈에서 탄생한 것이 아니라 아메리카의 숲에서 나왔고 새로운 변경을 접할 때마다 새로운 힘을 얻었다.

변경 테제에 따르면, 17세기에 동부 해안에 도착한 최초의 정착민들은 처음에는 유럽에서와 마찬가지로 행동하고 생각했다. 그렇지만 그들은 유럽에서 알았던 것과는 다른 환경적 도전에 직면했다. 특히 유럽과는 달리 신대륙에서는 경작되지 않은 땅들이 지천에 널려 있었다. 그래서 그들은 유럽에서처럼 좁은 지역에 갇혀 살면서 서로에게 적응하고 그 자리에서 문제를 해결하고 서로 화평하게 살 필요가 없어졌다. 한정된 자원을 놓고 형제들끼리 부모의 유산을 놓고 다툴 필요도 크게 줄었다. 그들은 균등하게 상속을 받고 새로운 땅을 개척하면 되었다. 모든 사람은 평등했다. 끝없이 펼쳐져 있는 변경이 있는 한 그들은 불평등과 위계질서의 족쇄를 버리고 언제든지 변경으로 가서 자신의 삶을 개척할 수 있게 되었다.

후속 세대는 내륙으로 더 이동하였고 정착지와 황야를 가르는 경계선은 계속 뒤로 물러갔다. 남을 것인가 아니면 떠날 것인가 하는 본질적인 긴장은 늘 존재했다. 그 과정에서 기성 교회, 기성 귀족 국가, 간섭하는 정부, 계급 기반 토지 분배 같은 유럽의 제도와 문화들은 더 이상 실정에 맞지 않게 되었고 점차로 버려졌다. 모든 세대는 더 서쪽으로 이동했고, 더 미국적이고, 더 민주적이 되었고 더욱 더 개인주의적이 되었다. 그들에게 위계질서는 거추장스러운 쓸모없는 구시대의 유물에 불과했다. 그들은 더 폭력적이고, 더 개인주의적이고, 권위를 불신하고, 실용적이며, 학문을 경멸하게 되었다.

그 테제에서 미국의 변경은 유럽인의 사고방식에서 미국인을 해방시키고 유럽의 관습들을 낡고 더 이상 미국 식민지에서는 기능하지 않는 것으로 만들었다. 변경은 상비군, 제도권 교회, 귀족들, 그리고 대부분의 땅을 지배하고 무거운 지대를 부과하는 토지 젠트리를 불필요하고 장애가 되는 구습으로 만들었다. 프런티어 땅은 공짜였고 맨 손으로 자기의 부와 가정을 일굴 수 있었다.

미국의 독특하고 참된 민주주의는 팽창하는 변경(프론티어)의 산물이라는 프레데릭 잭슨 터너의 프론티어 테제는 만일 열려있는 변경이 없다면 미국이 자랑하는 여러 사회적 문화적 경제적 제도들 즉 민주주의, 균분상속을 비롯한 평등주의, 개인주의, 무계급 사회, 위계질서에 대한 불신 같은 제도와 문화들이 위협에 처하게 될 것임을 시사한다. 변경은 "미국이 계속적으로 목욕하여 다시 젊어지는 젊음의 샘"이었다. 그에 따르면, 그것이 없다면, "계급들 사이 분열이 생기고 그 분열은 큰 간극으로 벌어진다." 개척자들은 제국의 '전위대'이었다.

변경 테제와 미국의 대외팽창 정책

터너는 1890년대에 변경이 닫히고 있다고 보았다. 그는 그것의 함의에 대해 우려했다. 거의 같은 시기에 브룩스 애덤스(Brooks Adams, 1848~1927)는 미국의 독특하고 참된 민주주의는 대외 팽창정책에 의해서만 보존될 수 있다는 테제를 주장했다.

터너와 애덤스가 직면했던 19세기 말에는 이미 철강 산업과 수송시스템은 완성되었고 경제성장 속도는 둔화되고 있었다. 신기술은 아직 돌파구가 열리지 않았다. 트러스트. 지주회사 그리고 기업들은 개인 사업자들을 삼키기 시작했고 농업은 더 이상 가족 사업이 아니었다. 공공 영역 개발은 점점 더 대자본이 통제하기 시작했다. 1891년에 인구통계국장은 다음과 같이 말했다. "더 이상 변경은 없다."

터너와 애덤스는 미국 민주주의의 열쇠는 사회에 이해관계가 걸린 사람들과 집단들 간의 다이내믹한 경쟁이라는 전통적인 보수 철학을 믿으면서 자랐다. 이 이해관계란 쉽게 얻을 수 있고 광대한 토지 공급이었다. 철도, 강철 공장, 밀 생산은 토지자원 및 부의 통제에 기초한다는 면에서 유사했다. 그들에게 지금 미국 민주주의를 돌아가게 하고 유지시키는 혈액은 사라졌다.

결과는 참혹했다. 부동산 투기는 급속하게 붕괴했으며. 밀 가격은 꾸준히 하락했다. 사람들은 더 이상 서부로 가지 않았다. 사람들은 더 이상 지주가 되지 못했다. 소유가 아니라 임차가 미래의 제도인 것으로 보였다. 캔자스에서 동부로 18만 명이 역이주했다. 노동자의 실질 임금 상승률도 정체했다. 1889~1898 사이에 임금은 하락했다. 공장들이 아이다호, 콜로라도, 버지니아에서 파업했다. 노동자들은 일거리를 찾아서 농촌을 배회했다. 그들의 부인들은 집에서 쓰레기통을 뒤져서 먹을 것을 찾았다.

브룩스 애덤스도 인구통계국장의 암울한 보고에 대면했다. 대륙의 서부는 다 찼다. 미국은 더 이상 변경이 없다. 1893년에 애덤스도 변경 테제라는 사상에 도달했다. 그러나 일반인들은 그의 연구에 관해 아무 것도 몰랐다. 그의 논문은 유력한 뉴잉글랜드 인사들과 공유되었고, 그들은 다시 이것을 공식적인 미국 정책으로 실행했다.

브룩스의 논문은 "문명과 쇠락의 법칙 The Law of Civilization and Decay"이라는 원고였다. 그것은 세계에 대한 변경 테제였다. 터너와는 달리, 애덤스는 세계를 그의 주제로 삼고 심리학과 경제학의 도움을 빌어 그것을 연구했다. 세계 문명의 중심은 경제적 부와 기회의 변경을 따라서 지중해 분지에서 서유럽을 거쳐 대영제국으로, 지구를 서진한다고 그는 결론 내렸다.

그는 아시아를 미국의 경제적 식민지로 만들 공격적인 팽창정책을 제창했다. 러시아는 가장 위험한 적이지만 일본도 주의해야 한다. 그들을 서로 적대하게 만들어야 한다. 그러면 미국은 광대한 아시아라는 변경의 주인이 될 것이었다. 그래서 터너와 애덤스는 변경에 관한 연구에서 같은 결론에 도달했다. 그들에게 변경을 계속 팽창시키는 것이 경제적 사회적 정치적 위기를 해소할 무기였다.

다윈의 퍼즐과 장자상속제

찰스 다윈의 아들 프란시스에 따르면 다윈은 영국인들이 장남에게 토지를 우선적으로 물려주는 관습인 장자상속제가 부당하다고 분노를 표명했다고 한다. 영국에서, 장남에 대한 이러한 선호는 16세기 초에 상류층 사이에 퍼졌고 18세기에 이르러 엘리트들 사이에서 규범적인 장자상속은 그 아래 계급들에 의해 모방되었다.

다윈은 아들 선호에는 무심했다; 그는 그것을 그저 당연하게 여겼고 아예 고려 대상으로 생각하지 않았다. 그러나 다윈은 아들들의 처우에 관심이 있었고 아들들을 공정하게 대우하지 않는 장자 상속제를 혐오했다. 게다가 다윈은 장자 상속제를 완전히 자연선택에 반하는 관행으로 여겼다.

극단적인 경우이지만, 장자상속제는 부모가 자식들 중에서 누구에게 얼마나 많은 양을 할당해야하는지에 관한 널리 반복되는 다양한 역사적 인구통계학적 환경적 배경에서의 딜레마에 대한 응답으로 세계 각지에서 종종 독립적으로 발전된다. 장자상속제의 수수께끼를 세 가지 관점에서 살펴보자. 왜 자원을 단독 상속인에게 물려주는가? 왜 남아를 선호하나? 왜 장자를 선호하나?

단독상속

단독상속은 자산분할이 비용을 수반할 때 실행되는 경향이 있다. 귀족들에게, 이러한 비용은 종종 경제적일뿐만 아니라 매우 상징적이고 정치적일 수 있다. 최소한의 토지가 결혼과 번식에 결정적인 역할을 하는 유라시아와 미국의 농경 사회에서 더 이상 새 농경지를 개간하든지 다른 지역을 정복하지 못하여 농경지가 포화상태가 되어 있으면 부모들은 토지상속자를 선별하고 다른 아들들에게 작은 보상을 남겨주고, 딸들에 대해서는 지참금 또는 소액의 재산을 남겨둘 수밖에 없었다. 사실 결혼한 남자를 나타내는 단어인 "husband"는 13세기에 자신의 집과 땅을 소유한 농부를 지칭하기 위해 사용된 고영어 "husbond"에서 유래되었다. 집과 땅이 있어야 장가들 수 있었기 때문이다. 농민들은 한 필지의 토지를 아버지에게서 아들에게로 세습시키는 경우가 많았다. 번식 자격은 최소한의 토지 보유에 달려있었다

짝짓기 시스템에 대한 대부분의 사회생물학적 모델은 암컷이 제한된 자원이며 가능한 한 많은 암컷에게 씨를 뿌리는 것이 수컷에게 최적의 전략이라는 가정 하에 세워졌다 따라서 수컷들은 짝을 얻기 위해 다른 수컷들과 경쟁하는데, 그 결과 거의 모든 암컷들이 번식을 하지만 수컷들은 단지 소수만 자식을 번식하게 된다. 그러나 교배 기회는 단지 암컷에 대한 접근 여부에 의해서만 제한되는 것이 아니라 자원에 대한 접근 또는 자원을 소유한 짝에 대한 접근 여부에 의해서도 제한된다는 것은

명백하다.

자원 기반 즉 토지기반 시스템에서 경쟁력 있는 자손을 생산하려면, 부모는 자식들에게 자원(주로 토지)를 소유권 이전을 할 때 그 목적에 부합하는 최적으로 분배하는 방법을 의식적으로든 또는 무의식적으로든 찾아야 한다. 부모에게 선호되거나 더 많은 재산을 물려받은 상속인(일반적으로 남성)은 더 많은 짝들 또는 더 좋은 짝을 끌어들이는 위치에 있게 될 것이다. 더 젊거나 더 아름답거나 더 돈이 많건 지위가 높은 짝을 만날 개연성이 더 높아진다.

농경지의 부족이라는 생태학적으로 제약에 대응하여 또는 다음 세대로 안정적으로 이전하려는 봉건적 토지 소유자들은 토지가 분할되어 세대를 내려갈수록 토지가 잘게 쪼개어져 나중에는 번식은커녕 생존 자체가 위협받는 상황을 방지하고자 했다. 그래서 그 경우에 단독상속이 선호되고 관습화되는데 이는 전형적으로 “직계가족[stem family]” 시스템과 연관된다. 반면, 분할상속[分割相續]을 하여도 어느 정도 생존과 번식이 가능한 경우에는 아들 형제들이 결혼을 한 뒤에도 부모와 함께 거주하며 한 가족을 이루어 살아가는 복합가족[joint family, 複合家族] 형태 또는 핵가족이 발생하는 경향이 있다.

아버지가 얼마나 많은 상속인들을 감당할 수 있는지는 보유하고 있는 토지와 새로운 토지의 발견, 획득 그리고 토지의 생산성 같은 현재 생태학적 조건에 달려있다. 유라시아와 미국 역사에서 다른 시기에, 농부들은 생태학적, 인구학적 순환의 한 단계나 다른 단계에 있다는 것을 알게 되었다. 낮은 인구밀도에서는 토지가 넓고 풍부하므로 열심히 땀 흘리면 새 토지를 얻을 개연성도 크므로 상속자들 사이에서 분할될 수 있다. 더 많은 포화상태의 서식지에서, 토지를 이용할 가능성이 감소하고 소유지 면적이 줄어들면 일반적인 빈곤이 발생하거나, 그렇지 않으면 토지를 자식들에게 균분하지 않고 상속인 1명 또는 몇 명에게만 양도하는 경향이 증가하였다. 만일 인구가 감소하거나, 새로운 변경이 열리거나 또는 새로운 고용 기회가 생기면 그러한 토지에 대한 압박을 완화될 것이다.

지속적으로 인구가 증가하면 식민지를 개척하지 않거나 새 땅을 개간하지 않거나 다른 나라 토지를 정복하지 않거나 또는 도시로 이주하지 않으면 토지는 희소해지고 개인들의 소유 면적은 감소하게 된다. 농부들은 모종의 단독상속을 실시하지 않으면 세대가 거듭되면서 자손들은 점점 더 가난해질 것이 명약관화하다. 그래서 그들은 어느 시점에서는 단독상속 아니면 생존과 번식에의 위협 중에서 선택해야 한다. 물론 토지의 새로운 변경이나 직업 기회가 열리면 다시 부모들은 자연적인 자식사랑에 따라서 자원들을 나누어 줄 것이다.

영국의 사회사학자 시슬리 하웰Cicely Howell은 “모든 아들을 위한 충분한 땅이 있었던 곳, 또는 토지가 특별히 중요하지 않았던 곳, 그리고 토지와 동산의 구분이 가족의 생존에 중요하지 않은 곳에서 분할 상속이 발견된다.”고 지적한다. 번식과 생존을 위한 짝짓기를 위해서는 최소한의 농지가 필수적이며, 18~19세기 일본처럼 토지가 부족한 경우에는 극단적인 단독상속이 발견된다.

토지 기반 번식 시스템에서 비교적 큰 토지를 소유한 부모들은 비교적 작은 토지를 가진 부모들과 생태학적 조건에 다르게 반응할 것이라는 가설을 세울 수 있다.

이 모델에 따르면 광대한 토지를 가진 부모는 모든 아들들에게 상속하여 자원이 분산되는 것을 막는 한편 자원을 더욱 확장하려고 할 것이다. 그래서 그들은 각 아들에게 필요한 최소의 토지 또는 그것과 엇비슷한 가치를 갖는 현금을 제공하는 한편 생산적인 토지의 대부분을 1인 또는 몇 명의 아끼는 아들들에게만 나누어 줌으로써 자원이 줄어드는 것을 막고 토지에 대한 압력에 대응하려 할 것이다. 이와는 대조적으로, 땅이 부족한 부모들은 균분상속을 하면서 수축하는 자원에 반응할 것이다. 한 자식이 그 자원을 다 가졌다고 그 자식의 생존과 번식 가능성이 훨씬 더 좋아지는 것이 아니기 때문에 상황이 불확실한 경우에는 많은 자식들에게 평등하게 나누어 주어서 그 중의 누군가가 살아남고 번식에 성공할 확률이 더 높다. 그래서 그런 상황에서는 부모들은 유산을 엇비슷한 양으로 아들들에게 나눌 것이다. 극단적인 유라시아의 경우, 동등하게 불확실한 결과들에 대해서 동등하게 베팅하는 것이 최선의 전략이었다.

단독상속은 보통 직계가족 형태와 연관되어 나타나는 경우가 많은 데 이 직계가족 제도의 한 세대에서 다음 세대로 가족 농장과 다른 재산들을 온전히 유지하여 전달된다는 커다란 장점이 있다. 만일 한 명 이상의 아들이 집에 머물면서 결혼을 했더라면, 아버지의 사망 이후 재산을 분할하라는 압력이 강했을 것이기 때문에, 이 단독 상속 규칙은 시행하기 어려웠을 것이다.

다윈의 관점에서 보면, 자식을 많이 낳으면 그들을 먹여 살려야 하는 비용이 증가하고, 나중에 나누어 주어야 자원은 줄어들고, 더구나 자식 1인당에게 물려줄 유산은 더욱 줄어드는 트레이드오프[trade off]가 있다. 부모들은 자식들의 수를 최대한 늘리고 싶지만 가용한 자원은 희소하기 때문에 결국 선택을 해야만 한다. 만일 한 자식을 더 선호하고 그에게 많은 유산을 물려주면 그는 안전하게 생존하고 번식하겠지만, 인생에서 출발하기에 충분한 지분을 받지 못한 나머지 자식들은 상대적으로 불확실한 미래에 직면할 것이다. 토양의 고갈, 경제 발전, 또는 변경의 확장으로 환경이 변화할 대에 이 혼합 전략은 자원을 그대로 보존하면서 동시에 나머지 자식들도 상당한 부가 있는 도박이 되므로 장기적으로는 최적 전략일 것이다.

다윈의 진화론적 관점에서 단독상속은 부나 토지 보유가 뛰어난 생존능력, 생식능력 등 진화적 관점에서 봤을 때 더욱 많은 자손을 남길 가능성이 높아지는 유리한 특성인 진화적 적합성(evolutionary fitness)과 상관관계가 있는 경우, 부모들은 특정한 자손을 편애함으로써 장기적인 적합성을 보장하려는 전략으로 볼 수가 있다. 인간 역사에 걸쳐 셀 수 없이 많은 단독상속을 볼 수 있다. 이론적으로, 물론, 완전히 일부일처제 번식 시스템에서는, 편애되는 상속자가 남자일 필요는 없어 보인다. 그렇다면 왜 이 편애되는 상속자들이 종종 아들들일까?

아들 선호

가부장적 성향은 뿌리가 깊다. 기원전 126년 이집트에 살고 있는 그리스 군인이 파피루스에 쓴 가장 오래된 유언장 중 하나에는 딸들을 제껴두고 외아들을 선호하는 유언이 담겨 있다. 이러한 유형의 아들 편견은 고대 근동에서 광범위한 지역의 특징이었다.

웨지우드 효과(Josiah Wedgwood effect)는 아들 선호에 대한 일반적인 패턴을 가리키는데 이는 다윈의 친척인 조시아 웨지우드((Josiah Wedgwood)가 영국의 유언들을 분석하면서 "아들이 딸들보다 더 많은 몫을 받는 것은 내 표본에서 부유한 전임자들 사이에서 흔한 일로 보였다"고 말했던 데에서 유래한다. 또한 그는 더 작은 토지의 경우, 동등한 분할이 훨씬 더 흔하다고 관찰했다.

인간과 유인원들에서 암컷은 짝짓기나 결혼을 위해 이주하는 반면, 수컷은 태어나고 자란 장소에 남아 있는 경향이 있다. 이러한 유인원 남성이 나고 자란 영역에 남아 있는 성향으로 인해서 남성-남성 결합과 혈연적 결합이 용이하게 된다. 남자들 사이의 동맹은 사실 그러한 동맹들이 경쟁하는 다른 남자들로부터 방어할 필요성에서 비롯될 수 있다. 여하튼 수컷들이 자기 집근처에 머물려는 경향성 또는 본거지에 돌아오려는 경향성인 유소성 [philopatry, 留巢性,]으로 말미암아 암컷이 떠나거나 아니면 가까운 혈육과 짝짓기 하여 번식해야 한다. 이렇게 여자가 떠나야 하는 데에는 여자들에게 특히 여성의 자율성 측면에서 상당한 비용이 발생하는데, 이는 여성이 근연 친족의 지원이 없는 사회적 단위로 이동하기 때문이다.

인간들 사이에서 여성에 대한 남성의 지배는 부거제(patrilocality)에 의해 강화된다. 여성은 일반적으로 나고 자란 가정을 떠나 친척이 제공하는 사회적, 정치적 지지가 결여된 가정으로 결혼해서 들어간다. 힘과 폭력성 같은 신체적 능력과 남성이 지배적인 사회 시스템에서는 전통적으로 남성이 여성보다 더 자원을 증진시킬 개연성이 있다. 따라서 딸들에게 주어진 재산에 대한 통제는 남편이나 그의 혈통에 의해 빼앗길 위험이 높다. 비록 여성이 부모로부터 물려받은 재산에 대한 지배권을 유지할 수 있다고 해도, 그녀의 유산은 영원히 남편의 부계 목적을 위해 변절될 위험에 처하게 될 것이다.

남자는 여자들보다 육체적으로 더 큰 힘을 갖고 있어서 여자들을 제압할 수 있을 뿐만이 아니라 어려서부터 같이 자라고 교류했기 때문에 남자들 사이에서 동맹관계를 형성한다. 소유가 사회적인 지위 추구와 네트워크 형성에서 중대한 역할을 하는 환경에서, 아들은 아버지의 지배하에 있는 자원에 대한 강력한 동맹을 제공할 뿐만 아니라 재산에 대한 신뢰할 수 있는 관리인이 되어 줄 것이다.

남성들이 자원을 보호할 수 있는 능력이 더 크다는 사실 외에도, 아들들은 힘든 일을 여자보다 더 잘하고 같은 일도 더 빠르게 처리할 수 있기 때문에 하루 동안의 일에 대해서 더 높은 보상을 받는다. 어린 나이에도 능히 힘든 일을 할 수 있고 위험한 일도 마다하지 않기 때문에 부모 입장에서는 투자 대비 수익이 더 클 수도 잇다.

아들들의 재생산 가능성

진화론에 따르면, 부모는 예상되는 번식률과 맞추어서 자식에 대한 투자를 해야 한다. 즉, 그들은 투자를 번식에서의 성공으로 바꿀 수 있는 가장 좋은 자식에 우선적으로 투자할 것이다.

부모들의 자녀에 대한 투자를 번식적인 성공으로 가장 잘 바꿀 수 있는 성으로 부모들은 편향적으로 투자할 것이다. 따라서 이 이론에 따르면 번식에서 성공할 확률이 남자들 사이에서는 큰 차이가 나는 반면 즉 성공한 남자는 수십 명의 자식을 낳을 수 있는 경우에 그리고 여자들 사이에서는 그러한 확률이 차이가 적다면 부모는 아들에게 많은 투자를 하는 것이 유리하다. 이와는 대조적으로, 아들이 성공적인 경쟁자가 될 가능성이 낮은 가난한 엄마들은 그들의 조건이나 계급에 무관하게 적어도 번식할 가능성이 있는 딸들을 더 많이 낳을 것이다.

하퉁(Hartung)에 따르면, 인간의 남성 편중상속의 특정 사례에 대해서도 유사한 추론을 적용하였다. 그는 (a) 다처제 시스템이나 일부일처 맥락에서 남성이 첩이나 다수의 부인에 대한 차등적 접근성을 가지는 경우, 남성의 재생산 성공의 편차는 여자를 능가한다. 그리고 (b) 짝을 얻는 데 있어서의 남성의 성공이 그가 통제하는 자원에 의해 강화되거나 결정되는 경우 아들에게 차별적으로 부를 물려주는 부모들은 균분상속을 하여 부에 대한 혜택을 희석하는 부모들보다 더 많은 손자를 갖는다. 이 가설을 사회의 하위 경제 계층에 적용하면 하위계층 사람들은 아들이 아니라 딸에게, 투자하는 것이 득이 된다. 왜냐하면, 상속된 재산으로는 상속자가 많은 여자를 거느리기에 부족한 경우에는 그 남자의 번식률이 더 높아지는 것은 아니기 때문이다.

장자 선호

부계 장자상속제가 행해지는 세계 문화들 중에서 10% 정도에서 친족관계와 성별을 제외하고는, 출생 순서가 다른 모든 자격보다 우선한다.

그렇지만 말자(末子)상속을 행하는 곳이나 시기도 있었다. 비록 장자상속이 영국에서 지배적인 형태의 상속이 되었지만, 그것은 거의 유일하게 편애되는 형태는 아니었다. 막내아들이 우선 상속인이 되는 패턴은 중세 영국의 마을들에 산재해 있었고, 말자상속을 선호하는 마을들은 장자상속 마을들과 병존했다. 그 패턴은 겉보기에 제멋대로였다. 독일의 일부 지역에서는 말자상속이 적용되었지만, 아들이 없다면, 맏딸이

총애를 받았다.

그렇지만 말자상속은 드문 현상이었다. 장자상속이 두 가지 관습 중 더 흔하고, 또한 아마도 더 오래 지속되는 것으로 나타난다. 부모들이 말자상속을을 선택하기 위해서는 다소 특별한 상황이 개입되어야만 성립되는 것으로 보인다.

남자들에게 괜찮은 직업기회가 있어서 그런 직업을 찾으러 떠났거나 이미 그런 직업을 갖고 있는 경우이다. 아이들이 가내공업에 종사하여 관료계급과 상인계급으로 상향 이동이 가능한 경우에 농장을 상속받는 것이 반드시 가장 유리한 선택은 아니다. 아니면 대체 노동력을 저렴하게 쓸 수 있어서 손위 아들들이 다른 직업에 종사할 수 있는 여력이 생길 수도 있다. 아니면 사망 후 상속제가 너무 과중한 경우에 되도록 상속을 뒤로 미루는 것이 우리할 수 있다. 그 사이에 돈을 모을 수가 있기 때문이다. 그런 경우에는 말자상속이 적합하다. 부모는 막내아들(혹은 아들이 없는 딸)을 지정함으로써 사망세를 가능한 오래 미루고, 세대간 시간을 연장함으로써 가족이 부담할 총비용을 줄인다.

사망세와 같은 외부 요인들이 없을 때, 장자상속은 말자상속에 비해 몇 가지 실질적인 이점을 가지고 있다. 단독상속으로 볼 때, 우선 상속자를 미리 지정하는 것은 명백한 장점이 있다. 먼저 태어나는 아들을 교육시키는 것이 자원 관리 면에서 이익이다. 다른 아들이 언제 태어날지 마냥 기다릴 수도 없다. 그리고 큰 아들은 먼저 장성하여 부모의 일을 거들 수가 있다.

선호하는 상속인을 조기에 확인하면 사회적 긴장이 감소될 수 있으며, 다른 아이들은 일찍부터 미래에 대한 대비를 하게 된다. 그리고 아직 아들이 혼자뿐일 때 당연히 그 외아들에게 투자가 집중된다. 따라서 투자를 계속하는 것이 이익이다. 이제까지 투자를 무효로 만들 수는 없을 것이다. 나이, 신장, 힘도 형제자매에 비해 장남이 가장 유리하다.

인구 생태학자들은 증가하는 인구에서, 먼저 난 자식이 더 높은 번식가치를 가지고 있다는 것을 오래 전부터 알고 있었다. 나중에 태어난 자식이 성숙하기도 전에, 먼저 난 자식은 자리를 잡고 번식을 시작할 수 있다. 조기 번식은 죽기 전에 더 많이 번식할 수 있도록 해주기 때문에 성인 사망률이 높은 개체군에서 특히 유리하다. 더욱이 아버지가 젊어서 죽을 때면, 지정된 후계자가 나이가 들어서 제 역할을 할 수 있다면 생존과 번식에 큰 문제가 제거된다.

또한 부모 세대와 지식 세대가 중첩되는 경우에 장자상속을 하면 부모가 상속자를 도울 수 있는 가능성이 클 뿐만 아니라 상속자를 면밀히 관찰 할 수 있어서 상속인이 구제불능으로 보이면 꼭 필요하다면 부모가 마지막 수단으로 상속자를 대체할 수도 있다. 상속자로 선정된 맏아들이 혹시나 아주 잘못된 선택일 때 부모들이 그가 선정된 지 오래 된 후 드물지만 상속권을 박탈하는 선택권을 보유하는 것은 부모들의 입장에서는 신중한 사고방식이 될 것이다.

원시시대부터 인류는 유인원의 주요 특징들 특히 남자들이 그들의 혈족들 사이에 남아 있는 경향을 유지하고 있었고 그래서 이 때문에 아들 선호를 부추기는 조건이 만들어졌다. 아들들의 자원 보유 잠재력이 커지면서 아들들이 상속에서 큰 몫을 가져가게 되고 그 결과 여자들은 자원을 보유한 남자에 대한 의존도가 커졌을 것이다. 이러한 의존을 설명하는 남자의 권위를 당연시 여기고 여자의 종속을 정당화하는 이데올로

기가 개발되어서 다시 아들 선호를 더욱 더 촉진시켰을 것이다. 그렇지만. 서로 다른 사회정치적, 생태적 조건 하에서는 아들과 딸의 균등한 자원 보유가 가능할 수도 있다.

일반적인 아들 선호의 배경에서, 재산을 가진 부모들은 균분상속에서 장자 단독상속에 이르기까지 다양한 범위의 선택에 직면한다. 한 명 또는 제한된 수의 아들에게 더 많은 땅을 물려주는 이유는 주로 생태학적 조건에 대응하려고 하기 때문이다. 상당한 가변성에도 불구하고, 몇 가지 이유로, 대부분의 상황에서 맏아들이 아래 아들들보다 더 선호된다.

03

중세와 근대 서양의 에너지 혁명

에너지란 무엇인가

에너지란 일할 수 있는 능력을 말한다. 에너지는 일할 수 있는 능력으로서 이것은 다양한 형태를 갖고 우리에게 나타난다. 열, 빛, 운동, 전기, 화학에너지, 핵에너지, 중력 등 에너지는 어디에나 편재한다. 일을 하려면 에너지가 있어야 한다. 에너지가 없으면 일을 할 수가 없다. 우리가 어떤 일을 하든 그 모든 것에 대해 우리는 에너지를 쓴다. 두 가지 종류의 에너지-저장(위치)에너지와 운동에너지가 있다:.

전기는 석탄을 태우거나 핵반응 또는 수력발전에 의해 생성된다. 그러므로 석탄, 원자력과 수력들은 에너지원이라고 불린다. 에너지원들은 재생에너지원과 비재생 에너지원으로 나뉜다. 석탄이나 석유와 같은 에너지원은 한 번 쓰면 재생이 되지 않음으로 비재생 에너지원이고, 햇빛은 언제나 비추므로 재생에너지원이다.

에너지와 그 에너지가 쓰이는 속도를 구분하는 것이 중요하다. 같은 양의 일을 하더라도 짧은 시간 내에 완수할 수도 있고 긴 시간이 걸려서 완수할 수도 있다. 속도가 중요한 경우도 있기 때문에 일을 하는 속도 또는 에너지가 쓰이는 속도를 정의하자.

일률(power)은 단위 시간당 쓰이는 에너지의 양이다-또는 에너지가 쓰이는 속도이다. 그러므로 일률 단위에 시간 단위를 곱하면 에너지 단위가 나온다.

줄(J, joule)은 에너지의 표준 단위로서 1joule = 1newton × 1m이다. 뉴턴(N, newton)은 힘의 표준 단위로서 1newton=$\frac{kgm}{s^2}$이다. 와트(W,watt)는 일률의 표준 단위로서 1watt = 1joule/s이다. 일률 밀도(power 밀도)는 단위 면적 당 일률을 나타내는 것으로서 단위는 $\frac{w}{m^2}$를 사용한다.

그렇지만, 다른 에너지 단위들도 존재한다.

에너지 변환

에너지 단위	당량		
1Btu	1055 J	778피트파운드	252칼로리
1칼로리	4.184 J		
1KCal	4184J		1,000칼로리
1마력시간	2.68×10^6 J	0.746k조	
1kWh	3.6 ×10^6 J	3414Btu	
1 eV	1.6×10^-19 J		

여러 과정들의 파워(일률) [power, 一率] 값은 다음과 같다.

태양 일률	10^27
지구 진입 태양 일률	10^17
미국에서의 태양 평균 일률	10^15

광합성에서 소비되는 태양 일률	10^14
미국 일률 소비율	10^13
미국 전력	10^12
대규모 발전소	10^9
40mph에서의 자동차--이것은 아웃풋이 아니다. 아웃풋은 인풋의 약 30%	10^5
미국 주택 지붕 위에서의 태양일률	10^4
미국 시민 소비율	10^4
전기난로	10^4
미국 지표..대기 바깥에서는 1342w/m^2, 지상에서 정오에 약 1000w/m^2, 평균적으로 주야로 땅에 흡수된 일률은 240w/m^2	10^2
전구 하나	10^2
미국인 1인당 식량 소비율	10^2
전기면도기	10^2

(출처:미국 에너지 정보청,
http://www.eia.gov/energyexplained/index.cfm?page=about_home)

한국에서 1인당 매년 20배럴의 오일를 소비한다. 세계 에너지 소비는 약 연 400EJ = 4 × 10^20J/년 이고, 1배럴의 오일은 42갤런으로서 평균 차로 1400km 주행할 수 있는 에너지를 담고 있다.

에너지 가치 분석

사과들의 가치가 서로 다르듯이, 에너지들도 그 가치가 다르다. 가령 열 에너지는 가장 가치가 적은 에너지이다. 열에너지는 제멋대로 움직이기 때문에 우리가 원하는 방향으로 일을 시킬 수가 없기 때문이다. 그러므로 에너지의 가치를 비교하는 기준들이 있어야 한다.

우선 순 에너지(net energy)라는 개념이 필요하다. 순 에너지란 산출

에너지-투입 에너지를 말한다. 즉 하나의 에너지를 발견하고 집적하고 배달하는데 들어간 에너지를 제하고 남는 에너지를 말한다. 이것은 순이익이라고 말할 수 있다. 들어간 에너지 비용을 제하고 남은 순수한 "이익"인 에너지를 가리킨다. 순 에너지 분석은 1973~74와 1980~81에 에너지 가격 폭등 후에 에너지가 중요한 경제적, 기술적, 지정학적 힘으로서 등장하는 것에 대응하여 개발되었다. 순 에너지 개념은 아주 유용하고 사회에서 널리 쓰이는 순이익이라는 개념을 에너지에도 적용한 것이므로 이해하기가 쉽다. 순 에너지가 많을수록 사회에는 그만큼 잉여에너지가 많아지게 된다. 그러므로 순 에너지와 에너지 잉여는 생태계와 경제 시스템에서의 중요한 추동력들이다.

다음으로 에너지 수익률(EROI)이란 투입된 에너지 대비 산출된 에너지 즉 (산출 에너지/투입 에너지)를 말한다. 이 개념은 아웃풋에서 인풋을 제하는 순에너지 개념과 달리 인풋 에너지와 아웃풋 에너지의 비율로 에너지 잉여를 계산한다. 에너지 수익률을 알면 순에너지를 계산할 수 있고 역으로 순에너지를 알면 에너지 수익률을 계산할 수 있음으로 두 개념은 단지 에너지 잉여를 바라보는 다른 관점일 뿐이다.

생명체는 에너지를 획득하여 생명을 지탱하는 여러 가지 일들-성장하고 재생산하고 에너지를 저장하며 포식자나 병균에 대해 방어하며, 같은 종 내에서 경쟁하는 데에 써야 한다. 그러므로 에너지를 효율적으로 획득하고 효과적으로 사용하는 것은 생태계를 조직하는 중심적 원리가 된다.

비교되는 다른 유기체의 에너지 획득과 사용 전략들 보다 더 많은 잉여를 생산하는 에너지 획득하고 사용하는 시스템을 갖는 유기체는 그렇지 못하는 유기체 대비 비교 우위를 갖게 된다. 알프레드 로트카와 하워드 오덤과 같은 생물학자들은 그 개념을 자연 선택에서 가장 중요한 원리 중 하나로 생각했다. 생존투쟁에서는 이용 가능한 에너지를 그 종의 보존에 더 유리하게 효율적으로 획득하고 효과적으로 쓰는 에너지 획득 및 사용 장치를 갖는 유기체들이 우위를 점하게 된다.

잉여 에너지의 크기와 비율은 중요하다. 에너지 부문에서 비-에너지 부문들로 보내진 잉여 에너지의 량은 비-에너지 재화 및 서비스를 생산하는 데 이용될 수 있는 에너지이다. 그 잉여의 크기는 인간 경제가 할 수 잇는 것들에 대한 분명한 한계를 설정한다. 예를 들어 낙수를 보면 특정한 장소에서는 그것의 에너지 수익률은 높지만, 낙수로부터 한 사회에서 이용할 수 있는 총 에너지 잉여는 수량이 많고 낙폭이 큰 곳은 상대적으로 산재하여 분포하므로 제한적일 수밖에 없다.

통념과는 달리, 농업은 높은 EROI를 가졌기 때문에 사냥과 채집을 대체하지 않았다. 사냥과 채집은 종종 특정 장소에서 특정 자원들에 대해서는 그 에너지 수익률이 매우 높았다. 어떤 수렵/채집 사회들은 정교한 사회적이고 법률적 제도들을 발달시켰고, 잉여 에너지를 춤추고 노래하고 종교적 의식을 하면서 소비했다. 그러나, 사냥과 채집은 생물권에서의 식용 가능한 순 1차 생산물이 분포된 정도에 의해 궁극적으로 제한된다. 수렵채집사회는 1평방킬로미터 당 1명 정도의 인구밀도에서만 지속 가능하다. 농업은 수렵/채집과 비교하여 단위 면적당 1인당 산출되는 에너지 잉여가 훨씬 높기 때문에 우세한 삶의 방식이 되었다. 단위 면적당 훨씬 더 높은 에너지 잉여를 산출할 수 있게 되므로써 이제 많은 사람들은 좁은 곳에 모여 살 수 있게 되었다.

그렇지만 농업에서 단위 면적당 얻을 수 있는 에너지 잉여는 그리 크지 않았다. 그러므로 수렵채집 방식에 비해서는 아주 높은 인구밀도를 갖는 도시가 등장하긴 했지만 그것은 농촌이라는 바다에 산재한 섬들과 같았다. 대부분의 사람들은 힘들고 고된 농사일을 평생토록 해야만 했다. 지난 200년간 인구, 세계 경제 그리고 1인당 생활수준의 전례 없이 확장되었는데 이것은 인류 역사상 유례가 없는 일대 사건이라고 부를 수 있다. 사실상 그것은 높은 EROI와 높은 에너지 잉여를 갖는 화석연료들을 대량으로 채굴하여 사용함으로써 가능했다. 에너지들을 그 가치를 순서를 매기면 화석연료 에너지들은 위계에서 최고봉을 차지하는데 이는 화석연료들이 높은 EROI와 매우 큰 에너지 잉여를 가진다는 사실에서 연유한다. 물리적으로 워낙 크기 때문에 탐사 과정에서 초기에 발견된 대규모 유전과 가스전은 그 전의 어떠한 에너지원도 비교되지 않을 정도로 엄청나게 큰 에너지 잉여를 산출했다. 그 엄청난 에너지 잉여와 다른 여러 속성들 덕분에 화석연료는 독특하고 가장 유용한 에너지원이 되었다.

에너지 질이라는 개념도 또한 중요하다. 한 에너지 시스템이 얼마나 유용한지는 물리적, 기술적, 경제적 그리고 사회적 속성들의 복잡한 결합에 의해서 결정된다. 이것에는 중력과 부피 에너지 밀도, 일률 밀도, 방출, 변환의 비용과 효율성, 금융 리스크, 저장의 용이성, 건강에의 위험성과 수송의 용이성 등이 포함된다. 이러한 속성들이 결합되어 에너지의 질(품위)이 결정된다. 에너지의 질은 한 단위의 연료(에너지)가 사람들을 위해 유용한 서비스를 행 할 수 있는 능력의 차이라고 말할 수 있다. 어느 하나의 에너지 시스템도 EROI를 포함한 모든 그러한 속성들에서 가장 높은 점수를 받지는 못한다. 그러므로 에너지 기술들을 포괄적이고 균형 있게 비교하기 위해서는, 여러 가지 측정 요소들을, 그 장단점을 잘 인지하고서, 동원할 필요가 있다.

모든 형태의 에너지가 완전히 열로 전환될 수가 있음으로, 열 단위(Btu, 줄, 칼로리, kw-h)로 여러 가지 다른 형태의 에너지들을 동일하게 다룰 수가 있다. 그러나, 이 접근법은 "모든 에너지가 똑같다" 즉 전기의 한 열 단위가 석탄의 한 열 단위 하고 똑같다고 암묵적으로 가정하는 것인데 사실상 열과 전기는 유용성이 전혀 다르다. 전기는 석탄이 하지 못하는 중요한 일들을 행한다. 그러므로 사람들은 전기를 보다 더 비싼 값을 주고 산다. 더구나 열을 전기로 변환시키려면 60~70%의 에너지가 쓸모없이 쓰이게 되기 때문에 전기는 열보다 아주 고급의 에너지 형태라고 볼 수 있다.

참고자료:
cleveland, 순에너지의 10가지 근본 원리,
http://www.eoearth.org/article/Ten_fundamental_principles_of_net_energy

여러 연료들의 에너지함량(J)은 다음과 같다.

연료의 에너지 내용	MJ/kg
수소	114
가솔린	44-45
원유	42-44
천연가스	33-37
무연탄	29-31
비투멘 석탄	22-26
갈탄	12-20
마른 장작	14-16
곡식 짚	12-13

위 표에서 M은 mega 즉 10^6을 나타낸다.

표에서 보듯이 가솔린과 원유는 석탄 대비 150% 정도 에너지 밀도가 높고 마른 장작 대비 에너지 밀도가 300%나 된다. 그만큼 적은 양으로도 많은 양의 일을 할 수 있다는 것을 나타낸다.

단위가 커지면 숫자로 표기하는 것이 어려우므로 배수들을 나타내는 전치사들이 사용된다.

전치사	약 기호	과학적 표기
deca	da	10^1
hecto	h	10^2
kilo	k	10^3
mega	M	10^6
giga	G	10^9
tera	T	10^{12}
peta	P	10^{15}
exa	E	10^{18}
zeta	Z	10^{21}
yota	Y	10^{24}

반면에 단위가 작아져도 그것들을 나타내는 기호들을 사용하는 것이 편리하다. 그것들은 제수들이라고 불린다.

전치사	약 기호	과학적 표기
deci	d	10^{-1}
centi	c	10^{-2}
mili	m	10^{-3}
micro	μ	10^{-6}
nano	n	10^{-9}
pico	p	10^{-12}
femto	f	10^{-15}
atto	a	10^{-18}
zepto	z	10^{-21}
yotto	y	10^{-24}

에너지 단위	열당량(J)
1 갤런의 가솔린	1.3 × 10^8
AA 배터리	10^3
1 입방피트의 천연가스	1.1×10^6
1 배럴의 원유 (42갤런)	6.1×10^9
1파운드의 석탄	1.6×10^7
1파운드의 가솔린	2.2×10^7
1파운드의 오일	2.4×10^7
1파운드의 우라늄	3.7×10^13
1톤의 석탄	3.2×10^10
1톤의 우라늄-235	7.4×10^16
캔디 바	10^6

에너지 개념의 역사

아리스토텔레스 (b.c.384~322)는 에너지라는 용어를 창조하였다. 일을 뜻하는 그리스어 ergeia에 접두어 en을 붙여서 energeia(운동)이라는 단어를 조어했다. 영국의 경험론 철학자인 존 로크는 그의 저서인 “인간오성론”에서 “형이상학에서 쓰이는 아이디어들 중에서 power, force, energy 또는 필연적 연결과 같은 아이디어들보다 더 막연하고 불확실한 것은 없다.”고 기술하였다. 그 후에 토머스 영은 1807년에 $E=mv^2$로 정의하였는데, 이는 오늘날의 운동에너지의 2배가 되는 양으로서 에너지를 정의한 셈이다.

독일의 의사인 J.R.Mayer(1814~1878)는 선의(船醫로서 1840년에 자바로 가게 되어서 그 곳 환자들의 피가 독일 환자들의 피보다 훨씬 더 밝은 색임을 관찰하게 되었다. 그는 이것은 기온이 따뜻한 곳에서는 신체의 물질대사 필요성이 상대적으로 작고 산소가 덜 필요하기 때문에 피가 산화가 덜 되기 때문이라고 생각했다. 그 다음으로 그는 일할 때 신체에서 나오는 열은 혈액이 산회되면서 나오는 것이라고 생각했다. 그러므로 열과 일은 같은 것이며 고정된 비율로 전환된다고 보았다. 그는 이런 생각을 더욱 발전시켜서 1842년에 처음으로 그 동치관계를 양적으로 추정한 결과를 발표하였다. 그는 그 후로 전자기, 빛 등을 포함한 모든 자연현상에 대해 에너지 보존법칙을 정식화 하였다.

줄(J.P.Joule, 1818~1889)은 열과 운동에너지의 동치성에 대한 정확한 값을 발견하였는데, 바람개비(교유기)로 물을 휘저어 그 온도 변화를 측정하여 그 값을 알아내었다.

독일의 물리학자 클라우지우스(R. Clausius, 1822~1888)는 1850년에 열의 기계론을 발표하였다. 카르노 사이클을 사용하는 엔진에서 얻을 수 있는 최대 수행 값은 오직 그 열원의 온도에만 의존하지, 그 열원의 종류에 의존하지 않는다는 법칙이었다. 그는 1865년에 엔트로피(그리스 어 변형,변모 transformation)라는 용어를 조어했는데, 이 개념은 닫힌계에서의 무질서의 정도를 측정하기 위해서 만들어졌다. 그는 열역학 제2법칙도 정식화했는데, 우주의 엔트로피는 증가하는 경향이 있다는 법칙이다. 이 법칙에 따르면 닫힌계(에너지 유출입이 없는 계)에서는 유용한 에너지의 이용가능성은 언제나 하락한다. 예를 들어, 한 덩어리의 석탄은 고질의 고도로 질서 잡힌(저 엔트로피, 음엔트로피 negentropy) 에너지 형태이다. 그것이 연소하면 열이 생기는데, 열은 흩어지는, 저질의 무질서한(고-엔트로피) 형태의 에너지로서 이 과정은 비가역적이다. 일단 열이 흩어지면 그것은 다시 한 덩어리의 석탄으로 재구성되기란 불가능에 가깝다. 그러므로 열은 에너지 위계구조에서 가장 덜 유용한 에너지라고 할 수 있다. 다른 모든 형태의 에너지는 거의 100% 열로 전환될 수 있지만, 열은 다른 형태의 에너지로 일부부만 전환될 수 있다.

오일의 기원

오일은 에너지 밀도가 아주 높고 액체이어서 저장과 수송이 용이하고 겨울에도 얼지 않고 얼마든지 작거나 큰 단위로 보관과 저장 운반이 가능하다. 그러므로 오일은 에너지 중 왕 또는 마스터 자원이라고 부를 수 있다. 오일은 우리의 식량생산에서 비료와 살충제, 제초제 및 가공 및 운반에서 결정적인 역할을 한다. 위에서 보았듯이 에너지 수익률은 한 과정에서 들어가는 에너지 인풋에 대한 나오는 에너지 아웃풋의 비율을 말한다. 미국에서 생산되고 소비되는 식량의 에너지 수익률을 만일 인간 노동 에너지:에너지 아웃풋으로 계산하면 그 값은 90 정도가 된다. 즉 식량의 생산, 가공, 분배 및 소비에 투입하는 1칼로리의 인간 노동 에너지 당 90칼로리의 식량 에너지가 생긴다는 말이다. 물경 9000%의 수익률이다. 그래서 미국 농부 한 사람이 90명의 사람들을 먹여 살리고 있다고 종종 말해진다.

왜 농뿌 한 사람이 일을 해서 90명이나 되는 사람들을 먹여 살릴 정도로 효율적인 이유는 무엇인가? 그 답은 기계들에 있다. 식량 생산의 모든 과정이 기계화, 자동화가 되어 있어서 그 모든 과정에 인간 노동이 거의 들어가지 않기 때문이다. 밭을 갈기 위해서 트랙터를 쓰고, 고기를 썰고 다지기 위해서 로봇을 쓰고, 고기들을 수송하기 위해서 냉장된 레일카를 쓴다.

그렇지만 기계들은 일하기 위해서 에너지를 공급받아야 한다. 즉 기계가 돌아가서 일을 하려면 연료가 필요하다. 가솔린, 디젤, 천연가스 그리고 전기라는 형태로 연료가 기계에 공급되어야 한다. 미국 식량시스템은 인간 노동의 관점에서 볼 때에는 아주 효율적으로 엄청나게 높은 수익률을 자랑하지만 일반적인 에너지 수익률에서는 엄청나게 낮은 수익률을 보인다. 우리가 식품에서 얻는 에너지보다 그것을 생산하는데 들어가는 인풋 에너지가 대략 10배나 된다. (Michael E. Webber, How to Make the Food System More Energy Efficient, scientific america) 미국 농무부는 그보다 더 높게 본다. 미국 농무부 2010년 보고서에 따르면 2002년에 미국에서 1칼로리의 식량을 생산하고 가공하고 분배하고 주비하는데 12칼로리 이상의 에너지가 소비 되었다(Patrick Canning et al, Energy Use in the U.S. Food System, usda,2010) 이 말은 우리는 1칼로리의 에너지를 식량으로 섭취하려고 12칼로리의 에너지를 소모해야 된다는 것이다. 실로 거대한 낭비이다.

도대체 석유란 무엇인가? 그것은 언제 어디서 어떤 과정을 거쳐서 생성된 것일까? 'petroleum' (석유)라는 단어는 바위를 뜻하는 그리스어 petra와 기름을 뜻하는 elaion에서 나왔다. 즉 석유는 바위 기름이란 듯이다. 석유의 한자 石油도 돌 기름이라는 뜻을 가리킨다. 엄밀한 의미에서, 석유는 원유만을 의미하지만, 통상적으로는 모든 액체, 기체 및 고체 탄화수소들을 말한다. 탄화수소[hydrocarbon, 炭化水素]란 탄소와 수소로만 이루어져 있는 유기화합물을 통틀어 이르는 말이다. 탄화수소는 그 구조에 따라 몇 가지 종류로 분류할 수 있는데, 보통 분자 구조에 따라 고리 모양[環式] 탄화수소와 사슬 모양[鎖式] 탄화수소로 대별되고, 다시 각각이 단일결합만으로 구성되어 있는지 이중결합이나 삼중결합을 함유하고 있는지에 따라 세분되며, 또 고리 모양 화합물의 특수한 것으로서 방향족 탄화수소가 있다. 지표면 압력 및 온도 하에서는 메탄, 에탄, 프로판 및 부탄 같은 가벼운 탄화수소들은 기체 상태이고, 펜탄이나 그 보다 무거운 탄화수소들은 액체나 고체 상태로 남는다.

석유는 상이한 탄화수소들의 혼합물이다. 알칸족(선형 또는 가지 모양, 파라핀족), 사이클로알칸족, 방향족 그리고 아스팔트족이 가장 흔하게 발견된다. 알칸족의 분자식은 C_nH_{2n+2}.로서 선형이거나 가지 모양이다. 가령 천연가스는 n=1로서 CH_4이다.

오일 레저부아가 있기 위해서는 3가지 조건이 필수사항이다: 근원암[source rock, 根源巖]과 저류암 그리고 덮개구조가 반드시 있어야 한다. 근원암이란 탄화수소가 많은 바위로서 지각에 충분히 깊이 묻혀 있어서 지구 내부 온도가 아주 높기 때문에 그것이 오일로 전환되는 바위를 말한다. 이 근원암은 오일의 원료라고 볼 수 있다. 지구 내부열로 가공되면 오일이 된다. 저류암은 천공이 많고 투과성이 높아서 근원암에 있는 오일들이 물보다 밀도가 작기 때문에 그 천공들을 타고 올라가는 바위로서 근원암 위에 존재한다. 저류암 위에 올라간 오일들은 증발이 되지 않으려면 위에 덮개구조가 있어야 한다. 그래야 오일이 지표면으로 빠져나가지 못한다. 오일들은 종종 이주하여 집유구조(트랩)에 갇혀서 집적되면 유전이 된다.

현대의 정설에 따르면 세계 오일의 거개 대다수는 공룡이 죽은 시체들이 열에 의해서 요리되어 나온 것이 아니라 바다의 극미 유기체에서 나왔다. 규조류라고 알려진 단세포 미생물이 세계 오일의 대다수의 원천이라고 생각되어진다. 규조류[diatoms, 珪藻類]란 조류(藻類)의 한 무리이다. 그것은 갈색 또는 황갈색의 매우 작은 단세포로, 담수 및 해수 속에서 부유 생활을 한다. 이런 단세포들이 해수면에서 수십억 개가 번성하다가 죽으면 해저 위에서 두터운 생물학적 슬러지로 쌓이고, 거기서 퇴적암[sedimentary rock, 堆積岩]이 되었다가 오일이 된다. 규조류 미생물들이 눈보라처럼 수백만 년에 걸쳐서 햇빛이 없는 심해로 떨어져서 두꺼운 퇴적암이 형성되었고, 지구의 내열이 그것들을 오일로 바꾸었다. 세계 오일의 95% 이상이 바다에서 나온 것으로 추정되고 있다.

바다 퇴적암 해저들은 오일을 발견할 곳을 가리켜주는 “좋은 지표”이다. 그 이론은 또한 왜 많은 해저에 오일이 있는지, 왜 심해가 아니라 연안에 더 많이 있는지를 설명해준다. 초기의 단서 중의 하나는 석유는 언제나 고대의 퇴적암 해저층에서만 발견된다는 것이었다. 1930년대에 독일 화학자인 Alfred E. Treibs가 오일에는 엽록소(chlorophyll,)의 화석 잔재가 있다는 것을 발견하면서 오일의 기원에 관한 돌파구가 열렸다. 그래서 오일의 원천은 고대 바다의 극미한 식물들인 것으로 보였다.

1960년대와 70년대에 오일 표본들에서 많은 화석분자들이 발견되고 있었다. 고생물학자들이 오일에서 다수의 미세화석들을 발견하게 되면서 또 다른 돌파구가 열렸다. 많은 것들은 유공충 [Foraminifera,有孔蟲]이었기 때문에 지질학자들은 유공충의 형태 변화를 지질학적 연대 측정의 믿을 수 있는 지표로 사용하기 시작했다. 그래서 오일이 생성되는 과정은 극미생물이 배양에 이상적인 따뜻한 바다에서 시작된다. 한 방울의 바닷물에는 약 100만개의 극미 유기체들이 들어 있다. 해표면 해수에 미생물이 넘쳐나서 해저에서 그것들을 먹어치우는 미생물들이 그것들을 분해하는 속도보다 그 잔해물의 내려앉는 속도가 더 빠를 때 오일이 생성되기 시작한다. 그 결과 생물학적 슬러지들이 두껍게 쌓이기 시작한다.

부분적으로는 강, 해안 지역들, 부분적으로는 저층류 [bottom current, 底層流]로부터 표면 해수들에 영양분들이 유입하는 양과 속도가 그 미생물들의 번창하는 정도를 결정하고 그래서 궁극적으로 얼마나 많은 오일이 생성될지를 결정한다. 이 풍부하고 넘치는 영양분들로 인해서 미생물들이 미친 듯이 번식하여서 결국에 죽은 잔해들이 해수 아래로 떨어진다. 검은 진흙에는 생물들의 잔해로 가득하고, 결국에는 퇴적암을 형성한다.

유입량이 너무 많아서 퇴적층이 쌓이면서 낮은 퇴적물들은 지구에 더 깊숙이 내려갔고, 결국에는 유기물들을 오일로 전환시키는 뜨거운 지대로 내려앉았다. 오일이 형성되는 표준적인 온도는 50~100도C 이다. 지구 내부로 내려갈수록 온도는 더 올라간다. 더구나 고대의 페르시아 걸프만은 대양과 이어지는 통로가 아주 좁았고 그래서 영양분과 진흙들이 더 한층 집적되었다.

약 1억 년전 공룡의 전성기였던 백악기 시대에 적도를 둘러쌌던 테티스해 [Tethys sea, ~海](티모르섬, 수마트라섬, 인도차이나반도, 히말라야, 파미르, 힌두쿠시산맥, 소아시아, 지중해 방면으로 넓게 펴져 있는 고생대~제3기의 옛 지중해.)가 광대한 오일 공장이 되었다. 대부분의 오일이 풍부하고 집적된 지역들은 물가, 해안지역 그리고 얕은 바다를 중심으로 하여 생겨났다. 대륙붕들은 생물들을 번성시키는 최고의 공장들이었다. 테티스해가 거의 사라지면서, 그 비옥한 남부 해안들은 세계 오일의 2/3를 생산하는 중동지역 나라들이 되었다.

유전과 가스전들은 4가지 타입의 지질학적 특징들 즉 1) 근원암 2) 저류암(reservoir beds) 3) 덮개(sealing beds) 4) 트랩(집유장)이 동시에 발생한 결과이다.

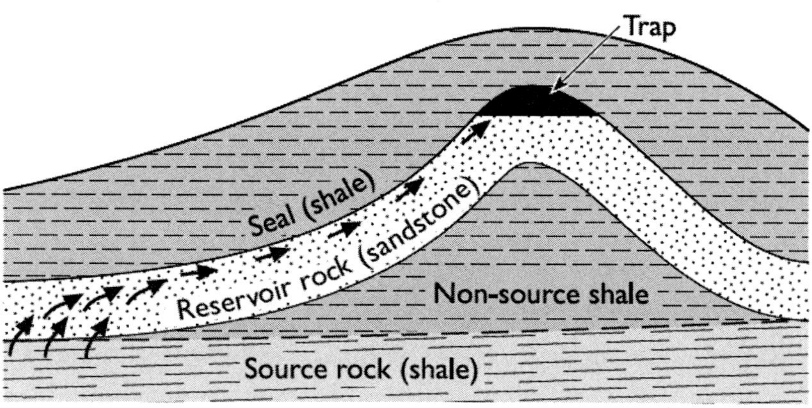

(출처, Ron Broadhead, "The Origin of Oil and Gas" PETROLEUM 221)

오일과 천연가스는 처음에 석유 근원암에서 기원한다. 근원암이란 보통 내륙의 습지나 심해에 규조류 같은 수 많은 미생물 잔해들이 퇴적되면서 형성되는 퇴적암[sedimentary rocks, 堆積岩]이다. 그 퇴적암들은 아주 작은 광물들과 미생물들이 섞여 있다. 그러한 광물 파편들 사이에는 유기물(보통 조류), 작은 목재 파편, 또는 육지 식물의 부드러운 조각의 유해가 있다. 이 미세한 퇴적물들 위에 더 새로운 퇴적물이 쌓이면서 열과 압력이 증가되어서 그 부드러운 퇴적물은 단단한 바위 층으로 전환된다. 계속해서 퇴적물이 쌓여 가면, 온도는 계속 증가하는데, 유기물이 풍부한 퇴적물의 온도가 120° C를 넘으면, 그 바위 안의 유기물 유해는 오일과 천연가스로 요리되기 시작한다. 근원암들이 수백만 년이 걸려야 충분히 깊게 묻히게 되고 온도에 그 정도로 올라간다. 다시 수백만 년이 더 걸리면 오일과 천연가스가 충분한 양이 축적되어서 인접한 저류암으로 이동한다.

만일 근원암의 유기물들이 대부분 목재 파편이라면, 거기서 만들어지는 탄화수소는 천연가스뿐이다. 만일 그 유기물이 대부분 조류이거나 육지식물의 부드러운 부분들이라면, 오일과 천연가스가 둘 다 생성된다.

근원암이 깊이 묻혀서 온도가 150℃ 이상 되면, 유기 잔해물들로서 생성될 수 있는 대부분의 오일이 생성된다. 온도가 이 이상 올라가 근원암에 남아 있는 오일이나 인근 저류암에 갇혀 있는 오일은 천연가스로 분해된다. 그러므로 가스는 2가지 방식으로 발생된다.: 그것은 근원암의 목재 유기물에서 직접적으로 생성되거나 아니면 이미 생성된 오일이 고온에서 열로 인해 분해되어서 발생될 수도 있다.

오일 및 가스 저류암은 다공성이고 투과성이어서 그것들에는 그 바위의 광물 알갱이 사이의 미세한 공극[孔隙, pore] 또는 구멍들이 통로들로서 상호연결 되어 있다. 비중이 가벼운 오일과 가스가 근원암에서 자연스럽게 위로 밀려나면서, 그것들은 인근의 저류암으로 이주한다.

오일 및 가스가 저류암에 들어가면, 그것들은 상대적으로 이동이 자유롭다. 대부분의 저류암들은 초기에는 염분기가 있는 지하수들로 채워져 있다. 염분 지하수는 밀도가 1.0g/cm^3 이상이다. 오일의 밀도는 0.82~0.93g/cm^3, 천연가스의 밀도는 0.12 /cm^{3}으로서 물보다 낮으므로 그것들은 물로 채워진 공극 공간을 통해서 위로 올라가는데, 불투과성 바위를 만나면 이동을 멈춘다. 그 불투과성 바위는 덮개인데, 그것은 일반적으로 아주 미세한 알갱이 바위로서 공극 공간이 전혀 없거나 너무 작아서 액체가 통과할 수 없는 바위다. 저류암에서 오일과 천연가스는 공극 공간을 통해서 계속 이주하다가 저류암의 물리적 배치 때문에 또는 한 개 이상의 덮개암(seals)에 의해 막히면 흐름을 멈추는데 이 저류암과 덮개암의 배치를 집유장(trap)이라고 부른다.

집유장에는 2가지 주요한 타입이 있다: 구조집유장 [Structural traps]과 층서집유장 [層序集油場, stratigraphic trap]. 구조집유장은 저류암과 그 위의 덮개암이 접히거나 단층에 의해서 변형될 때 형성된다. 보통 이 변형에는 덮개와 저류암으로 기능하는 침전물이 퇴적에서 변형될 때 형성된다. 보통 이 변형에는 덮개와 저류암으로 기능하는 침전물이 퇴적된 후 수천만 년이 걸린다. 오일과 가스는 저류암을 통과해서 그 구조의 최고지점에 축적된다. 만일 오일과 가스가 같이 있으면, 가스는 위층을 형성하고 오일은 아래층을 형성한다. 그 이유는 가스가 오일보다 밀도가 낮기 때문이다. 오일은 저류암의 물로 채워진 부분 위에 있게 된다. 층서집유장은 저류암이 불연속적인 층으로 퇴적 될 때에 형성된다. 덮개암은 그 저류암의 옆과 위에 퇴적된다.

석탄은 천연가스의 근원암이자 저류암으로도 기능할 수 있다. 이 경우에 탄층 메탄가스가 생성될 수 있다. 그 가스는 석탄을 형성하는 목재 유기물에서 생성된 것들이다. 묻힌 깊이가 얕으면, 상대적으로 적은 양의 가스가 석탄 안에서 세균 분해과정에 의해서 생성될 수도 있다. 깊숙이 묻힌 경우에는, 온도가 높기 때문에 가스가 열에 의해 생성된다.

가스는 박테리아 과정보다 열 과정에 의해 더 많은 양이 생성된다.

대부분의 석탄들은 자연적으로 균열되어 있고 이 균열된 부분들은 서로 연결되는 경우가 많다.. 깊은 차표층[次表層, subsurface]에서 이 균열들은 물로 채워져 있고 이 물이 가하는 압력 때문에 가스가 석탄에 갇혀 있게 된다. 석탄에서 가스를 얻기 위해서는 먼저 균열들 속의 물을 퍼내어야 한다. 그러면 가스는 그 균열들 속으로 들어가서 통과하여 위로 나올 수 있게 된다.

요약하면, 오일과 천연가스는 미세한 알갱이 침전암에 퇴적된 유기물 잔해로부터 생성된다. 침전물이 계속 쌓이면서 이 근원암이 깊이 묻히게 되면서, 처음에는 박테리아 분해과정 그 다음에는 압력에 의해서 고온의 열이 발생하여 근원암 속의 미생물 잔해들을 요리하면 오일과 가스가 생긴다.. 그 다음에 그 오일과 가스는 근원암에서 나와서 인근의 저류암으로 이동한다. 오일과 가스는 저류암의 공극들을 채운 물보다 밀도가 낮기 때문에 그것들은 그 공극을 통해서 위로 상승하여 불투수성의 덮개암을 만나면 상승을 멈춘다. 이 곳에서 오일과 가스가 계속 축적되어서 유전이나 가스전이 형성된다.

서양 중세의 에너지 혁명과 기계혁명

인류학자 화이트는 그의 저서 《에너지와 문화의 진화》(1949)에서 이른바 에너지이론을 제시했는데 에너지 문화이론에 따르면 문화는 인간이 점차 더 효과적으로 에너지를 획득하고 사용하는 체제를 발전시킴에 따라 진화한다. 즉 가축의 힘, 증기기관, 전력 등 여러 종류의 에너지 사용을 통하여 이루어지는 기술체계의 진화는 사회조직의 성격을 결정하고 이는 다시 이념과 종교체계의 성격을 결정하게 된다. 그에 따르면 문화는 일종의 행동(behavior,행태)이고 행동은,그 어떤 것이든 무관하게 에너지의 발현으로 취급될 수 있다. 그래서 모든 수준의 실재에서 그런 현상들은 에너지의 관점에서 묘사되고 해석된다. 문화체계의 모든 진화는 연간 1인당 에너지의 소비량으로, 그리고 이런 에너지가 동력화되고 작동되는 수단과 방법이라는 측면을 고려해야만 잘 설명될 수 있다는 것이다. 문화발달의 정도는, 다른 조건이 같다면 연간 1인당 동력으로 이용된 에너지의 양에 의하여 측정된다.

그에 따르면 인간의 땅과의 작용은 다음 5가지 요소들로 분석되고 분해된다.: (1) 인간 유기체 (2)서식지 (3) 인간이 통제하고 쓰는 에너지의 양 (4) 에너지가 쓰이는 수단과 방식 (5)에너지 지출에서 나오는 효용 제품 . 이것은 삶을 지속시키고 종족을 보존하기 위해서 이런저런 방식으로 인간이 다른 모든 생명체들처럼 그들의 서식지를 활용한다는 것을 말하는 또 다른 방식이다.

그는 위의 요소들 중에서 유기적 요소는 상수로 간주하는데 그 이유는 비록 사람들은 신체적으로 서로 다르지만 문화의 차이가 신체 또는 정신상태 (mentality)의 차이로 돌려질 수 없기 때문이다. 서식지들도 장소마다 다 상이하지만 서식지 요소를 상수로 간주할 수 있는데 그 이유는 특정 서식지들의 필요를 충족시키고 후생을 촉진시키는 자원들을 평균으로 환원할 수 있기 때문이다. 그러므로 그는 문화연구에서 인간 유기체와 서식지를 제외시킨다. 그러므로 모든 문화적 상황에서 3가지 요소만 고려 대상으로 남는다.:(1)그 문화 내에서 이용되고 일에 쓰인 1

인당 시간 당 에너지양 (2) 이 에너지가 지출되는 기술적 수단 (3)에너지 지출에서 나오는 인간필요에 봉사하는 제품. 그는 이 요소들 간의 관계를 다음의 간단한 공식으로 표현한다:

$$E \times T = P$$

여기서

E:1인당 시간 당 쓰인 에너지양

T: 지출의 기술적 수단

P:시간당 제품의 크기

구체적인 예로서 그는 도끼로 나무를 자르는 경우를 예로 든다. 목재의 재질과 그 일꾼의 숙련도를 상수로 보면, 주어진 시간에 잘라진 목재의 양은 한편으로는 그 사람이 이 시간에 쓰는 에너지양에 의존한다. 더 많은 에너지를 지출할수록 더 많은 목재가 잘라진다. 다른 한편, 시간당 벌목량은 사용된 도끼의 종류에 의존한다. 다른 모든 것이 동일하다면, 벌목량은 그 도끼의 질에 따라 변한다.: 도끼의 질이 좋을수록 더 많이 벌목된다. 돌도끼보다 쇠도끼가 그보다 강철도끼가 더 좋다. 그러므로 인간 에너지가 기계적으로 쓰이는 효율성은 그 사람들의 신체적 숙련과 사용되는 도구들의 효율성에 의존한다. 도구에 관하여, 인간은 그의 신체 에너지의 지출의 효율성을 2가지 방식으로 향상시킬 수 있다: 도구를 개선하거나 열등한 도구를 더 나은 도구로 대체하므로써. 그렇지만 더 이상 개선될 수 없는 한계가 있다.

그래서 그는 이제 문화 발달에 관하여 다음과 같이 일반화된 공식을 제안한다.

$$E \times F = P$$

여기서, E는 지출된 에너지의 양, P는 생산된 제품,F는 기계적 수단의 효율성이다.

P는 주어진 문화적 상황에서 생산된 재화와 용역의 총량을 나타내는 것으로 볼 수 있고, P는 문화의 지위 즉 문화 발달의 정도를 나타낸다고 볼 수 있다. 만일 F(에너지 지출 효율성)이 일정하다면, P(문화 발달의 정도)는 E에 비례하여 변한다. 그러므로 그는 다음 법칙들을 유도한다.

1) 문화 발달의 제1법칙

   다른 것들이 같다면, 문화발달의 정도는 일에 사용된 연간 1인당 에너지량에 직접적으로 비례한다.

2) 단위 시간에 1인당 지출 에너지량이 일정하다면, P는 F에 비례한다.

   그러므로 문화발달의 제2법칙

   다른 것들이 동일하다면, 문화발달의 정도는 에너지가 일에 쓰이는 기술 수단의 효율에 정비례한다.

   문화 진화의 법칙: 연간 1인당 지출 에너지 양이 증가하든지; 아니면 에너지를 일에 사용하는 기술수단의 효율이 증가하든지, 아니면 그 2가지 요소가 동시에 증가할 때 문화는 발달한다.

참으로 간단한 공식이긴 하지만, 이 공식들은 에너지의 중요성을 잘 드러낸다고 볼 수 있다. 물론 이 공식들은 실재의 단순화이고, 원인과 결과를 명확하게 구분하지도 않는다. 그렇지만 에너지가 문화와 인류 문명에서 갖는 중요성을 극적으로 표현한다. 화이트의 관점에서 우리는 서양문명이 이룩한 중대한 문화적인 진전들을 에너지 관점에서 살펴보자.

서양 중세의 산업혁명

근대기술과 근대과학은 서양의 특징이다. 서양의 기술은 전 세계에서 특히 중국으로부터 받아들인 것이지만 오늘날 모든 곳에서 성공적인 기술은 서양에서 나온 것이다. 서구 과학은 과거의 모든 과학들 특히 중세의 위대한 이슬람 과학을 계승했다. 중세에 아랍 과학자들의 저작들을 라틴어로 번역한 것은 후기에 서구 과학이 발달하는 데에 기초가 되었다. 오늘날, 전 세계에 걸쳐 모든 중요한 과학은 그 스타일과 방법에서 서구 과학의 것이다. 기술과 과학에서의 서구가 주도권을 잡은 시기는 17세기의 소위 과학혁명이나 18세기의 산업혁명보다 훨씬 더 오래 전에 시작되었다. 늦어도 1000년 경에는 서구는 곡식을 빻는 것 외에도 방아를 다른 산업공정들에 응용하기 시작했다. 12세기 후반에는 풍력을 이용하기 시작했으며 급속하게 동력 기계, 노동 절약 장치들을 도입하고 자동화를 발명하고 개선하고 가속화했다.

11세기 말에 아랍 및 그리스의 과학적 저작들이 대량으로 라틴어로 번역되기 시작된 지 200년도 채 안되어 그리스와 무슬림의 과학 저작의 대부분이 라틴어로 번역되었고 새로 생겨난 유럽 대학들에서 게걸스럽게 읽혀지고 비판되었다. 그러한 비판에서 새로운 관찰과 사변이 나왔고 고대의 권위에 대해서 점점 더 불신하게 되었다. 13세기 말에는 유럽은 이슬람으로부터 세계 과학의 선두주자 자리를 넘겨받았다.

중력-구동 기계식 시계는 서구 중세에서 나타난 자동화의 역사에서 가장 기념비적인 성취로 볼 수 있다. 그것은 14세기 초에 2가지 형태로 나타났다 중세 말기가 되면 서구는 과학과 기술 면에서 정교하고 미학적으로 장대한 자매 문화인 비잔틴과 이슬람을 훨씬 더 앞지르게 된다. 1444년에 그리스 성직자인 베사리온(Bessarion)은 이태리에 갔다가 서구의 선박, 무기, 섬유, 유리의 우수성에 경도되어서 그리스의 한 공작에게 편지를 썼다. 그는 그 무엇보다도 목재를 톱질하고 용광로의 풀무를 펌프질 하는 수차의 장관에 놀랐다. 분명히 그는 근동에서는 그런 종류를 전혀 본 적이 없었다. 15세기 말에 서구의 기술적 우월성은 이미 타의 추종을 불허할 정도여서 작은 서구 국가들은 전 세계를 정복하고 약탈하며 식민화할 수 있었다. 서양의 가장 약한 나라 중의 하나인 포르투갈이 동인도제도의 주인이 되어서 1세기 동안 지배했다는 사실은 서구의 기술적 우월성이 어느 정도인지를 말해준다. 바스코 다가마[Vasco da Gama]의 기술은 과학의 도움 없이 거의 순전히 경험 건조되었다.

유럽 중세시대는 유럽 최초의 산업혁명으로서 인류사에서 발명이 폭발적으로 일어난 시대 중 하나였다. 자본주의적 회사들이 형성되었고 그것들의 주식들은 매매되었다. 기계류가 가장 급속하게 도입되었고 광범위하게 사용되었다. 기계는 인간 동력이 아닌 외부 동력으로써 작동되는 도구로 볼 수 있는데 서양 중세는 또한 에너지 혁명도 동시에 발생한 시기였다. 이 에너지혁명이 없었다면 기계혁명도 없었을 것이다. 에너지원은 주로 물과 바람을 이용하여 방아가 운행되었다. 방아는 곡식을 빻고, 올리브유를 짜며 가죽을 무두질하고 종이를 만들었다. 로마시대에도 방아가 이용되었지만, 중세시대 방아사용이 극적으로 증가한 이유 중의 하나는 아마도 가톨릭 교회의 노예 금지로 인한 노동력의 부족도 한 몫했을 것이다. 다시 기계의 사용은 노예의 필요성을 줄였고 이는 다시 기계의 필요성을 증대시키는 선순환이 이루어졌다. 베네딕트 수도원인 시토 수도원이 이런 에너지혁명과 기계화에 앞장섰다. 유럽 각지에 우후죽순처럼 세워지던 수도원들은 모두 비슷한 설계를 기초로 하여 지어졌고 아주 비슷한 수력 에너지 시스템을 가졌다. 성 베르나르가 그의 수도사들에게 부과한 훈육들은 정기적인 일과 기도를 강조했다.

9세기 초부터 수력제분소는 곳곳에 세워지기 시작하여 그 사용이 극적으로 증가했다. 로브[L'Aube]에서는 11세기에 14곳의 방앗간이 있었고, 12세기에는 60곳, 13세기에는 200곳이 넘게 되었다. 정복왕 윌리엄이 1086년에 그 유명한 둠스데이북 호구조사를 했을 때, 9250 곳의 장원 중 1/3 이상이 1곳 이상의 방앗간을 갖고 있었을 정도로 방앗간은 광범위하게 퍼져 있었다.

이 방앗간의 많은 곳들이 지분들을 통해서 소유되었다고 동업자의 수는 많지 않아 5명 이하가 있었다. 지분은 시장에서 매매되었고 가격은 변동했다. 지분보유자들은 반드시 제분업자일 필요는 없었다. 자본과 노동의 분업은 이미 13세기에도 명백했다. 방앗간들이 하나로 연합하여 유한책임 회사를 구성했고 주주들은 손익에 대한 리스크를 분산시켰다. 그러한 회사들은 연례 총회를 열었고 회계를 검토하고 다음 해의 관리자를 선출했다.

바자클 방아 회사(Société du Bazacle)는 세계에서 가장 오래된 자본주의적 주식회사였다. 바자클의 제분소 회사(Société des Moulins de Bazacle)는 네덜란드의 동인도회사보다 수백 년 앞선 놀랄 정도로 정교하고 근대적인 주식회사였다.

사람들은 최소한 1071년 이래 프랑스의 툴루즈 지방의 가론강[Garonne R.]의 여울인 바자클에서 곡식을 제분해오다가 1369년에 그 강에 영구 임차권을 공유한 그 제분소 소유자들은 이익을 공유한다는 합의문에 서명하였다. 1372년에는 그들 중 한 사람이 어떤 상인에 대한 빚을 약 10년 간 체불하면서 채권자/채무자 소송이 붙었고 거기서 주식회사가 탄생했다. 그 소송으로 연례 회의에서 주주들과 매번 상의할 필요가 없이 결정을 내릴 수 있는 의원들(사실상 이사들)을 선출하는 구조가 창조되었다. 그리고 그 소송은 그 회사는 주주들과는 구분되는 하나의 법실체(legal entity)라고 인정하였다. 그런 지배 구조와 주주 보호 제도로 바자클 제분회사는 그 이전의 이태리 해상무역 및 은행 회사들과 상이한 종류의 회사가 되었다.

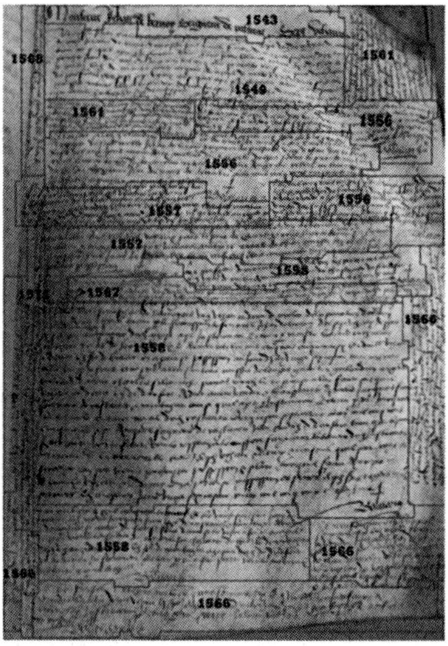

1530년 이래 바자클 주주 등록부

바자클 제분회사의 주식은 자유롭게 매매될 수 있었고 모든 이익은 정기적으로 'partison'이라고 불리는 배당금으로 지급되었다. 주주들과 그

상속자들은 주식의 전부 또는 일부를 팔 수 있었다. 바자클 제분회사는 주식회사(corporation, 단체)의 많은 특징을 가졌다.

- 민간 회사로 이윤을 추구했다.
- 주주들이 회사 장부를 회계 감사했다.
- 투자자들은 이사를 통해서 회사를 경영했다.
- 이사들은 연례 주주총회에서 선출되었다.
- 14세기에는 유한책임이었고 주주들과는 구분되는 하나의 법적 실체로 취급되었다.
- 1500년대가 되면 COO [Chief Operating Officer], 회계담당자 및 서기가 있었다.

종이는 1천년 이상 전에 중국에서 발명되었지만 중국에서는 여전히 손발을 써서 종이를 제작하였다. 그렇지만 유럽에 종이가 들어오자 유럽에서는 얼마 지나지 않아서 제지가 기계화되었다. 유럽 중세 경제에서 채광은 중요한 역할을 담당했는데 그 중 채석이 가장 중요했다. 로마시대에 주로 쓰이던 청동기 대신에 중세에는 철을 주로 사용하기 시작하여. 중세의 거의 모든 마을에는 철 대장장이가 있을 정도였다. 또한 쟁기를 끄는 말과 동물들은 모두 굽을 달았다.

수력을 적극 활용함으로써 중세에는 제련 기술이 비약적으로 발전했다. 수력을 이용하는 풀무(bellows)는 수력을 이용하는 기계 중 가장 중요한 발명이었다. 그 덕분에 용광로의 온도를 1500도C 정도로 끌어 올릴 수가 있었고 철광석을 녹일 수 있었다. 은 채광은 채광 기술의 발달에 중요한 역할을 했고 독일 광부이 주도하여 이 기술은 유럽 전역에 전파되었다. 독일인들은 동유럽 및 동남유럽의 철광 지대로 이주해가서 그

곳을 식민화했다.

중세 사람들은 발명 수완이 뛰어났고 기계에 관심이 많았다. 진보라는 개념은 고전 시대에는 알려지지 않았던 개념이었지만 서양 중세인들은 진보라는 개념을 믿었다. 가령 사르트르 성당의 스테인드글라스에는 과거 선지자들보다 더 멀리 보는 복음서 저자들이라는 그림이 그려져 있다. 사르트르 성당의 스테인드글라스, 장미꽃 유리창 아래의 큰 유리창은 구약성경의 4대 선지자들[이사야, 예레미야, 에스겔, 그리고 다니엘]를 거인으로서, 신약의 4명의 복음서 저자[마태, 마가, 누가 및 요한]은 그들 위에 올라앉은 난쟁이로 묘사한다. 그 복음 저자들은 비록 더 작지만 거인 선지자들보다 더 많이 본다. 그러한 태도를 갖고 있었기 때문에 중세 사람들은 발명을 당연한 것으로 여겼고 새 발명들이 계속 생길 것이라고 생각했다.

기계식 시계의 발명은 나머지 발명들보다 더 뛰어난 발명이었다. 근동 및 극동에서도 예전에 해시계와 물시계를 알고 있었지만 기계식 시계는 서양 중세의 수도원에서 최초로 발명되었다. 11세기에 중국에서 이보다 300년 전에 불교 승려가 발명한 메커니즘에 기반하여 송나라의 천문학자 소송[蘇頌, sū sòng]이 허난성 카이펑(開封)에 설치한 하늘로 오르는 계단이라는 뜻을 가진 티엔티(天梯) 천문시계는 당시에 가장 진보된 기계로 간주되었다. 그가 천문시계 제작에서 사용한 체인 형태의 탈진기(Escapement)는 가장 혁신적인 발명이었다. 탈진기란 쉽게 톱니바퀴로 일정한 진동을 가능하게 하는 부품으로 특히 시계와 같은 분야에서는 매우 중요한 역할을 한다. 이러한 탈진기의 발명은 곧 기계 기술에 있어 다양한 응용과 발전이 이루어지는 바탕이 되는 것이었다. 그렇지만 소송의 시계는 일종의 전시용이었지 일반 사람들의 생활에는 전혀 영향을 미치지 못했다. 중국에서는 시계의 기술이 제국의 비밀로 유지되었고 소수의 과학자와 기술자만이 세부 사항에 알고 있었지만 유럽에서는 기술이 상대적으로 신속하게 확산되었다. 국가가 지적 재산권 집행에 개입하지 않았기 때문이다. 유럽은 그 발전 도상에서는 지적 재산권에 대한 국가 보호를 제공하지 않았다. 그러한 기술 번성은 특허 또는 저작권법 없이 발생했다.

14세기에는 추시계가 유럽에서 매우 흔했다. 이 기술은 상당히 빠르게 확산되었다. 기계식 시계가 13세기 후반에 발명되었다는 증거가 있다. 물론, 시계의 축복과 함께 몇몇 저주가 왔다. 인생은 더욱 편제되었다. 매 시간 종소리가 울릴 것이다. 시간은 일출과 일몰의 사이클을 따르지 않았고 시와 분에 따랐다.

또한 자석과 나침반 발전이 있었다. 나침반과 3개의 돛단배가 발명되어 전 세계 바다를 항해하고 연안을 약탈하여 막대한 부를 축적할 수 있었다. 서양 중세 14세기 중반에 수직 가로돛(square sail)이 복원되면서 돛단배의 가장 집중적인 발달의 시대가 시작되었다. 지중해에서 1000년간 사용 되어온 지중해식 삼각형 세로돛 러틴 세일 [Lateen sail]은 거의 완전히 북유럽식의 가로돛에 의해 대체되었다. 북구식과 지중해식 배의 주요 차이점은 조선 방법이었다. 북구식 배는 삼판 아랫면에 반턱을 따고 아래 삼판의 윗면에 겹쳐서 부착하는 클링커 방식(clinker built methods)으로, 삼판은 한 겹으로 되어 있다. 반면에 지중해식 배는 평접방식(carvelbuilt)이었다. 북유럽은 전통적으로 네모진 가로돛을, 지중해에서는 삼각형 세로돛을 사용해 왔는데 가로돛의 경우 순풍이 불때 바람을 더 많이 받을 수 있고, 세로돛의 경우는 역풍을 거슬러 지그재그로 항해하는 능력이 뛰어난 것이 장점이었다. 또 돛의 조작에 대체적으로 세로돛이 더 많은 인원을 필요로 한다. 따라서 가로돛은 일정한 계절풍을 타고 먼 바다를 항해하는 원양 항해에 적당하고 세로돛은 역풍을 가르고 자주 오고가는 연안항해에 적합한 형태였다.

이런 북유럽의 가로돛과 세로돛이 융합되어 북유럽식의 커다란 가로돛을 다는 주돛대 main mast 뒤에 지중해식의 삼각형 가로돛대 mizzen mast를 설치한 돛대가 두개인 배가 제작되었다. 한 개의 돛대만을 사용하는 북유럽식 선박에다가 여러개의 돛대를 사용하는 지중해식 전통을 접목한 것이었다. 그 후 바람을 좀 더 이용하기 위해 앞돛대(fore mast)가 생겨났고, 결국 main mast, mizzen mast, fore mast의 세개의 돛대를 단 배가 주종을 이루게 되었다. 그것이 바로 캬라벨(caravel과 카라크선)이다.

카라크선 [-船, carrack]은 세계 항해의 판도를 완전히 바꾼 배였다. 사실상 여러장의 돛을 층층이 단 전장범선(全裝帆船) full-rigged ship의 시조라 할 수 있다. 처음으로 선체 [hull, 船體]에 성갈은 구조들을 통합했을 뿐만 아니라 앞으로 다가오는 수 백년 동안 발전될 범장의 기본적인 요소를 갖추고 있기 때문이다. 카라크선은 나오(nao)라고도 하는데 배를 뜻하는 스페인 고어이며 뚱뚱한 선체로 인해 좌우로의 요동이 심해 항해성은 떨어졌지만 적재공간이 넉넉해서 대항해시대의 주력으로 등장했다. 마젤란은 1519년 카라크선로만 구성된 함대로 세계일주에 성공했다.

카라크의 구체적인 특징은 둥근 선미였는데, 판자가 양쪽에서 방향타 기둥으로 휘어져 있고, 선수(船首) 바로 위에 있는 선원 선실이 있고 그 위에는 선수(船首)로부터 전방에 튀어 나온 봉(棒 : pol인 바우 스프릿 [Bow sprit])이 솟아 있다 이것은 전투용 배로서 뱃머리에 설치된 이후 변경되지 않은 배치이다. 그리고 배 뒤쪽에 높은 탑(sterncastle)이 솟아 있었고, 이것은 선체의 필수적인 부분을 형성했다. 선체가 넓었음으로 그 배들은 많은 선원과 식량과 화물을 집으로 가져올 수 있는 공간이 충분했다.

탐험에 널리 사용되는 또 다른 배는 돛대 세 개 모두 라틴세일(Lateen sail)을 장착한 연안 항해용 캐러벨 라티나(Caravela Latina)였고 많은 배는, 카라벨라 레돈다caravela redondas로 개조되었는데 그것은 순풍 [順風,]을 이용하기 위한 장치였다. 예를 들어, 크리스토퍼 콜럼버스가 1492년 항해한 두 배는 모두 가로돛 배들이었다. 얕은 선체와 날씬한 형태는 비록 더 작은 운반 능력을 의미하긴 했지만 긴 항해에 이상적이었다. 돛들은 광범위한 확장을 거쳤다. 메인세일은 크기가 커졌고 종종 아래쪽 코너인 클루 외에 돛발 중간과 연결된 추가 시트 라인이 있었다. 게다가 본 돛의 하단에 보닛이라고 불리는 탈착 가능한 부품 한두 개를 추가하는 경우가 많았는데, 풍속이 너무 높아지면 제거해야 한다. 세 번째 돛대, 즉 앞 돛이 있는 앞 돛대는 처음에는 그 자체로 추진 단위라기보다는 선박 조향에 대한 보조물로 개발되었다. 나중에 돛과 돛대의 크기가 커져서 본선에 완전히 고정하는 것과 비슷한 부분이 되었다. 추가로 돛을 올린 후, 그 사형범(斜桁帆)이 바우스프리트 밑의 일야드 구부러졌다. 이 돛은 게르만어로 "블린다blinda"라고 불렸는데, 이는 돛이 앞의 시야를 막았기 때문이었다.

1439년경에 요하네스 구텐베르크 (Johannes Gutenberg)가 활자 발명이 있었다. 통념과는 달리, 중세는 상당한 산업화와 과학 발전의 시기였다. 이 기간 동안 에너지, 기계화, 광업 및 정밀 기기들이 눈부시게 발전했다.

이 혁명의 구체적인 내용들을 살펴보자.

에너지 혁명

중세 유럽은 그 이전 어떠한 문명에서도 볼 수 없었던 규모로 기계를 도입하고 사용하고 개량하였는데 이는 서구가 세계를 지배하게 된 가장 큰 요인 중의 하나였다. 수력이나 풍력을 이용하는 제분기(mill)가 아주 흔했고 이를 이용하여 곡식을 갈고 올리브를 으깨며 옷감을 축융[縮絨, fulling]하고 종이를 만들었다. 재분소들은 물을 에너지원으로 이용했음으로 주로 강둑에 설치되었지만 또는 강 한 가운데 표류하든지 강둑에 매어져서 강 가운데에 세워지기도 했다. 그것은–단지 공장으로서 역할만을 했던 아니라 만남의 장소였다, 특히 곡식을 빻는 방앗간이 그런 역할을 자연스레 겸하게 되었다.

아우구스투스 시대의 그리스 풍자시인인 안티파토루스(Antipater of Thessalonica 398?~319 B.C.)는 시에서 최초로 수차 [water wheel, 水車]를 언급한 사람으로 알려져 있다. 그는 20BC/10AD에 상사식 수차 [overshot wheel, 上射式水車]를 말하면서 곡식을 갈고 인간 노동을 절약하는 수차를 예찬한다.:

"제분기에서 손을 떼라, 너 가는 소녀들이여, 수탉이 새벽을 알릴지라도 계속 잠자라. 데메테르[Demeter] 여신이 너의 손의 노동을 님프들에게 넘겼고, 그 님프들은 수차의 꼭대기에서 뛰어 내리면서 차축[車軸, axle]을 돌린다. 둘러싼 톱니들로써, 그것은 니시로스 섬의 맷돌의 빈 무게를 돌린다. 만일 우리가 고역 없이 대지의 과실 위에서 향연하는 법을 배운다면, 우리는 다시 황금시대를 맛 볼 것이다."

클레르보(Clairvaux) 시토 수도원의 베르나르도 수차를 찬미했다.:

"그러나 강은 도움이 필요한 그 누구도 망설이거나 거절하지 않는다. 그리고 무거운 공이 [pestle], 축융사의 거대한 목재 해머 또는 발 모양의 블록을 번갈아 들어 올리고 내리는 것을 볼 수 있다. 그래서 그것은 그들의 노동의 가장 힘든 부분을 덜어준다.

....

그것은 무두질 공장으로 들어간다. 거기서 수도승들의 신발을 위한 가죽을 준비하면서 그것은 근면하게 힘을 쓴다. 그 다음에 그것은 개울들로 갈라져서 지정된 경로를 따라 주어진 의무를 하러 간다. 요리, 거르기, 돌리기, 갈기, 물주기, 또는 씻기, 그것은 절대로 임무 협조를 거절하지 않는다. 마침내..그것은 쓰레기들을 끌고 가고 모든 곳은 깨끗하게 남긴다. 만일 우리의 옷과 우리의 식량을 덕을 보는 이 고마운 강이 우리를 위해 노동하지 않는다면 얼마나 많은 말들이 녹초가 되고 얼마나 많은 사람들이 팔들이 고달프게 되었을 것인가? "

중세 베르나르와 로마 시대의 안티파토루스는 모두 수차를 예찬하지만 그들이 살았던 사회들은 수차의 산업적 사용에 대해서는 확연히 다르게 반응했다. 고전적 세계는 수차를 제한적으로만 채택했지만 중세는 기계화에 전적으로 매진했다.

수차의 사용

최초의 수차는 기원전 2세기 말에 발명된 것으로 추정되고 있다. 기원전 1세기에 그리스 지리학자 스트라보(Strabo)는 폰토의 왕 미트리다테(Mithridates of Pontus)의 궁전에서 수차를 보았다고 기록했는데 로마의 폼페이우스 군대는 수차를 보고 경악했다고 한다. 초기의 수차에는 기어가 없었다. 수차 바퀴는 수평으로 회전 하고 수직축(vertical shaft)에 의해서 맷돌을 돌렸다. 그것의 일률은 0.5 마력 정도 되었다. 기원전 1세기 말에 로마 엔지니어들은 수직 아랫걸이수차를 써서 수차의 일률을 3마력으로 끌어올렸다. 90도 기어를 통래서 맷돌을 돌리는 날을 달았기 때문이었다.

로마 멸망 이후에도 노예제가 존속되었지만 점차로 없어지다가 9세기에 거의 없어졌다. 이 시기는 묘하게도 수차가 중요해지기 시작하는 시점이었다. 9세기에 몽데테 수도원(Montier-en-Der)에 속하는 23곳의 영지에 11개의 수차가 있었다. 그들 중 3개는 불과 6km도 떨어지지 않은 거리에 자리 잡고 있었다. 생제르맹 데 프레(Saint Germain-des-Pres) 수도원이 소유한 토지에는 물경 59개의 수차가 있었다. 이 수차들의 대다수는 작은 개울 위에 세워졌다. 더 이상 수로는 필요 없었다. 그 다음 세기들에서 수차는 폭발적으로 증가했다. 예를 들어 센느강의 오른쪽 지류인 로베크강Robec 강둑에는 10세기에는 2개의 수차가 있었지만, 11세기에는 4개, 13세기에는 10개, 14세기 초에는 12개가 있었다. 프랑스의 주 중 하나로, 프랑스 북동부에 위치하고 있는 오브 주 (Aube Department)에서는 11세기에는 14개의 수차가, 12세기에는 60개의 수차가, 13세기에는 100개가 넘는 수차가 있었다.

정복왕 윌리엄의 1086년 둠즈데이북 Doomsday book에는 9250개의 장원들에 관한 상세한 정보를 기록했는데, 287045명의 차지인들이 있었고 5명 가족으로 계산하면 인구는 대략 140만 명이었다. 그런데 수차는 총 5,634개가 기록되었다. 9250개의 장원들 중 1/3 이상은 최소 1개 이상의 수차가 있었다. 그러므로 평균적으로 1개의 수차는 50가구에게 에너지를 제공했다. 수차가 폭발적으로 증가한 이유는 주로 금융적인 이유 때문이었다. :일단 투자가 이루어지면 수차는 상당한 지대를 가져다 주었다

방아의 사용

고대 알렉산드리아의 헤론 Hero of Alexandria은 캠(cam, 바퀴의 회전 운동을 왕복 운동으로 바꾸는 장치)의 용도를 알고 있었지만 그것을 단지 움직이는 장난감과 가젯에만 적용하였다. 중국인들은 A.D. 290년에 이미 스프링해머를 써서 벼의 깍지를 벗기고 있었지만 그런 발명들은 그들의 역사에서 중요한 진화적 역할을 하지 못했다. 유럽에서는 10세기 말에 캠이 도입되자 방앗간목수들은 그 때까지는 손발로 행해졌던 일련의 산업들을 기계화하는데 이용하였다. 프랑스의 생 소뵈르 수도원 (monastery of saint-sauveur)에서는 987~996년 사이에 양조 방앗간이

언급된다. 독일의 오베르팔츠[Oberpfalz]의 슈미트쿨렌[Schmidmuhlen]에는 1010년에는 이미 수력 해머가 작업하고 있었다. 프랑스의 그래시보당[Graisivaudan]에서는 1040년에 대마[hemp]가 기계적으로 가공되고 있었다. 1086년 프랑스에서는 축융 방아가 가동되고 있었다. 1138년에 프랑스 파리의 노트르담 성당의 한 문서는 무두질 방아를 언급했다.

방아는 주로 수차를 이용해서 가동되었고 그것은 종지 제작과 축융 그리고 곡식 빻기에 쓰였다. 중국 한나라에서 발명된 종이가 아라비아를 거쳐 13세기 유럽에 도착하자마자 제지는 기계화되었다. 수차로 동력을 얻는 최초의 제지 방아는 발렌시아(Valencia)의 남쪽 사티바(Xativa)의 방아였다고 1238년과 1273년 문서에서 언급된다. 7개의 수력 제지 방아가 1268년에 이태리의 파브리아노에서 활발하게 영업을 하고 있었다. 알려진 최초의 프랑스 제지 방아는 도르강[Dore] 둑에 위치한 리샤르드 바(RICHARD de BAS) 회사다. 그것은 1326년에 종이를 제조하고 있었고 지금도 목재 해머 배터리로 린넨 및 면 헝겊이 펄프되고 있다.

축융[縮絨, fulling]은 천을 만드는데 있어 중요한 작업으로 직물 등을 수분과 열을 주면서 두드리거나 비비거나 하면 섬유가 서로 엉켜 조밀한 섬유 집합체를 만드는 공정이다. 원래는 사람들이 발로 짓이겨야 했지만, 결국에는 번갈아 가면서 때리는 목재 해머로 대체되었다. 수차의 방추체[紡錘體, spindle]에 매인 회전하는 통의 의해서 그 해머들은 오르락내리락 하였다. 영국에서, 13세기에 축융 방아들은 상당한 이익을 내었기 때문에 많은 장원 영주들은 새 축융 방아들을 건설했을 뿐만 아니라 곡식 방아를 축융 방아로 전환시키기까지 할 정도였다. 그들은 장원 주민들에게 천을 가져와서 그들의 방아에서 축융하도록 강제하였다. 축융 밀의 도입은 13세기의 산업혁명으로 불린다. 과거의 몇몇 축융 산업의 중심지에는 빈곤과 불만을 가져왔지만 나라 전체로 보면 부와 기회와 번영을 가져온 혁명이었다. 그것은 중세 영국의 모습을 변모시켰다. 축융의 기계화는 18세기 방적[spinning, 紡績]과 방직 (紡織 weaving)의 기계화만큼이나 결정적인 사건이었다. 14세기 초의 파리 센 강Seine 상류 주 지류에 68개의 수차가 있었다. 이것들은 총 1450m 이내의 거리에 있었을 정도로 조밀하게 위치하고 있었다.

수차만큼 많이 이용되지는 않았지만 서양 중세에 풍차의 사용도 폭발적으로 증가했고 그 성능도 아주 좋아졌다. 12세기에 중세 엔지니어들은 수차의 원리를 풍력에 적용하였다. 그들은 수력에 의해 구동되는 물바퀴는 풍력에 의해 구동되는 날개로 바뀌었다. 물은 언제나 일정한 방향으로 흐르지만, 바람은 수시로 방향이 바뀌는 것이 가장 큰 난제였다. 엔지니어들은 그 속에 기계를 담고 있으며 날개를 달고 있는 목재 박스 몸체를 엄청나게 큰 오크 말뚝 위에 올려놓아서 꼬리를 활성화시키면 수직축 위에서 몸체가 회전하는 풍차를 고안하여 해결하였다. 이 풍차는 회전식 풍차(postmill)라고 불린다. 회전식 풍차는 수직축 위에 올려진 수평풍차와는 아무런 관련이 없는 것으로 보인다. 수직축 풍차는 7세기 이래 이란 및 아프가니스탄 고원에서 계속 사용되어 왔다. 3차 십자군 전쟁(1189~92)에서는 거꾸로 회전식 풍차가 중동으로 수출되었다.1180년 이후부터는 풍차에 관한 수많은 기록들이 있다. 높은 이익을 내는 풍차가 워낙 많았기 때문에 교황 첼레스티노 3세(Celestine)는 풍차에 세금을 물렸다. 그것들은 풍속이 빠른 바람이 있는 곳에서는 어디서나 우후죽순처럼 생겨났다. 그것들은 겨울에도 얼지 않았기 때문에 북구의 대평원에 대량으로 세워졌다.

시토회[Cistercian, 一會]

시토회라는 명칭은 프랑스의 디종 근처 시토의 수도원에서 연유되었다. 시토 수도회는 1098년에 베네딕토회(會) 몰렘 수도원 원장 로베르투스(Robertus)가 수도회의 엄격하지 않은 회칙 적용에 불만을 품고 베네딕토 회칙의 엄수에 뜻을 같이하는 수사 20명과 함께 원시수도회제도의 복귀를 목표로 창설한 혁신적인 수도회이다. 모든 수도원은 같은 관례와 규칙을 준수한다는 일체성의 원칙, 각 수도원의 수도원장은 시토에서 열리는 연례회의에 참석한다는 총참사회 원칙, 창설수도원장은 1년에 1회 소속 수도회를 방문하여 동일한 규율을 지킨다는 방문의 원칙 등 회칙과 규칙 및 질서가 확립되었다. 시토회는 개개의 수도원이 자치권을 가졌으며, 성무(聖務)와 정주(定住)의 의무를 준수할 뿐만 아니라 봉토에서 나오는 수입을 거부하고 단식·침묵·노동을 엄격히 지키며 토지경작을 했다. 도시의 세속적이고 상업적인 삶에서 나와서 자급자족 생활을 하려는 열망에서 시토회는 오지로 들어가서 새 삶을 꾸렸다. 시토회는 부자들로부터 큰 삼림의 중앙에 있는 가치 없는 필지들을 사들여서 나무들을 잘라내어 보리, 밀, 포도나무를 심었다. 그들은 농가(grange)경제를 실시했고 주변 땅을 착복하고, 새 농지에서의 농산물을 수확하고 십일조를 내지 않음으로써 엄청난 부를 획득하였다. 시토회는 유럽의 모든 숲들을 벌목하여 농지로 만들었고 이로 인해서 중세 최후의 농업부흥이 있었다. 그렇지만 그것은 중세 유럽의 처녀 토양을 고갈시키는 마지막 만세이기도 했다.

12세기에 전성기를 맞은 시토수도회는 유럽에서 지도적인 지위를 확보하며 스웨덴·포르투갈·스코틀랜드 및 지중해 동쪽 국가에까지 퍼져나가 수많은 수도원을 거느렸고, 발트해 연안 여러 나라의 그리스도교화에 공헌했다. 그러나 12세기 말부터 수도회의 성격이 변질되고 회칙을 따르지 않는 사례가 생겨나면서 수도회는 위기를 맞게 되었다.

시토회는 노동과 기도를 강조했다. 시토회는 베네딕트 교단의 일파였다. 베네딕트의 규칙들은 엄격한 시간 준수와 청빈한 생활들을 강요했다.:

"내 아들아, 매스터의 가르침을 경청하고 네 가슴의 귀를 기울여라. 사랑하는 아버지의 충고를 기쁘게 받아들이고 효과적으로 행해서 복종의 일을 통하여 불복종의 나태함 때문에 멀어진 그에게 돌아가라. 그러므로 너에게, 나의 말은 향해져 있다.-주 예수 그리스도, 진짜 왕을 위해서 싸우고 뛰어나고 막강한 복종의 무기를 잡기 위해서 자신의 의지를 포기하는 자 누구에게나."-누르시아의 성 베네딕트

베네딕트 수도원은 극단적 금욕주의를 강조하지 않았고, 엄격하지만 온건하였고, 질서와 행정을 강조했다. 그들은 하루 일과를 예배, 노동, 성경공부로 나누어서 생활했다. 이로 인해 서방 수도원은 영성, 노동, 학문의 균형을 강조하게 되었다. 수도사들은 떠돌아다니지 않고 한 곳에 정주(定住)해서 생활했다. 수도사의 3대 서약은 청빈, 순결, 순종이었다. 베네딕트의 규칙은 외부 권위에는 전혀 구속을 받지 않고 완전히 자급자족하는 수도원을 목표로 하는 규칙들을 명시하였다. 그 규칙은 중세 서구의 수도원과 수도원 외부의 삶에 커다란 영향을 미쳤다. 그 규칙의 준수는 11~12세기 수도원 개혁 운동의 핵심이었다. 그러나 시토회 창립자들은 그 규칙을 더 문자 그대로 실행하려고 하였다. 그들은 고도로 중앙집권적인 행정과 최첨단 기술에 기초한 경제 제국을 창조하였다. 그들은 물레방아만이 아니라 유럽 전역으로 제철기술을 전파하는데 중요한 역할을 하였다.

서양 중세의 제철업(製鐵業)

중세 유럽의 제철산업은 유럽의 아주 많은 사람들에게 높은 생활수준을 가져오는데 근본적으로 중요한 역할을 알고 있었다. 당대의 저술가들은 전쟁만이 아니라 농업과 건축에 대한 철의 중요성을 잘 인식했다. 예를 들어, 성(聖) 바르톨로뮤(Bartholomew) 의 프란체스코 수사는 1260년에 다음과 같이 섰다:

"철의 용도는 많은 면에서 금의 용도보다 인간에게 더 필요하다. 비록 탐욕스런 사람은 철보다 금을 더 많이 갖고 있지만, 철이 없다면 공동체는 적에 대해 안전하지 않을 것이고, 철의 공포가 없다면 공통의 권리는 지켜지지 않을 것이고, 철로써 순박한 사람들은 방어되고 사악한 자들의 무모함은 철의 공포로써 훈계된다. 그리고 철이 없다면 거의 모든 수작업이 행해질 수 없다, 철이 없다면 경운 도구도 사용될 수 없고 건축물도 건축될 수 없다.."

로마시대만 하더라도 주로 청동기에 의존했지만, 중세에 청동기는 중요성이 미미해졌다. 그러므로 진정한 철기시대는 중세시대에야 시작되었다고 말할 수 있다. 모든 중세 마을에는 철 대장간이 있었는데, 농부의 황소와 말 뿐만이 아니라 지역 기사와 그의 가신들의 말도 쇠 말굽을 박아야 했기 때문이다. 중세의 갑옷[armor]에도 많은 철이 필요했다. 8세기에 프랑크족이 도입한 기마 충격 전투(mounted shock combat)법으로 무거운 갑옷이 중요하게 되었고 석궁(steel armed crossbow)은 10세기 말부터 보병들이 사용하기 시작했고 여기도 많은 철이 필요했다.

건축에서의 철이 다량으로 사용되었다. 가령 웨스터민스터 사원의 8각형 사제단회의장은 1245~1255년에 건축되었는데, 채플이 바깥쪽으로 무너지는 것을 방지하기 위해서 우산 같은 철로 된 구조물로 지어졌다. 건축에 대한 설명들에는 철제 도구들의 정확한 개수와 가격들에 관한 정보들로 가득하다. 그 중에서도 특히 쇠못의 엄청난 개수와 종류가 눈에 뜨인다. 가령 1390년의 칼레의 점포들에서는 49만4000개의 쇠못들이 기록되었다.

이 모든 것에는 에너지가 필요했고, 그 에너지는 주로 수력 에너지에서 나왔다. –수력은 금속 제품 제조를 혁명적으로 변화시켰다. 수력으로 작동되는 스프링해머가 괴철(塊鐵)을 제련하는 고된 대장장이의 수작업을 점차적으로 대체했는데 그 반복 동작은 훨씬 더 획일적이고 무게는 갈수록 더 무거워졌음으로 대장장이보다 훨씬 더 효율적으로 일을 할 수 있었다.

기계 해머는 앞 단계에서는 무게가 500~1600kg이나 나갔고 나중 해머들의 무게는 300kg정도로 분당 60~120번을 내리쳤다. 그리고 더 가벼운 70~80kg 해머들은 분당 200회를 내리쳤다.

수력이 결정적인 역할을 하는 가장 중요한 발명은 쇠를 달구거나 또는 녹이기 위하여 화덕에 뜨거운 공기를 불어넣는 기구인 수력 풀무였다. 그 풀무는 물경 섭씨 1500도에 달하는 뜨거운 바람을 만들어 내어서 철광석을 녹일 수 있었다. 사상 처음으로 용광로는 액체 철을 생산했다. 거푸집에 녹인 쇳물을 부어 형태를 만드는 금속공예 기법인 주조법(casting process)은 청동기에 대해 오래 동안 쓰여 온 방법이었는데 이제 철제 제품도 주조법으로 만들 수 있게 되었다. 수력 풀무로 구동되는 최초의 알려진 용광로는 1323년에 세워졌다.

중세시대에는 기술자가 한 나라에서 다른 나라로 이동하면서 야금 기술

혁신이 다른 곳으로 전파되었다. 시토회는 유럽 전역으로 급속히 퍼져나가면서 신기술의 전파에 주요한 역할을 하였다. 모든 수도원에는 종종 교회만큼이나 큰 공장들이 있었다. 그리고 기계들은 수력으로 구동되었다. 시토회는 수도원의 효율을 제고하기 위해서 신기술을 채택하는 데 열성이었다. 시토회는 자신들이 쓸 목적으로 철이 필요했지만 곧 잉여 생산된 철을 팔기 시작했다. 그들은 철광상들을 닥치는 대로 사들였고 그 광상(deposit) 근처의 용광로들도 사들였다. 클레르보 수도원은 프랑스의 대단위 철광석 지역 중심지 하나에 위치해 있었고 시간이 가면서 점차적으로 이웃 지역의 철광산들을 다수 매입했다. 1230년에서 17세기까지 시토회는 샹파뉴 지방의 주도적인 철 생산자였다. 1330년에는 시토회는 이미 8~13개의 철공장의 소유자였다. 클레르보 시토회는 용광로에서 나오는 찌꺼기 광재(鑛滓 slag)를 모았는데 그들은 이 속에 농지를 비옥하게 하는 인산염이 높은 비율로 포함되어 있음을 알고 있었다.

이탄과 네덜란드의 전성기

바람, 물 그리고 근육의 힘은 운동에너지들이다. 아것은 열에너지와는 다르다. 운동에너지는 곡식을 갈거나 나무를 자르거나 돛단배를 움직이는 데 필요한 에너지였다. 태양에너지의 열을 이용하여 건조하는 경우는 별개로 치면 수세기 동안, 목재 그리고 나무로 만든 숯은 유럽에서 유일한 열에너지의 원천이었다. 건물 난방, 음식 조리, 건축 재료(벽돌, 타일, 시멘트, 석회, 등) 만들기, 유리 제조, 제철하거나 염료 및 비누를 생산하는 등의 활동을 위해 목재 또는 숯이 요구되었다.

동시에 목재는 건물, 선박, 다리, 제분소, 교각, 화랑, 두루미, 윈치, 광산 갱도, 차량, 통, 가구, 도구 등의 주요 건축 자재였다. 목재는 주택과 운송 장비뿐만 아니라, 유럽의 일부 지역에서 철 제련업이 증가함에 따라 용광로 목탄 생산을 위해 필수불가결한 열에너지원이었다. 그리고 유럽의 해양 강국들(스페인, 포르투갈, 영국, 프랑스, 네덜란드)이 상업과 해군 모두 해양을 운항하는 대형 선박을 건조하기 위해 경쟁함에 따라, 그러한 선박의 수와 그들의 더 큰 크기로 선체, 갑판, 돛대를 만드는 데 필요한 고품질 목재를 위한 전례 없는 수요가 생겨났다. 나무 선체, 돛대, 그리고 항해 돛이나 스피나커 폴, 아래 활대 등의 나무로 된 막대나 튼튼한 금속으로 만들어진 막대로 삭구를 지탱해주는 스파[spar]가 전체 질량의 70%에 해당하는 경우 이들 선구적인 배에는 60~75톤의 톱질된 목재들이 들어 있었다.

오늘날에는 두 가지 유형의 에너지가 서로 전환될 수 있다는 것은 자명하지만, 대부분의 인간 역사에서 운동에너지와 열에너지는 별도로 취급되었다. 그렇다면, 지금과 마찬가지로, 열에너지는 운동에너지보다 훨씬 더 중요했다.

로마인들은 사실상 모든 기계적인 활동에는 노예 노동력으로 동력을 얻었지만, 열에너지와 건축 자재를 얻기 위해서는 숲을 찾아서 벌채해야 했고 그래서 유럽의 많은 지역을 황폐화시켰다. 로마제국이 붕괴되었을 때, 암흑시대라고 불리는 반천년 동안에 숲은 회복되었다. 서기 500년에서 1000년 사이에 유럽에서는 쟁기 개선, 삼포식(three-field system) 농업, 말목걸이, 말발굽 등 몇 가지 중요한 농업 혁신이 일어났다. 이러한 기술 덕분에 더 많은 인구와 더 많은 식량 잉여가 산출되었고 더 많은 식량을 더 적은 노동력으로 공급할 수 있게 되었다. 그래서 사람들이 땅을 일구지 않고도 다른 일을 할 수 있는 도시들이 성장했다.

도시들에서는 난방과 주택 자재만이 아니라 다른 활동을 위해서도 목재가 더욱 더 많이 필요해졌다. 가령 인쇄기의 발명은 목재 수요를 더욱 증가시켰다. 마찬가지로, 고딕 양식의 대성당을 짓기 위해서는 수톤의 재료가 필요했고, 열에너지 사용을 증가시켰다. 따라서 도시화는 산업적 활동의 증가와 함께 진행되었다. 또한, 중세 산업 공정은 오늘날과 비슷한 공정보다 덜 효율적이었다. 예를 들어, 최대 20kg의 숯(에너지 함량 600 MJ)을 사용하여 1kg의 철(오늘날의 20~25MJ/kg과 비교)을 생산했다. 1100년과 1300년 사이에 도시화와 산업화는 급속히 진행되었고, 그래서 다시 광범위한 삼림 벌채가 일어났다.

약 1100년부터 1700년까지 서유럽 경제를 풍미했던 네덜란드인과 플랑드르인은 1100년대에 이룩한 풍력기술의 인상적인 사용으로 유명하다. 1500년대 후반(16세기)부터 네덜란드에서 풍차들이 곳곳에 나타나기 나타났다. 네덜란드에서는 종이 생산, 나무 톱질, 유리 광택, 시멘트 생산 등 광범위한 산업 공정에 풍력이 적용되었다.

17세기에 네덜란드는 다른 나라에 비해 풍족한 경제적 황금기였다. 네덜란드는 1648년 이래로 평화가 이어졌고 국제 무역에서 주도적 위치를 차지했다. 네덜란드의 상선은 어느 나라의 상선보다 규모가 컸고 네덜란드는 북미와 남미, 호주와 아시아에 식민 재산이나 공장들을 소유하고 있었다. 뉴욕은 신 암스테르담으로, 호주는 신 네덜란드로 알려져 있었다. 네덜란드는 전형적인 상업 조직인 동인도회사(1620)와 서인도회사(1621)를 소유하고 있었다. 주식 거래 기관을 창설한 것도 네덜란드였다. 네덜란드는 가구와 가정용품, 옷장과 독특한 델프트 도자기, 화훼로 유명했다. 이러한 풍요한 생활에는 에너지가 필요했고 목재와 이탄이 열에너지를 제공했다.

산업 풍차는 산업화 이전의 경이적인 기술이었지만, 17세기 동안 왜 네덜란드가 세계에서 가장 중요한 경제 대국이 된 이유에 대한 부분적인 설명만 제공한다. 풍력은 지속 가능한 힘의 제공자이지만 어디까지나 운동에너지를 전달할 뿐이다. 한 가지 예를 들어보자면, 풍력으로써 유리에 광택을 낼 수는 있지만, 풍차를 이용해서 유리 자체를 만들 수는 없다. 그러기 위해서는 열에너지가 필요하다. 그리고 산업화 이전 시대에는 고온에 도달하는 유일한 방법은 나무를 태우는 것이었다. 하지만 한 가지 문제는 이 지역의 사실상 모든 숲이 1600년대에는 사라진지 오래되었다는 것이다. 그런데 네덜란드의 황금시대에 네덜란드인들은 유리를 만들었을 뿐만 아니라 벽돌, 타일, 도자기, 클레이 파이프를 만들었고, 소금과 설탕, 표백된 린넨, 삶은 비누, 양조된 맥주, 증류주, 구운 빵도 만들었다. 이 모든 과정에는 대량의 열에너지가 투입되어야 했다. 게다가 네덜란드인들은 내수를 위해 필요한 것보다 훨씬 더 많은 것을 생산해야 했다. 그들은 위에서 언급한 많은 공업제품들의 유럽 최대 수출국이었기 때문이다. 그보다 몇 세기 전에 좀 더 작은 규모로 비슷한 생산 붐이 플랑드르에서 일어났는데, 그 곳에서는 목재의 매장량이 거의 전무한 상태에서 에너지 집약적인 산업이 나타났다. 그렇다면 네덜란드인과 플랑드르인은 어떻게 이것을 성취했을까? 그 답은 이탄의 엄청난 규모의 채굴을 통해서라는 것이다.

이탄이란 무엇인가?

이탄[peat,泥炭]은 석탄처럼 지하에 매몰된 수목질이나 동물의 사체가 오랜 기간에 걸쳐 고온과 고압을 받아 숙성되어 생성된 것과는 달리 식물질의 주성분인 셀룰로스, 리그닌 등이 주로 지표에서 분해작용을 받아서 그 위에 쌓인 다른 나무나 퇴적물, 물에 의해 압축되어 물화학적인 변화를 받아서 분해되거나 변질된 탄소화합물을 말한다. 이탄은 피트 또는 토탄(土炭)이라고도 불린다. 이탄이 쌓여서 만들어진 습지를 이탄습지(peatland)라고 부른다. 완전히 탄화할 정도로 오래되지 않은 석탄의 한 종류로, 지표에서 분해작용을 받아서 생성된다는 점에서 일반적인 석탄과 구별된다. 따라서 지표환경에서 퇴적된 상태로 분해가 되어야 하므로 늪지대와 같은 분지 지형에서 한정적으로 생성된다.

피트는 보통 습지대에 있는 식물 재료가 산소 부족으로 완전히 썩지 않을 때 형성된다. 이 반탄화된 연료는 두께가 5m에 이르는 지구 표면에 가까운 층에서 발견될 수 있다. 이탄은 짧은 숙성 작용를 거치기 때문에 석탄이 만들어지는 첫 번째 단계에서 형성되어서 탄소 함량비가 낮아 발열량이 상대적으로 적다. 이탄은 '터프(잔디, turf)'로도 알려져 있는데. 건조 및 압착된 피트의 에너지 밀도는 kg당 약 15~17MJ로, 건조된 목재(15~18MJ/kg)의 에너지 밀도와 비슷하지만 석탄(24MJ/kg)이나 숯(최대 29MJ/kg)보다는 낮다. 하지만, 이것은 같은 무게 대비 나무보다 더 부피가 큰 연료다. 예를 들어 석탄 1m^{3}은 터프 1m^{3}보다 6배나 많은 열을 제공한다.

1700년대 네덜란드에서의 피트 연료 사용 유리 제조 그림

이탄은 오늘날에도 일부 국가, 특히 아일랜드, 핀란드, 러시아에서 사용되고 있으며, 이곳에서는 발전소에서 연료로 그리고 가정용 난방에 사용된다. 피트는 기껏해야 연간 약 1mm의 비율로 재생되며, 따라서 3m의 피트층이 원래 크기로 돌아오는 데 최소 3000년이 소요된다. 그것도 그 땅이 다른 교란 작용을 받지 않을 때에만 그러하다. 또한, 우리가 볼 수 있듯이, 피트의 채굴은 풍경에 매우 큰 영향을 미치는 반면, 터프를 태우는 것은 같은 에너지 함량에 대해 석탄보다 약간 더 많은 이산화탄소를 배출한다. 석탄보다 연기 발생이 적고 유황 함유량이 적어 석탄보다 대기오염을 적게 발생시키는 것이 유일한 장점이다.

이탄 채굴

산업화 이전 시대에는 매우 간단한 도구를 사용하여 이탄을 파냈다. 절단되기 전에, 이 피트는 종종 표면에 배수 참호를 파서 부분적으로 수분을 제거했다. 다음으로 토지에서 초목을 제거하고, 토양은 필요한 크기로 수직으로 잘라졌다. 다음 단계는 피트 잔디를 수평으로 잘라낸 다음 바퀴 손수레에 싣고 근처 밭으로 운반하는 것이었다. 그곳에서 건조하기 위해 세로로 세워서 놓거나 쌓았다. 피트 잔디들이 연료로 사용될 만큼 충분히 건조해 지는데 6주에서 8주가 걸렸고, 그 후에 그것들을 더 조밀하게 만들기 위해 두들기거나 짓밟았다. 밭에서 건조하는 과정 동안, 피트 잔디는 정기적으로 뒤집어졌다. 마침내 그 피트는 바구니에 싣고 농장이나 시장으로 운반되었다. 토탄 채굴은 늦봄부터 초여름까지 1년에 3개월 정도 걸리는 계절적 활동이었다. 서리가 내려 건조되는 피트를 손상될 수 있기 때문에 4월 이전에 생산을 시작하는 것은 위험했다. 여름에 피트를 캐는 것은 춥고 습한 계절에 따라오기 때문에서 충분히 건조되지 않을 가능성이 있었다. 마찬가지로, 매우 더운 여름에는 마른 밭에서 그것은 바람에 의해 흩어질 위험이 있었다.

따라서 피트가 화석 연료와 재생 연료의 단점을 모두 가지고 있다고 볼 수도 있다. 다른 잘 알려진 화석연료와 마찬가지로, 그것은 많은 양의 CO2를 생산하는 재생 불가능한 에너지원이다. 하지만 그것은 다른 화석연료보다 훨씬 낮은 에너지 밀도를 가지고 있다. 반면, 피트 파기는 날씨 때문에 실패할 수도 있는 계절적 "수확" 활동을 필요로 하므로 일종의 재생에너지와 비슷하다. 그럼에도 불구하고, 다른 선택의 여지가 없었기 때문에, 네덜란드인과 플랑드르인들은 그것을 중심으로 경제 전체를 건설했다.

피트 생산의 진화

피트 생산은 오늘날 화석연료의 채굴과 매우 유사한 진화과정을 거쳤다. 가장 쉽게 접근할 수 있는 매장량이 소진되었을 때, 토탄 발굴자들은 점점 더 채굴 비용은 커졌고 환경적으로도 더 파괴적인 대가를 지불하면서 더 얻기 어려운 자원을 채굴하는 새로운 기술과 방법을 개발했다. 플랑드르와 브뤼헤(Bruges)에서의 피트 생산에 대한 중세 말기의 기록들이 거의 남아있지 않기 때문에 이들에 대해서는 자세하게 알 길이 없다. 그러나 네덜란드의 피트 생산의 역사는 비교적 잘 기록되어 있다.

브뤼헤 앤트워프, 암스테르담

중세 후기에 북이탈리아에서 도시들이 커져서 부흥하기 시작되었는데, 그 곳에서 지배적인 상 도시들은 베니스, 밀라노, 제노바, 플로렌스였다. 그러나, 15세기 이후 “저지대 국가”로 알려지게 될 지역인 북해 동쪽에서 두 번째 도시 중심지가 발달되었다. 이 지역은 곧 경제력에서 이탈리아 도시들과 맞설 정도로 부강하게 되고, 1500년부터 1700년까지 유럽에서 가장 앞선 경제 산업 중심지가 되었다. 플랑드르 주(오늘날 벨기에의 일부 지역)의 브뤼헤, 건트, 이프레스 시들이 가장 먼저 개발되었다. 특히 브뤼헤는 국제무역, 금융, 천 생산 등에서 입지를 다져 경제 강국이 됐다. 1350년에 브뤼헤와 건트는 각각 9만 명, 5만 7천 명의 인구를 자랑했다. 당시에 암스테르담의 인구는 겨우 1,000명 내외에 불과했다. 1500년경에는 경제의 중심지가 브라반트 지방의 앤트워프[Antwerp], 브뤼셀, 르우벤(오늘날 모두 벨기에의 도시)으로 옮겨갔다. 앤트워프는 1500년대 말(16세기)까지 서구 세계의 경제 중심지가 되었다. 앤트워프는 1500년 4만 명에서 1550년에는 9만 명으로 주민이 증가하여 알프스 북쪽의 유럽에서 파리에 이어 두 번째로 큰 도시가 되었다.

1580년 당시 스페인 통치하에 있던 저지대국가들은 둘로 나누어졌다. 북부의 7개 성들은 스페인인들을 상대로 반란을 일으켜 새로운 국가인 네덜란드 공화국(현재의 네덜란드)을 형성했다. 이후 남부 지방(현재의 벨기에)의 혼란으로 인해 앤트워프 시는 주도적 역할을 상실했고, 네덜란드 지방으로 경제력이 빠르게 옮겨갔으며, 현재 암스테르담은 유럽의 경제 산업 활동의 중심이 되었다. 그것은 17세기 말까지 그렇게 남아있었다.

1100년부터 1500년까지 피트 채굴

1100년대와 1200년대 각각 플랑드르의 해안 지역과 앤트워프의 북동쪽 지역에서 대규모로 피트가 채굴되기 시작했다. 주로 빠르게 성장하고 있는 브뤼헤, 겐트, 이프레스 도시에 연료를 공급하기 위한 것이었다. 플랑드르 해안 이탄습지의 매장량은 1300년대 말 또는 1400년대 말에 고갈되었고, 브라반트의 이탄 생산량은 15세기 동안 급격히 감소했다.

앤트워프가 세계 경제를 지배하게 되었을 때, 그 토탄 매장량은 이미 지난 2세기 동안 플랑드르인들의 에너지 수요를 충족시키느라고 채굴된 상태였다. 그 결과, 이탄 채굴은 이웃한 네덜란드 지방으로 옮겨갔는데, 그 지역에서 채굴된 이탄은 앤트워프로 수출되었다. 당시, 네덜란드는 여전히 상대적으로 에너지 수요가 적은 농업지역이었다. 이 기간 동안, 네덜란드와 위트레흐트에서는 매년 220~440헥타르의 피트습지가 채굴된 것으로 추정된다. 1530년경, 당시 품질이 좋고 채굴이 쉬운 접근 가능한 매장량은 고갈되었고, 수요는 계속 증가하였다. 그 결과, 피트 가격이 급등했다.

피트 채굴의 강도가 높아지고 지하수면 아래 채굴

이에 대응하여, 피트 babgerbeuge라는 새로운 도구를 개발했다. 작은 배나 물가에 설치되면 이 도구는 수면 아래로 피트를 자르고 끌어올릴 수 있게 해주었다. 이 기술 덕분에 경제적으로 채굴이 수익성 있는 매장량이 크게 늘었다. 네덜란드와 위트레흐트의 피트 늪은 두께가 최대 4.5m에 달했지만, 이 지역의 지하수면이 높기 때문에 피트매장의 상층만 재래식 기법으로 벗겨낼 수 있었다. 더 깊이 파고들면 땅이 물에 잠기고 연료에 접근하지 못하게 되기 때문이었다. 하지만, 이제 수심보다 훨씬 낮은 곳에서 피트를 자를 수 있게 되었기 때문에, 완전한 피트 늪에서 많은 피트들을 채굴할 수 있게 되었다.

그러나 피트 생산의 증가는 비용이 동반되었다. 우선, 지하수면 아래에서 나오는 채굴된 피트를 연료로 만들려면 추가적인 처리 단계가 필요했다. 수분이 증가했기 때문에 진흙 덩어리들은 그들의 피트를 좁고 길게 뻗은 땅 위에 펼쳐 놓고 말려야 했다. 그곳에서는 사람들이 밑에 널빤지를 묶은 나막신 발로 짓이겨서 물을 빼내었다. 이 일을 끝내야만, 그 피트를 블록으로 잘라 말릴 수 있었다.

환경 비용: 토지가 호수로 변하다

피트 채굴되면서 풍경이 파괴되고 농경지가 손실되었다. 지하수면 아래의 이탄을 채굴하는 곳에서는 어디든 땅은 물 아래로 사라졌다. 매년 약 115~230 헥타르의 토지가 지하수면 아래로 상실되었다. 채굴이 다 된 피트 늪지대들은 새로운 호수를 형성하여 네덜란드와 위트레흐트 전역에 걸쳐 광대한 지역으로 호수가 확장되었다. 네덜란드와 위트레흐트 지역의 6만 헥타르(600km2) 이상의 땅이 호수로 바뀌었는데 이는 전체 지표면적의 거의 10%에 해당되는 엄청난 면적이었다.

운하 파기

다시, 에너지 수요는 16세기 후반부터 현저하게 증가했는데, 이때는 경제력이 플랑드르와 브라반트에서 네덜란드로 옮겨갔을 때였다. 환경적인 피해에도 불구하고, 네덜란드와 위트레흐트의 낮은 피트 늪지에서의 피트 생산은 1600년대 동안 예전처럼 지속되었고, 연평균 생산량은 200헥타르였다. 하지만, 이것으로는 연료에 대한 증가하는 수요를 만족시키기에 충분하지 않았고, 피트 가격은 다시 오르기 시작했다. 이에 부응해서 1580년대 이후, 관심은 200km에서 250km 떨어진 프리즈랜드, 그로닝겐, 드렌테의 북쪽 지방의 다소 고지대 피트 늪지대로 옮겨갔다.. 그곳에서, 17세기 동안의 총 생산량은 매년 거의 400헥타르까지 증가하고 그 이탄의 대부분은 네덜란드로 수출되었다.

그러나 수로가 거의 없었기 때문에 이러한 매장지를 채굴하는 것은 전혀 다른 문제였다. 그 이탄을 네덜란드와 위트레흐트까지 운송하는 것은 당시의 교통수단으로 볼 때 터무니없이 비쌌을 것이다. 북부 지방의 높은 이탄 늪을 이용하기 위해서는 도랑과 운하를 파야했고, 이 때문에 대규모 자본 투자가 필요했다. 이 이탄늪지대는 서부 도시 출신의 도시 자본가들이 주도하여 채굴되었다. 그들은 시장상황을 충분히 매력적으로 판단하여 대규모의 이탄 늪지대를 사들여서, 수렁에 긴 운하를 파내고, 노동자들을 고용하여 피트를 파게 했다 이전에 플랑드르와 브라반트에서 운하가 건설된 적이 있는데 이 또한 대규모의 조직적인 피트 생산을 위해 수도원들이 땅을 사들이고, 피트를 생산하기 위해서 건설되었다. 앤트워프 북동부 브라반트의 피트 늪지에는 약 1300여 개의 피트 운하가 해저 16m까지 파여져1020km에 이르렀다. 수출 항구와 피트 지역을 연결한 주요 운하는 총 길이가 320km를 넘었다. 수로는 운하가 개울을 건너는 것을 돕기 위해 만들어졌다. 네덜란드 북부 지방에서는 운하의 총 길이가 최소 700km에 달했다.

1인당 에너지 소비량

20세기까지 네덜란드는 네덜란드 전체 표면의 10%에 가까운 283,500헥타르(2,835평방 킬로미터)의 피트 습지대를 벗겨냈다. 그러나 산업화 이전 시대에 채굴된 것은 이것의 3분의 2에 불과했다. 네덜란드의 피트 채굴은 19세기 말부터 석탄을 동력으로 쓰는 기계채굴로 1950년까지 계속되었다.

1300년에서 1850년까지 네덜란드의 피트 사용량은 약 19만 헥타르를 조금 넘는다. 이 중 1600년부터 1700년까지 약 7만 헥타르가 채굴되었는데, 이는 네덜란드의 '황금시대'와 대략 일치한다. 네덜란드에 존재했던 거의 모든 피트가 채굴되었다. 17세기에 네덜란드는 25,120,800 GJ의 이탄을 소비했는데 이는 인구 150만 명으로 1인당 연간 16.75GJ에 달한다.

17세기 네덜란드의 도시화와 산업화

네덜란드의 높은 에너지 소비는 17세기 유럽의 비정상적이었다. 그들의 번영, 그리고 그 나라의 도시화와 산업화의 수준도 마찬가지다. 에너지 학자 바클라프 스밀(V. Smil)에 따르면 농업 이전 사회들은 1인당 약 10GJ/년 정도의 에너지만 소비했다. 식량과 땔감이 각각 대략 반 정도 차지했다. 중국의 한 왕조에서는 1인당 20GJ/년 정도의 에너지를 소비했다. 한나라는 목재와 숯을 주로 열에너지로 썼다. 서양중세의 가장 부유한 지역은 40년 정도의 에너지를 소비했다. 석탄과 이탄 소비 때문이었다. 19세기 말의 영국에서 그 속도는 1인당 약 100 GJ/년 이었다. 한 세기 후에 유럽연합의 주요국들과 일본에서는 1인당 170GJ/년이 되었다. 네덜란드가 단지 이탄만 1인당 연 16GJ/년을 열에너지로 썼다는 사실은 당시에 유례가 없는 엄청나게 높은 소비였다.

17세기 말 대부분의 다른 유럽 국가에서는 약 10%가 도시에 거주한 데 비해 네덜란드인의 60% 이상이 도시에 거주했다. 17세기 네덜란드의 도시화 수준은 20세기 초가 되어서야 다른 유럽 국가에서도 달성되었다. 1500년대에 플랑드르와 브라반트에서도 비슷한 발전이 일어났는데, 인구의 30% 이상이 1만 명 이상의 거주자가 있는 도시에서 살았다. 1600년경부터 1720년까지 네덜란드는 1인당 국민소득이 세계에서 가장 높았다. 적어도 그 당시 이웃 나라들의 두 배, 그리고 오늘날 가장 가난한 나라들의 다섯 배 정도 더 높았다.

1580년대 이후 북부 지방의 피트 늪지대를 이용할 수 있게 되면서 네덜란드가 널리 이용 가능한 값싼 에너지원을 갖게 되었다. 반면에 유럽의 대부분의 다른 나라들은 목재에 전적으로 의존하고 있었는데 삼림 벌채가 진행되면서 목재는 점점 비싸져갔다. 네덜란드의 풍부한 연료 매장량은 다양한 연료-집약적인 산업과 수출 지향 산업의 발전을 자극했다. 이러한 산업은 오로지 열에너지가 풍부하고 저렴하게 공급되기 때문에 가능하였다. 예컨대 설탕 정제를 보면. 정제는 순수 열처리 과정으로서 막대한 열을 잡아 먹는다. 설탕은 17세기에 세계에서 가장 중요한 상품이 되었고 암스테르담은 1650년까지 유럽에서 가장 큰 설탕 정제소가 되었다. 1662년, 유럽의 100개 설탕 정제소의 절반 이상이 네덜란드에 위치해 있었는데, 이 모든 것이 남아메리카와 카리브해에서 수입된 설탕이었고 풍부하고 저렴한 이탄이 공급되지 않았다면 불가능했을 것이다.

염분 정제 역시 단지 열에너지의 대량 투입에 기초하고 있었다. 소금은 전기냉장이 가능하기 전에 고기, 생선, 유제품들을 부패되지 않도록 하는 방부제로서 없어서는 안 될 것이었다. 네덜란드는 1674년에 293개의 소금 정제소를 가지고 있었다. 그들 대부분은 네덜란드에 집중되어 있고, 각각 매년 약 800톤의 이탄을 소비했다. 이 중 60여 개 정제소는 또 다른 중요한 수출품인 청어 통을 방부하는 데 사용되었다. 게다가 할렘 시는 순수하게 열에너지를 쓰는 또 다른 산업 공정인 독일 린넨의 표백 중심지가 되었다. 이러한 모든 산업들에 대해, 상징적인 네덜란드 풍차는 직접적인 이점을 제공하지 않았다. 해운업도 이탄과 풍력을 결합하여 성공했다. 네덜란드는 17세기 동안 유럽에서 조선의 선두주자가 되었다. 1625년부터 1700년까지 네덜란드의 조선소는 연간 500척의 해상수송선을 건조했고, 그 중 다수는 외국이 의뢰한 것들이었다. 조선에 사용된 목재는 1596년에 발명된 정교한 풍력 톱을 이용해 잘라졌고, 피트는 판자를 구부리고 타르를 녹이고 쇠붙이를 만드는 등 많은 조선 공정에 열에너지를 공급했다.

그것과는 별도로, 피트는 중요한 간접적인 이점을 제공했다. 피트를 대규모로 사용한다고 해서 네덜란드가 대량의 목재를 수입하지 않은 것은 아니었다. 그렇지만 목재는 열에너지로 쓰인 것이 아니라 모든 수입 목재는 거의 독점적으로 건축자재로 사용되었다. 그래서 목재가 땔감으로 사용될 때보다 훨씬 더 높은 투자 수익이 창출되었고 네덜란드는 목재

가격이 올라도 덜 취약하게 되었다. 이탄은 또한 난방과 요리를 위한 연료였다. 아주 부유한 사람들만이 장작을 사용했는데, 그것은 훨씬 더 비싸지만 오염을 덜 발생시켰기 때문이었다.

왜 피트는 저지대 나라에서만 사용되었나?

1100년에서 1700년 사이에 갈수록 삼림벌채가 심해져서 목재 원료는 갈수록 더 희소해졌다. 따라서 다른 연료를 찾을 절박한 필요성이 있었다. 게다가, 알프스 산맥의 북쪽에 있는 유럽의 많은 지역들에서 피트가 발견되었다. 그렇다면 왜 다른 나라들은 피트를 채굴하여 에너지 부족 문제를 해결하지 않았을까?

문제는 산업화 이전 국가의 경우, 에너지 매장의 가치는 연료 자체를 채굴하는 비용보다는 그것을 운송하는 비용이 가장 큰 비중을 차지했다는 데에 있다. 목재 부족 문제는 항상 지역적이었고, 도시와 산업 중심지 주변의 삼림벌채에 의해 야기되었다. 열악한 도로에서 수레가 끄는 육상 운송은 매우 느리고, 노동 집약적이며, 비용이 많이 들기 때문에 만일 어떤 에너지 매장지가 쓸모가 있으려면 그곳과 소비 센터 사이의 실제적인 거리는 기껏해야 20에서 25km 내에 있어야 했다. 이에 대한 유일한 예외는 수상운송이었는데, 산업화 이전 시대에는 수상운송은 마찰 저항성이 낮기 때문에 육상 운송보다 훨씬 더 효율적이었고 비용이 상대적으로 아주 저렴했다. 말 한 마리가 1톤의 화물을 마차로 운반할 수 있다고 하면. 하루에 1톤을 운반하기 위해서는 마부 한 명과 말 한 마리에 필요한 사료가 필요하다. 반면에 화물 1톤당 1명 미만의 선원이 있고 사료를 걱정할 필요가 없는 선박은 더욱이 순풍이 강하게 불면 마차보다 몇 배 더 빠를 수 있다. 마차 한 대가로 운반할 수 있는 양은 훨씬 적었고 이동할 수 있는 거리도 바다보다는 육로가 훨씬 짧았다. 또한 운송용 동물들은 많은 양의 식량을 소비해야 했다. 해상 수송에서는 한 척의 배가 많은 양의 곡물을 훨씬 더 비용 효율적인 방법으로 운반할 수 있었다. 주된 요인은 배는 속도가 빠르고 바람을 이용하기 때문에 움직이는 데 연료 소모가 없었다는데 있다.

저지대국가들의 지도를 보면, 호수와 강이 거미줄처럼 교차하고 있다는 사실을 즉시 알 수 있다. 그래서 넓은 지역에 걸쳐 이탄을 저렴하게 운반할 수 있었다. 현재 네덜란드의 최북단에 위치한 그로닝겐과 프리즈랜드에서 암스테르담, 위트레흐트, 로테르담, 그리고 현재의 벨기에에서는 앤트워프, 브뤼셀, 브뤼해로 직항할 수 있다. 유럽의 어느 지역도 이처럼 조밀한 수상 교통망을 가지고 있지 않다.

다시 말하면, 이 지역은 바람이 많이 불고 지대는 평평해서 항해를 위한 좋은 조건을 제공했다. 삼림 벌채는 이러한 조건들을 더욱 강화했다. 저지대국가들이 지하수면 근처에 위치해 있다는 것이 중요하게 작용했다. 그들의 피트 매장도 그렇다. 평지에서의 항해용 운하를 파고 이들 운하와 이미 존재하고 있는 광범위한 자연 수로들을 연결하는 작업은 비교적 용이했다. 이러한 자연수로로 모든 주요 도시에 접근할 수 있었기 때문에, 이탄은 배에 싣고 이탄 늪지에서 소비자의 문간으로 바로 이동할 수 있었다. 대부분의 다른 나라에서는, 피트 매장지가 지하수면보다 훨씬 더 위에 위치해 있어서 운하 건설비용이 훨씬 더 많이 들었다. 종종, 도시들은 잠재적인 피트 매장지에서 너무 멀리 있거나 항해할 수 있는 강에 접근할 수 없었다. 이 때문에 다른 유럽 국가들과 미국이 19세기 말에야 대규모의 피트를 채굴을 시작하였다. 그 때가 되어서야 피트는 증기 열차에 의해 운반되거나 지역에서 전기로 전환될 수 있었다.

석탄과 네덜란드 황금시대 종말

피트는 유럽의 AD 2천년 동안 사용된 유일한 화석연료가 아니었다. 석탄 채굴은 13세기에 영국, 웨일즈 그리고 현재 프랑스어를 사용하는 벨기에에서 시작되었다. 유럽 전역에서 석탄은 빠르게 특정 산업 공정, 특히 대장장이업과 석회 제조에 필요한 연료가 되었다. 대규모 탄광 채굴은 1400년대에 시작되었다. 1430년 즈음에 1,600명에서 2,000명 사이의 사람들이 리에게(현재의 벨기에)의 석탄 산업에서 일했다. 1500년대 이후, 석탄은 당시 유럽에서 가장 인구가 많은 도시들 중 하나였던 런던에서 사용량이 계속 증가하였다. 런던에서 석탄은 공업적으로도 사용되었지만, 가정에서 난방과 요리에 더 자주 사용되었다.

1600년대 초, 네덜란드 황금시대가 시작되었을 때, 런던에서 석탄은 런던의 연료소비의 3/4를 차지했고, 이것은 광범위한 공기오염의 원인이 되었다. 석탄은 나무보다 훨씬 더 더럽기 때문에 이전에 영국에서 석탄 태우기가 금지되었었다. 그러나 1500년대 이후에 땔감이 극심하게 부족해지면서 영국인들에게 풍부하고 저렴한 석탄으로로 전환하는 것 외에는 선택의 여지가 거의 없었다.

제철의 중요한 역할

처음에 석탄은 피트에 비해 상당한 단점이 있었다. 영국이 석탄을 이용하기 시작한 17세기 동안에는 석탄은 상업적 이점이 별로 없었다. 대부분의 생산공정에서 석탄은 제품과 직접 접촉했기 때문에 석탄 속의 불순물, 특히 유황이 그 제품 속에 들어가서 그 제품은 부서지거나 판손

되기 쉬웠다. 제품을 화석연료로부터 분리할 수 있는 공정에서만 석탄이 목재나 숯을 대체해도 아무런 문제가 되지 않았다. 유황 함량이 낮기 때문에, 피트는 이런 한계를 가지고 있지 않았다. 그래서 네덜란드는 그들의 산업에서 거의 모든 열처리 공정에 이탄을 사용할 수 있었다. 그러나 시간이 지나면서 영국인들은 석탄에서 불순물을 제거하는 산업 공정을 성공적으로 개발해내었다. 한 걸음씩 진전하면서 영국인들은 천천히 네덜란드를 따라잡았다. 석탄 이용을 위한 지막이자 가장 중요한 산업공정 개선이 18세기 초에 달성되었다.

코크스[cokes] 또는 정제 석탄의 도입으로 가능해진 이 마지막 단계는 서구사회에서 산업혁명의 시작이었다. 중국은 11세기에 이미 이러한 공정을 발전시켰다. 코크스 점결탄(粘結炭)의 고온건류에 의해서 생기는 다공질(多孔質) 고체연료로 해탄(骸炭)이라고도 하며, 코크스라는 말은 독일어 Koks에서 온 것이다 그때부터 철을 건축 재료로 사용하는 것이 가능해졌고 건축은 더 이상 목재의 공급에 의존하지 않아도 되었다.

반면 이탄은 석탄에서 생산되는 강렬한 열을 낼 수 없어서 철 생산에는 쓰일 수가 없었고 증기기관에도 쓰이지 않았다. 네덜란드인은 철을 생산하지 않았고, 수입했다. 게다가 석탄의 열량은 주어진 부피에 대한 이탄보다 네 배나 높아 수송과 보관이 훨씬 용이하다. 증기동력과 철을 결합하여 영국인들은 철도 시스템을 개발했다. 다시 철도는 운송비를 극적으로 줄임으로써 연료운송 문제를 해결했다. 철도는 또한 운하시스템보다 더 빠르고 더 유연했다.

접근 가능한 이탄 매장 고갈

비슷한 시기에, 가장 접근하기 쉬운 네덜란드 피트 매장이 고갈되었다. 게다가 얕은 항구와 수로에 토사가 쌓이는 문제까지 생겨, 이탄 수송비용이 올랐다. 점점 더 많은 모래톱이 나타났고, 그 위로 배들을 끌어가야 했다. 비슷한 일이 몇 세기 전에 브뤼헤에서도 일어났었다. 화석연료를 초기에 대규모로 사용할 수 있게 한 지리적 조건이 결국 단점이 됐다. 매장량의 고갈과 이탄 운송의 어려움으로 인해 피트의 가격은 계속해서 상승했다.

이에 맞서기 위해 네덜란드 산업은 그들의 생산에서 가능하면 더 저렴한 석탄으로 연료를 바꾸었다. 영국의 네덜란드 석탄 수출량은 1700년 3만5200톤에서 1750년경 11만7900톤으로 증가했다. 영국은 석탄을 수출하면서 세금을 부과했고 따라서 네덜란드 산업은 불리한 여건에 처하게 되었다. 1700년대부터 네덜란드의 번영은 쇠퇴하기 시작했다. 곡물 수입은 너무 비싸졌고, 더 많은 사람들이 농장으로 돌아가면서 비도시화가 시작되었다. 1815년이 되면 도시화 수준은 60퍼센트에서 38퍼센트로 다시 떨어졌다.

1100년대부터 산업혁명이 시작될 때까지 산업생산을 지배했던 유럽 지역에서 석탄과 피트가 대량으로 사용되었다. 네덜란드, 플랑드르와 영국은 화석연료를 가장 많이 사용하던 바로 그 순간에 유럽에서 가장 번성하는 지역이 되었다. 다시 말해서, 지난 천년 동안 일어난 모든 경제적 성공은 심각한 생태학적 피해를 동반하는 화석연료가 풍부하게 공급되었기 때문에 가능했다. 더욱이 이들 지역은 수출을 많이 했기 때문에 화석연료를 사용하지 않은 나라들도 그 응용으로 이익을 보았다.

석탄과 영국의 산업혁명

산업혁명(産業革命, Industrial Revolution)은 18세기 중엽부터 19세기까지 영국에서 시작된 기술혁신과 이로 인해 일어난 사회 경제적인 큰 변혁을 일컫는다. 산업혁명은 후에 전세계로 확산되어 세계를 크게 바꾸어 놓게 된다. 이 시기에는 수력 방적기, 자동 뮬정방기 등이 개발되었으며, 역직기 등도 발명되었다. 나중에는 정밀도가 높은 자동선반과 공작기계가 제작되고, 1830년 이후에는 기계에 의한 기계를 대량으로 생산하는 체제가 확립되었다. 이때부터 기계는 생산을 지탱하는 중요한 역할을 하게 된다. 철도와 증기기관차가 산업혁명 때 등장하는데 조지 스티븐슨이 증기 기관차를 발명함으로써 1825년 석탄을 갱도에서 뱃길까지 운반하는 목적으로 스톡턴과 달링턴을 오가는 철도가, 1830년에는 맨체스터와 리버풀을 오가는 철도가 개통되어 엄청난 성공을 거두었다. 그 후 이 성공에 자극받아 철로들은 영국 전역에 설치되기에 이르렀으며, 국내 시장의 확보는 물론 영국 산업자본의 대동맥 역할을 하게 된다. 후에 철도는 전 세계에 보급되었다. 본격적인 도시화도 이때부터 시작되었다. 공업화가 진행되고 농업생산성이 덩달아 제고되면서 농촌 인구의 대부분은 도시로 가게 되었으며, 이로 인해 도시 인구는 폭발적으로 증가했다.

산업혁명의 가장 근본적인인 특징은 그것은 기하급수적 성장을 지속적으로 가능하게 만들었다는 것이다. 반세기마다 아웃풋이 배증되어왔다. 이것은 다시 생활수준을 근본적으로 변모시켰고. 각 세대는 그들의 부모나 조부모보다 상당히 더 잘 살게 될 것이라는 확신을 갖게 되었다.

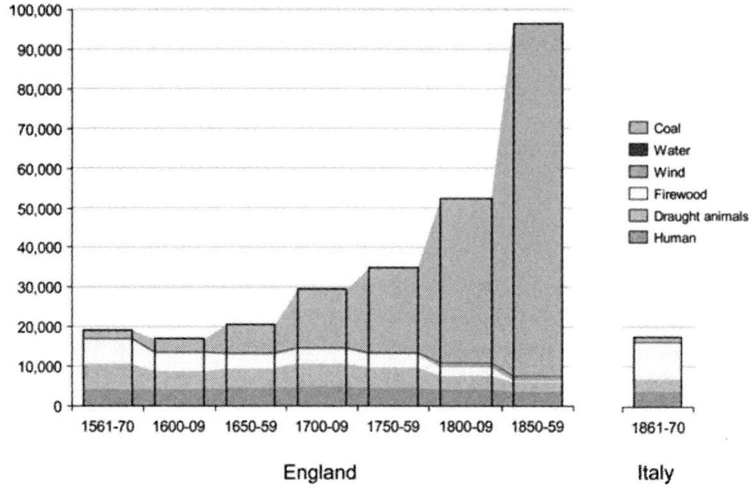

16세기 중반–19세기 중반 사이 영국의 1인당 에너지 소비량

(출처, Tony Wrigley, "Opening Pandora's box: A new look at the industrial revolution", 2011, http://www.voxeu.org/article/industrial-revolution-energy-revolution)

위 그림에서 보듯이 산업혁명에서 가장 두드러진 사실은 에너지 사용량이 극적으로 증가했다는 것이다. 그 에너지는 대부분 화석연료 특히 석탄에서 왔다. 튜더 왕조 시대에, 석탄은 에너지 소비의 극미한 부분에 불과했고, 사람과 역축 동물들이 제공한 에너지는 총 에너지의 약 반을 차지했다; 그리고 땔감은 나머지의 대부분을 차지했다. 그렇지만 이미 18세기 초에 모든 에너지 소비의 약 반은 석탄에서 왔고, 19세기 중반에 석탄은 총 에너지 소비의 90% 이상을 공급하게 된다. 이태리에서도 에너지소비 형태는 튜더 영국과 아주 비슷했다. 다른 유럽국들도 비슷했지만, 영국을 제외한 그 어떤 나라도 석탄을 이용하여 에너지 제약으로부터 벗어나지 못했다.

아래 표서 보듯이, 절대적인 에너지 소비는 더욱 극적으로 증가했다.

인구는 1561년에 3백만에서 1851년에는 1670만으로 5배로 증가했기 때문이다. 다른 모든 에너지는 절대치에서 상당히 증가했지만, 많은 경우에 인구증가 속도보다 느리게 증가했다. 절대치에서 석탄은 300년 동안 240배 이상 증가했다.

표) 1561~70 to 1850~9에서의 잉글랜드와 웨일즈에서의 연간 에너지 소비량 (테라 줄 TJ)

	인간 노동	역축	땔감	풍력	수력	석탄	총 소비량
			연간 에너지 소비량 (terajoules)				
1561-70	14,860	21,100	21,490	200	550	6,930	65,130
1600-9	19,190	21,430	21,810	390	700	14,540	78,060
1650-9	26,080	27,700	22,200	880	900	39,060	116,820
1700-9	27,330	32,780	22,480	1,360	990	84,000	168,940
1750-9	29,730	33,640	22,560	2,810	1,300	140,810	230,850
1800-9	41,810	34,290	18,540	12,660	1,100	408,680	517,080
1850-9	67,800	50,090	2,240	24,360	1,700	1,689,100	1,835,300

(출처, 상동)

18세기 초까지도, 비록 영국인들이 점점 더 많이 사용하긴 했지만 석탄은 열에너지만 제공했었다. 운동에너지는 사람 또는 동물의 근력 또는 풍차나 수차를 이용해서 얻었다. 이 모든 에너지는 결국 햇빛 그리고 근력의 경우에는 결국에는 광합성에 의해서 제한되었다. 그러므로, 증기기관이 열에너지를 기계에너지로 전환시키면서 더 이상 인간 근력이나 수력 또는 풍력 같은 자연 햇빛 에너지에 의존하지 않고도 얼마든지 큰 운동에너지를 생산할 수 있게 되었다. 일단 이것이 해결되자 모든 스펙트럼의 물질 생산과 수송에 대한 에너지 공급 한계는 더 이상 문제가 되지 않았다. 결국 산업혁명은 석탄 화석연료를 열에너지로 씀과 동시에 증기기관을 그것을 운동에너지로 전환시키는 혁신이었다고 볼 수 있다. 저렴하고 풍부하고 강력한 일률을 낼 수 있는 기계들이 산업전반에 쓰이면서 일대 혁명이 일어났다.

그렇지만 석탄은 산업혁명을 일으킨 동력이 아니라 산업혁명 과정에서 쓰이게 된 동력일 수도 있다. 산업혁명은 다른 원인들에 의해서 일어났을 수도 있다. 석탄의 사용은 산업혁명의 원인일까? 아니면 그 결과일까?

목재 고갈

영국에서 18세기에 들어가자, 제조업자들은 충분한 단철(wrought iron)을 얻을 수 없었다. 그 문제는 철광상의 부족과는 관계가 없었고 목재와 숯의 결핍으로 연료가 부족하여 발생한 문제였다 영국에는 석탄이 풍부하게 매장되어 있고 채굴하기도 쉬웠지만 그 당시에는 숯을 사용하지 않고 광석에서 철을 만드는 기술이나 방법이 알려지지 않았기 때문에 석탄은 단지 열 에너지원으로만 쓰였다 접근이 용이한 목재는 그 공급이 수년 간 크게 줄어들었다; 목재가 부족해지자 그것들은 다 크기도 전에 관목인 상태로 뽑혀져서 쓰여졌고 그래서 목재 부족은 한층 더 심해졌다. 인구는 증가하고 있었고 이들을 위한 식량 증산을 위해 더 많은 토지가 개간을 필요로 있었고 그래서 삼림벌채는 가속화되었다. 또한 인구가 증가하고 생활수준이 높아짐에 따라 열에너지나 주택이나 선박 도구 등의 재료로 .더 많은 양의 목재가 요구되었다.

왜건 길이라고 불렸던 최초의 레일도로는 18세기에 생겼다. 제조업자들은 마차를 만들고 그 마차들이 지나가는 트랙을 건설하는데 목재가 필요했다. 시간이 가면서 운하들도 많이 생겼고 그 운하들의 고정 장치와 운하들을 지나는 배들을 위해서도 더 많은 목재가 필요했다. 민중들의 맥주 요구로 인해 농부들은 홉 덩굴을 받칠 막대기를 위해, 수확 후에 그 잎들을 말리기 위한 숯들을 위해, 그리고 양조 통을 붙들어 맬 말뚝을 위해 나무들을 잘라야 했다.

이 시기에 등장한 최초의 공장들은 섬유 공장들이었는데 그것들을 운전하는 데에도 목재가 절대 필요했다. 목재 수차들은 또한 나무로 만들어진 방적기(spinning machinery)를 돌렸다. 방앗간에서 짜지던 직물조차도 그 섬유들을 부드럽고, 유연하며 탄력적으로 유지하기 위해 숯으로 가열되어야 했다.

그러한 사업의 소유자들은 목재를 놓고 제철업자들과 경쟁해야 했다. 그들 중의 한 사람인 다비(Abraham Darby)는 그가 소유하는 용광로에 불을 때기 위한 숯을 놓고 다른 업자들과 경쟁해야 했다. 거기에서 석탄은 영국의 그 어느 곳보다도 더 저렴하게 팔리고 있었고, 반대로 숯은 그 어느 곳보다도 더 비싸게 팔리고 있었다. 그래서 다비는 피크 목재 문제를 돌파하려고 저렴하고 풍부한 화석연료인 석탄으로 비싼 숯을 대체하려고 시도했다. 석탕을 열에너지로 써서 나온 철은 시장에 상업적으로 판매하기에는 품질이 떨어졌다. 석탄 불순물 특히 유황이 그 금속에 섞여 들어가서 철이 잘 부스러지기 때문이었다. 그래서 퀘이커 교도로서 처음에는 수차(水車)를 만드는 목수였으며, 이어 브리스틀에서 용선로를 사용하여 주철제품(鑄鐵製品)의 제조에 종사하던 다비는 그의 몰트 메이커 도제 시절에 양조산업에서는 석탄을 연료로 쓰기 전에 불순물을 제거했다는 것을 상기했다. 그 증류된 석탄은 "코크"("coke")라고 알려졌다. 사실 목탄 대신 석탄을 제철에 사용하려는 시도는 17세기 초부터 행해지고 있었으나 실패였다. 그는 석탄을 변경하는 많은 실험을 행하였고 석탄을 코크스화(化)하여 탈황(脫黃)하고 1709년 슈롭셔의 콜브룩데일 제철소에서 처음으로 철광석을 코크스로 용련(鎔鍊)하는 데 성공하였다.

그의 아들 다비 2세(1711~1763)는 아버지의 사업을 물려받아서 석탄에서 불순물을 완전히 제거하려고 계속 시도했다.. 수많은 시도 후에, 젊은 다비는 숯처럼 순수한 석탄을 얻을 수 있었다. 그는 그러한 석탄으로 "그가 원하는 대로 무르거나 강한 철을" 얻을 수 있었고 1750년경 연철(鍊鐵)로 바꾸는 데 적합한 선철(銑鐵)을 제조하는 문제를 해결하였다. 그는 완전한 규모의 용광로를 짓고 제철업의 역사에서 그 어떠한 숯 용광로에서보다 생산한 것보다 더 높은 품질의 철을 생산하였다 제철은 곧 넘쳐나게 되었다. 1750년에, 더비의 발견 즈음에, 영국의 제철산업은 단지 19,000톤의 철을 생산했다. 50년 후에, 그 양은 25만 톤으로 증가했다. 1850년에 영국은 250만 톤의 철을 생산했다.

석탄생산도 마찬가지로 1750년에 500만 톤에서 1800년에 1000만 톤으로 증가했다. 그 다음 50년 동안에 다시 5000만 톤으로 증가했다. 충분한 양의 철과 석탄을 갖게 되자, 영국은 필요한 만큼의 증기기관을 얼마든지 만들 수 있었다. 철이 풍부했기 때문에 석탄 동력의 증기기관으로 구동되는 기계들이 얼마든지 제공될 수 있었고 공장들은 세계가 사상 전례없이 많은 재화를 생산했다. 목재는 그 양이 한정되어 있었고 따라서 그것으로 용련되는 철의 양도 제한되어 있었지만 이제는 화석연료가 무한한 열에너지와 운동에너지를 제공하는 것처럼 보였다. 증기기관들은 또한 수송을 혁명적으로 바꿨다. 증기기관과 철도가 생기기 전에는 사람들은 수천 년 간을 발, 말, 또는 돛이 움직일 수 있는 속도로

만 육지나 바다를 여행할 수 있었다.. 증기기관과 그것의 후계자인 내연기관은 바퀴와 노(paddle)보다 훨씬 더 빠른 운송수단을 제공하였다. 그 결과 영국은 19세기와 20세기 초에 세계 최강국이 되었다.

영국 산업혁명의 발생의 원인을 설명하는 이론들

산업혁명은 인류사에서 가장 중대한 분수령 중의 하나이다. 그것은 사실상 급작스런 불연속은 아니었고 16세기에 시작된 경제적 팽창의 결과였다. 그럼에도 불구하고, 18세기는 기술과 경제의 역사에서 이전 시대와는 전혀 다른 결정적인 결별이었다. 산업혁명의 유명한 발명들-다축(多軸) 방적기(the spinning jenny), 증기기관, 코크스 제련 등-은 서구에서 대중적 번영으로 이끈 과정의 출발점이었다. 산업혁명이 일어나게 된 이유를 설명하는 여러 가지 문화적 및 제도적 이론들이 있다. 산업혁명의 역사학자 Robert C.Allen에 따르면 그런 이론들은 산업혁명이 왜 영국에서만 일어났는지를 설명하지 못한다고 한다. 그는 경제적인 이유가 결정적으로 작용했다고 주장한다.

1) 헌법과 재산권

자유주의 관점에 의하면, 산업혁명은 의회의 우세, 제한된 왕권, 안전한 재산권을 공고히 한 1688년의 명예혁명에 그 기원이 있다. 이러한 법적 변화로 산업혁명을 가능하게 한 투자를 위한 유리한 환경이 만들어졌을 것이라는 것이다. 그렇지만 이 설명에는 몇 가지 약점이 있다. 은행업과 이자율에 관한 연구에서 1688년 이후 구조적 변화가 보이지 않는다고 한다. 그러므로 금융에서 투자환경이 좋아져서 투자가 확연하 더 많이 되었다는 증거는 없다. 재산권 보호를 보면 프랑스에서도 최소한 영국만큼 재산권이 안전했다. 그와는 반대로 프랑스는 너무나 재산권이 안전하여, 도리어 성장에 방해가 되었다: 프로방스 지방에서는 돈이 되는 관개 프로젝트들이 실행되지 못했는데, 이는 그들의 토지를 종획하거나 또는 그 땅을 가로지르는 운하를 건설하는 것 등에 반대하는 재산소유자들의 권리를 밟고 갈 영국 의회의 민법 같은 법들이 없었기 때문이었다. 또한 영국에서 세금이 대륙에서보다 더 높았고 다른 조건이 같다면 투자의욕도 더 약해야 된다.

그리고 증기관과 다축 방적기에 관한 연구에 따르면, 프랑스 제도들이 아무리 좋아도, 프랑스에서의 산업혁명이 일어나지는 않았을 것이라고 하는데 그 이유는 기계와 자동화를 발명해도 돈이 되지 않았을 것이기 때문이라고 한다. 프랑스에서 잘못 된 것은 법과 재산권이 아니라 가격이었다.

2) 과학혁명

산업혁명 전에 17세기에 과학혁명이 선행되었다. 그것은 이탈리아에서 갈릴레이와 함께 시작되어 영국에서 뉴턴과 함께 끝났다. 근대 과학은 근대 산업을 촉진시켰는가? 과학적 발견의 기술에 대한 충격은 1960년대에 철저하게 연구되었고, 대부분의 역사가들에 의해 기각되었다. 17세기 물리학의 발견들은 증기기관의 발명의 필요조건이었지만, 충분조건은 아니었다. 과학혁명과 산업 계몽주의는 유럽 전반적인 현상으로서 영국과 대륙 간에 차이가 없었다. 프랑스는 제지, 시계, 유리 그리고 섬유 등 많은 산업에서 새 기술들을 선도했다. 영국이 발명의 천재이기 때문에 산업혁명을 일으켰다는 주장은 이 사실과 모순된다. 영국이 발명한 기술들을 왜 발명하게 되었는지, 그리고 그것들이 그렇게나 변모력이 강한 이유를 설명해야 한다. 과학의 많은 부분이 대륙에서 행해졌지만, 증기기관은 영국에서 발명되었다. 왜 그런가? 과학적 지식을 실제에서 작동하는 기술로 바꾸는 것은 돈이 많이 드는 일이었다. 반면에 영국에서는 대규모 석탄 채굴에서 발생하는 물들을 배수할 필요가 컸고, 석탄은 런던에서 가까운 곳에 거의 무제한으로 많이 있었다. 그래서 증기기관은 처음에 배수용으로 쓰였다. 그것은 영국에서만 돈이 되는 투자였다.

3) 우월한 합리성

막스 베버 (Max Weber, 1864~1920)를 비롯한 많은 학자들은 서구는 우월한 합리성을 가졌기 때문에 자본주의가 발달하고 산업혁명을 일으켰다고 한다. 베버는 2가지 논리를 내세웠다. 그의 첫 번째 논리는 근대인들은 그들의 우월한 합리성에 의해 특징지어진다는 것이다. 그는 《프로테스탄트 윤리와 자본주의 정신》에서, 종교개혁은 근대 서구의 합리성으로 이끌었다는 이론을 내세웠다.

그러나 역사가들의 조사에 의하면, 프로테스탄티즘과 고소득 사이에는 제한적이고 일시적인 상관관계만 있다고 한다. 제3세계 농민들의 합리성을 테스트할 때에 농산물 가격 변화와 그들의 신기술을 채택하려는 의향에 대한 반응을 고려했다. 이 연구들의 결과에 따르면 개발도상국의 소농들은 선진국의 소농들만큼이나 "합리적"이라는 것이었다.

그리고 유럽 내에서도 가톨릭도 프로테스탄티즘만큼이나 합리적이라는 주장도 제기된다. Randall Collins는 그의 저서 《Weberian Sociological Theory》에서 수도원제도는 합리성을 경제에도 적용했다고 주장한다. 3장 "중세 중기의 베버 혁명"에서, 자본주의는 중세 중기에 기원했으며, 로마 가톨릭 교회가 자본주의를 일으켰다고 그는 주장한다. 중세 수도원제도는 자본주의적 활동의 전위대였다. "중세는 핵심적인 제도적 혁명을 경험했고, 자본주의의 기초는 그 후가 아니라 그 때에 놓여 졌고 그 핵심에는 가톨릭교회 그 자체가 있었다."고 그는 말한다. 그에 따르면 시토회는 또한 자본주의적 사업조직으로서 사실상 대부분의 민간 자본가들이 19세기 말 전까지 이룰 수 있었던 것보다 훨씬 더 중앙집권적이고 효과적인 조직이었다. 그들은 합리적인 비용회계 형식을 사용했고 그들의 이윤을 다시 사업으로 재투자했다. 더구나, 그들은 중앙통제 조직을 가졌기 때문에, 그들은 하나의 사업에서 다른 사업으로 내부적으로 자본을 이동시키며 번창하는 사업은 더 많이 투자하고 비성공적인 지역에서의 손실을 줄였다.. 그렇지만 산업혁명은 영국에서만 발생했다.

4) 문화로서의 과학

베버는 그의 유고(1927)에서 문화 변화와 경제 발전에 관한 2번째 논리, 즉 기술 진보가 일어나기 위해서는 과학적 태도가 미신을 대체해야 한다는 논리를 내세웠다. 베버는 전근대인들은 자연 세계에서의 사건들을 초자연적 간섭에 기인하는 것으로 믿었다고 주장한다.

그렇지만 문제는 왜 서구는 미신을 포기했는가 하는 것이다. 과학혁명이 민중 문화를 변모시켰고 따라서 미신이 없어졌을 수도 있다. 그렇지만 영국과 프랑스의 공학에서 영국은 실용적이고 프랑스는 이론적이었다면 말이 되지만 18세기 영국과 프랑스 사이에 발명의 재간은 그리 큰 차이가 없었다.

5) 경제적 설명

근대 문화는 산업혁명을 촉진시켰을지 모르지만, 산업혁명을 발생시키는 데는 충분하지 않았다. 자본주의, 작은 정부 그리고 과학혁명처럼, 근대 문화는 산압혁명이 영국에서 발생한 이유에 관한 설명으로서 치명적 약점을 갖고 있다. 이런 발전들은 산업혁명의 필요조건들이었을지 몰라도 충분조건은 아니었다. 맞는 제도를 만들고, 자연 세계에 관한 지식을 증진시키고, 생산에 관한 경험적 접근법에 사람들의 마음을 집중하게 하는 것은 기술 공급을 증가시키는데 일조할지 모르나, 새 기술에 대한 수요가 없다면, 그것들은 발명에 대해 거의 영향을 미치지 않았을 것이다. 영국의 고임금과 저렴한 에너지로 인해서 자본과 에너지로써 노동을 대체할 예외적인 인센티브가 영국에서만 있었기 때문에 그런 기술에 대한 수요가 증대되었다. 그리고 고임금은 기술 공급의 증가에 아주 기여했다. 영국국민 다수가 세계 다른 곳보다 더 교육과 훈련을 구매할 수 있는 더 유리한 위치에 있었다는 말이 되기 때문이다. 먼저 영국에서 석탄이 광범위하게 쓰이게 된 과정을 살펴보자.

석탄이 런던에서 광범위하게 쓰이다

영국의 석탄 산업이 1560년 이후 엄청나게 성장했다. John Nef는 그의 고전적 저작인 《The rise of English coal industry》(1932)에서 튜더왕조 시대의 "목재 위기"가 그 원인이라고 주장했다. 목재 위기 이론을 검증하기 위한 리트머스 테스트는 바로 가격이다. 런던에서의 목재 연료 가격의 상승은 런던의 엄청난 성장의 결과였다. 1520년에 런던 인구는 약 55,000 명 정도였지만, 1600년에 약 20만 명였고, 1700년에 50만명 초과했으며 19세기 초에는 100만 명이 되었다. 결국 런던의 고임금과 인구 팽창으로 연료에 대한 엄청난 수요가 폭발했다.

석탄은 일종의 'backstop' 기술로서 일정한 가격에 막대한 양의 에너지를 제공할 수 있는 에너지원이었다. 17~18세기 동안에 목재 연료 가격은 꾸준하게 그 상태를 유지했다. 영국 북동부 석탄이 지속적으로 더 많은 양이 런던으로 수입되었기 때문이었다. 1580년에 목재는 같은 열량에 대해 석탄의 2배 가격으로 팔리기 시작했고, 그 결과 연안 해상을 통한 석탄 무역이 촉발되었다. 석탄 무역은 런던이 충분히 커져서 목재 연료가격이 앙등되어 노덤버랜드의 석탄을 채굴하여 런던으로 선적하는 것이 경쟁력이 있게 되었을 때, 시작되었다. 그런데 영국의 도시화는 런던을 중심으로 하는 세계 무역이 팽창하면서 인력이 부족해지자 전국 각지에서 런던으로 사람들이 몰려든 결과였다. 17세기에는 그 팽창은 유럽 내에서 이루어졌고, 양모에 기반했다. 18세기에는 대륙간 무역으로 발전했고 런던이 급속하게 팽창하면서 연료에 대한 수요도 폭발했다. 덩달아서 석탄 무역도 성장했다.

17세기에는 영국에서 석탄의 1/2이상이 주거 난방용으로 쓰였다. :그러나 목재에서 석탄으로 연료를 바꾸는 데에는 복잡한 디자인 문제들이 나타났다. 중세에는 방 중앙에 낮은 난로(hearth)가 있었고, 연기는 지붕의 구멍으로 빠져 나갔다. 만일 석탄을 태운다면, 석탄 연기의 유황 매연 때문에 살 수가 없었을 것이고, 불이 꺼졌을 것이다. 효율적인 연소를 위해서는 석탄은 중세 주택의 열린 난로가 아니라, 작고 밀폐된 공간에서 행해져야 한다. 좁고 긴 굴뚝(chimney)이 필요했다. 그래야 산소 공급이 늘어나고 연기를 집밖으로 내보낼 수 있기 때문이다. 작은 지역 내에 많은 집들이 건설되면서 석탄을 태우는 집들을 발명할 수가 있게 된 것이다.. 석탄이 그 수요에 부응하기 위해서는 집의 구조가 변해야 했다. 영국에서의 수많은 주택 건설은 그러한 디자인 혁신이 이어날 수 있는 비옥한 토양을 제공했다. 필요는 발명의 어머니였다. 영국의 석탄 산업은 런던의 좁은 지역에 대규모로 집들이 재건축된 시기와 일치하여 융성하기 시작했다 : 1700년에는 석탄은 이미 목재보다 더 중요해졌고 열에너지의 반 이상을 공급했다. 1800년이 되면 석탄은 영국의 거의 모든 열에너지를 공급했는데 이것은은 세계의 그 어떠한 다른 나라에도 없는 영국만의 유일한 현상이었다.

1400~1800년 사이의 세계 에너지 가격을 보면

1. 대부분의 유럽국가와 아시아 도시들에서 에너지 가격은 상당히 안정적이었고
2. 초기 근대 런던에서의 목재 가격의 폭등은 거의 유일무이한 현상이었다. 런던은 석탄이 풍부한 지대 가까이 있었고 해상으로 저렴하게 대량 운송할 수 있는 위치에 있어서 석탄을 수입하여 그 문제를 해결했다. 그렇지만 영국의 에너지 가격은 다른 주요 도시들의 가격과 비슷했다.
3. 석탄 무역으로부터 주로 북부와 서부의 석탄 매장지가 이득을 보았다. 수송비는 석탄가격에서 큰 비중을 차지했다. 탄전들에서 석탄 가격은 매우 낮았다.
4. 북미는 천연자원이 풍부했지만, 숲이 사리지고 나서는 더 이상 목재 에너지를 제공할 수 없었다.

네덜란드의 도시화와 '목재 위기

네덜란드도 영국과 비슷하게 강렬한 도시화를 경험했고, 고임금 경제였다. 암스테르담의 성장으로 엄청난 연료 수요가 발생했지만 네덜란드의 목재 가격은 그리 많이 오르지 않았는데 그 이유는 네덜란드에서는 이탄(peat)이 backstop 기술로서 방대한 이탄 매장량을 거미줄처럼 자인 운하를 통해 저렴하게 수송할 수 있었기 때문이었다. 영국에서는 런던의 엄청난 수요가 있었고 탄전에서 석탄은 매우 저렴했지만 상대적으로 수송비가 비쌌기 때문에 런던에서 석탄 가격은 크게 저렴하지는 않았

다. 반면에 네덜란드는 암스테르담에서 엄청난 수요가 있었고 방대한 이탄 매장에다가 수송비가 저렴하여 산지와 소비지 간의 가격이 2층 구조가 형성되지 않았다. 오직 앤트워프에서만 토탄 가격이 매우 비쌌기 때문에 2층 구조 발생하였고 결국 영국의 산업혁명이 기술적 돌파구를 열자 그것을 가장 먼저 채택한 곳은 벨기에의 리제 근방이 되었다.

산업혁명이 영국에서 발생한 이유

18세기 영국은 독특한 임금 및 가격 구조를 갖고 있었다. 영국의 임금들은 유럽의 기타 지역이나 아시아에서의 임금과 비교하여 예외적으로 높았다. 반면에 자본과 에너지 가격은 예외적으로 낮았다. 이러한 가격 및 임금 구조는 영국의 사업들이 자본과 에너지로 노동을 대체하게 하는 기술을 발명할 예외적인 인센티브를 주었다. 높은 실질 임금은 또한 제품 혁신을 자극했는데, 높은 임금 덕택에 영국은 동아시아에서의 수입품을 비롯한 사치소비재들을 위한 더 큰 시장을 갖고 있었기 때문이었다. 높은 실질 임금은 또한 기술혁신에 득이 되었다. 높은 실질 임금 덕택에 국민의 다수가 외국 국민 대비 교육과 훈련을 더 잘 받을 수 있었고 높은 문자 해독율과 숫자 해독율로 인해서 영국 국민은 발명과 혁신에 더 크게 기여할 수 있었다. 영국은 당대에 상업적으로 번영하고 있었고 국가가 제국주의적 팽창을 밀고 있었다. 이로 인해서 특유의 임금 및 가격 구조가 생겨났고, 그 가격 구조는 다시 노동을 자본 및 에너지로 대체한 발명들에 대한 수요를 증가시켰다, 높은 문자 해독율, 숫자 해독율 그리고 숙련된 장인들 덕분에 그러한 인센티브들에 예외적으로 잘 반응할 수 있는 국민이 생겨났다. 그러한 요인들로 인해서 18세기 기술 돌파들이 가속화되었다. 몇 가지 중요한 과학적 발전들이 그러한 진전에 기여했지만, 그것들은 그것들을 응용한 기술에 대한 수요가 없었다면 별 소용이 없었을 것이다.

서명할 수 있는 성인인구 비율		
	1500	1800
영국	0.06	0.53
네덜란드	0.10	0.68
벨기에	0.10	0.49
독일	0.06	0.35
프랑스	0.07	0.37
오스트리아/헝가리	0.06	0.21
폴란드	0.06	0.21
이태리	0.09	0.22
스페인	0.09	0.20

(출처, R.Allen, 《he british industrial revolution in global persective》)

:영국에서 17~18세기 소년들의 2/3가 도제 생활을 거쳤다. 이런 공예 기술은 산업 혁명에 중요한 역할을 했다. 기계들을 설계하고 제작하고 운전하는데 이들이 큰 공헌을 했다. 장인들은 지원자들이 수련을 시작할 때 목돈을 받고서 도제로 받아주었고 도제들은 장인이 되기 위해서 도제 수련을 마친 뒤 자본을 마련해야 했고 :부모들은 학비도 대어야 했다. 고임금을 받았기 때문에 온갖 종류의 기술 습득이 재정적으로 용이해졌다.: 광범위한 문자 해독 및 숫자 해독 능력 그리고 공예 기능은 선진경제에서의 기술에 대한 수요를 반영했다. 그리고 다시 이 경제가 생성한 고임금 덕분에 노동자들은 학비와 도제 비용을 댈 수 있었다.

영국은 고임금과 저렴한 에너지 경제

영국은 4가지 의미들에서 고임금 경제였다:

1. 임금률에서, 영국에서 임금은 그 경쟁국들의 임금들보다 더 높았다.
2. 높은 임금은 다른 그 어느 곳보다도 더 높은 생활수준으로 직결되었다.
3. 영국의 임금은 자본 가격들에 비해서 상대적으로 높았다.
4. 북부와 서부 영국의 임금들은 에너지 가격 대비 예외적으로 높았다.

   아시아와 비교하면 18세기 영국에서의 임금이 매우 높았음이 확연히 드러난다. 베이징, 칸톤, 일본 그리고 벵골[Bengal]에서, 노동자들은 하루 1~2그램의 은을 벌었는데 이것은 중부유럽 또는 동유럽의 임금의 반도 안 되었고, 북서유럽의 선진경제들에서의 일부분에 불과했다.

영국과 저지대의 정규 고용직 노동자들은 최저 생계비의 3~5배 소득을 벌었다. 그들은 그 여분의 소득을 더 좋은 식단(빵, 맥주, 훨씬 더 많은 고기) 그리고 18세기 "소비자 혁명"의 사치품들을 포함하는 더 많은 비-식품 소비재들에 지출했다. 그와는 대조적으로, 유럽 대륙 전체에 걸쳐 실질 생활수준은 극적으로 하락하여 후생비율은 거의 1이었다. 18세기에 플로렌스와 비엔나의 정규 고용노동자는 겨우 그들의 가족의 최저 생계비만을 벌 수 있었다. 빵, 고기, 맥주 또는 사치품을 살 잉여는 없었다. 칸톤, 베이징, 그리고 일본에서의 노동자들의 후생비율은 18~19세기에 약 1이었다. 제조품에 대한 대중적 수요는 아시아 전역에 걸쳐 아주 제한되어 있었는데 소비자들은 생필품만 살 여력밖에 없었기 때문이었다. 다른 한편 런던과 암스테르담의 직공들은 최저생계비의 6배나 벌었지만, 이태리와 독일의 직공들은 단지 50%만 더 벌었다.

영국과 저지대 국가들이 성공한 이유

북서 유럽의 높은 임금은 국제무역 붐 덕택이었다. 영국의 붐은 16세기 말에 가벼운 양모직 수출과 함께 시작되었다. 그것들은 영국을 경유해서 지중해로 수출되었다. 1500~1600년 사이에 런던의 인구는 무역으로 노동 수요가 증가하면서 5만에서 20만으로 커졌다. 공화국 시절에 크롬웰은 적극적인 제국주의적 정책을 시작했다. 그 결과 무역이 확대되면서 도시화가 급속히 진행되었다. 18세기에 영국의 식민지무역이 증가하고 식민지시장을 겨냥한 제조업이 확대되면서 영국 전역에 걸쳐 도시화가 가속화 되었다.

국제 무역을 지향한 저지대 국가들만이 비슷하게 전반적인 구조적 변모를 겪었다. 18세기에 네덜란드와 영국은 유럽의 더른 나라들보다 훨씬 더 1인당 무역이 많았다. 인구 증가에도 불구하고 임금이 유지된 이유는 바로 무역량이 더 한층 증가했기 때문이었다. 석탄 광상은 영국의 비정상적인 임금 및 가격 구조에 기여한 2번째 요소였다. 석탄은 영국에서 단지 풍부하기만 한 것이 아니라 저렴했다.

아마 남부 벨기에를 제외하고, 세계 그 어느 지역도 많은 인구와 저렴한 에너지가 공존한 곳은 없었다. 그렇지만 벨기에의 아웃풋은 1800년에 영국의 13%에 불과했고, 석탄을 사용하는 기술에 대한 투자의 수익은 그만큼 작았다.

저렴한 연료는 2가지 이유 때문에 중요했다.

1) 저렴한 석탄은 에너지 대비 노동 가격이 높았음을 의미했다. 따라서 노동을 고용하는 것보다 에너지를 사용하는 기술에 대한 수요가 생겨났다. 또한 에너지가 저렴했기 때문에 임금에 비해 자본 가격이 하락했다. 따라서 노동을 자본으로 대체하려는 인센티브가 유발되었다.

2) 석탄은 "천연"자원이었지만, 석탄 산업은 자연적 현상은 아니었다. 석탄 산업이 도약하게 된 이유는 16세기 런던의 팽창이었다. 석탄이 커지면서, 연료 수요는 급증했고 땔감과 숯을 점점 더 먼 곳에서 가져와야 했기 때문에 그 비용은 갈수록 증가했다. 다른 한편, 석탄은 15~19세기에 일정한 실질 비용으로 무한정 공급될 수 있었다. 런던 인구가 16세기에 폭발하면서, 연료 수요도 폭등했고, 땔감과 숯 가격도 앙등했다. 1585년에 땔감은 BTU 당 석탄의 2배 가격으로 팔리고 있었다.

영국의 독특한 임금과 가격의 발생 요인

영국의 유별나게 높은 임금과 낮은 자본 및 에너지 가격들은 2가지 요인들 때문이었다.

1) 영국의 세계 경제에서의 성공, 부분적으로는 그것은 국가 정책의 결과였다.
2) 지리적 특성-영국은 방대하고 쉽게 이용될 수 있는 석탄 광상을 가졌다.

그러므로 석탄산업의 도약은 런던의 성장 때문이었다. 다시 이것은 국제무역의 성장 때문이었음으로, 영국의 석탄자원들의 이용은 땅 아래에 석탄이 풍부하게 존재했다는 사실만이 아니라 세계 경제에서의 영국의 성공의 결과이기도 하였다. 반면에 네덜란드 도시들은 배후지 루르 등에 석탄 광산이 풍부했지만, 19세기 전에는 그것들은 무시되었다. 네덜란드 도시들은 왜 루르의 석탄 활용을 가속화 하지 못한 것일까? 도시화로 저지대 국가들에서의 연료 수요는 급속하게 상승하였는데 그것은 네덜란드의 이탄을 이용하여 충족되었다.

런던의 고임금 경제는 저렴한 석탄의 이용으로 이끌었지만, 역으로 저렴한 에너지가 이용 가능했기 때문에 고임금 경제가 지속될 수 있었다. 영국 경제는 에너지)가 저렴했기 때문에 고임금을 지불하고도 국제 경제에서 경쟁할 수 있었다. 18세기 말에 프랑스는 유리 제조에서 영국을 여전히 앞섰다. 그러나 프랑스인들은 버터와 야채는 거의 없이 수프만 먹었다. 그들은 고기를 먹을 때가 거의 없었다. 영국인들은 고기를 많이 먹었고, 맥주를 계속해서 마셨다. 그렇지만 영국에서의 고임금은 저렴한 에너지에 의해서 상쇄되었고 그래서 경쟁력이 유지되었다; 1770년대에 영국의 유리 생산에서 연료비용은 프랑스의 1/6에 불과했다.

영국의 독특한 임금 및 가격이 중요한 이유: 노동을 자본으로 대체

영국의 고임금, 저렴한 에너지 경제는 기술변화의 속도와 성격을 결정짓는 중요한 인자였다. 도자기와 면직물 같은 아시아 무역 재화들을 모방한 제품 혁신들도 중요했다. 영국의 높고 상승하는 임금은 노동을 자본과 에너지로 대체하는 기술에 대한 수요를 유발했고 여기서 영국의 산업 과정은 다른 곳에서의 산업과정과는 갈라지게 되었다. 영국에서 노동이 자본 가격에 대비하여 가격이 오르면서, 노동을 자본으로 대체하는 것이 점점 더 바람직하게 되었다. 발명은 그것이 사용되었을 때만 사회적으로 유용하다. 만일 그것이 사용되지 않으면, 그것을 발명해 봐야 돈이 안 된다. 17세기 전반까지만 해도 대륙과 영국에서 노동 가격과 자본 가격의 비율은 비슷했지만, 1650년대부터 영국에서 노동은 자본 가격 대비 점점 더 비싸졌다. 그래서 저렴한 자본을 이용하여 생산을 기계화 하려는 인센티브는 프랑스, 독일 또는 오스트리아보다 영국에서 훨씬 더 컸다. 또한 영국에서 노동 임금은 연료 가격에 대비해서 훨씬 더 높았다. 뉴캐슬은 노동비용/에너지 가격에서 세계 최고로 단연

1등이었다. 영국 말고는 벨기에의 석탄 채굴 지역에서만 엇비슷하게 높았다. 연료 대비 높은 노동 비용 때문에 영국은 노동을 연료로 대체하려는 특히 강한 인센티브가 생겼다. 반대로 중국에서는 노동비용이 연료가격 대비 훨씬 더 낮았음으로 사람들을 부리려는 인센티브가 특히 강했다.

요소 가격들이 발명의 채택과 R&D에 영향을 미친 방식을 모델화 하자.

1. 기술 변화는 특정한 하나의 인풋 요소를 과도하게 절약하고 가장 비싼 인풋 요소의 곳의 비용을 줄이는 방향으로 일어난다..
2. 기술들은 사용될 때에만 발명할 가치가 있다.
3. 새 기술은 특정한 곳에서만 유용하지 모든 곳에서 가치가 있지 않다.
4. 고임금 국가들은 노동비용을 절약하기 위해서 노동 대비 자본을 더 많이 쓰는 기술들을 개발하는 것이 이익이다..
5. 시장이 컸음으로 R&D에 투자해도 이윤이 날 가능성이 높았고 따라서 더 많은 발명으로 이어졌다.

석탄 사용이 영국에서만 이익이 되었던 이유

야금술 응용에서 증기기관에 이르기까지 산업혁명의 많은 기술들은 석탄에 의존했다. 이 기술들은 다른 투입 요소들에 대비할 때 석탄을 더 많이 사용했다. 영국의 제철 기술은 19세기 중반까지만 해도 프랑스와 독일에서는 비용 효과적이 아니었다.

18세기에 증기기관은 석탄이 사실상 공짜였던 석탄광산에서 주로 사용되었다. 그 결과 그것들은 주로 영국에서만 쓰였다. 석탄을 사용하는 기술은 프랑스나 독일이 아니라 영국에서 발명하는 것이 이익이었다. 석탄이 영국에서만 저렴했기 때문에 이 기술은 영국에서만 이윤이 남았다. 벨기에서도 그 기술은 이익이 되었지만, 벨기에 산업의 구모가 작았기 때문에 단위 아웃풋 당 R&D 비용이 너무 비쌌다. 면을 짜는 기계들도 산업혁명의 유명한 발명들이다. 그것들도 자본/노동 비율을 높이는 쪽으로 편향되었고 그래서 영국에서만 그것을 발명하고 사용하는 것이 이익이 되었다. 영국이 계속 더 멀리 앞서 나갔지만, 다른 나라들은 새 방법들을 여전히 무시했다. 이것은 기업가적 정신이나 공학자들의 실패가 아니었다. 그 새 기술은 저임금 국가들에서 사용되기에는 아직도 너무나 비쌌다,

시계산업과 산업혁명

호이겐스는 추시계를 발명했다. 그것은 시간 측정의 정확도를 극적으로 증가시켰다. 추시계는 바다에서는 잘 작동하지 않았고 그래서 그는 1675년경에 균형 스프링을 발명했고 그것을 손목시계에 설치했다. 후크는 1660년에 독립적으로 균형 용수철을 생각해 내었다. 시계들과 손목시계들은 산업혁명에 주변적이었지만 그것들은 대량 생산되었기 때문에 중요한 파급효과를 가져왔다 기어들로 구성된 움직이는 부품들은 설계되어야 하고 손으로 절삭되어야 했다. 후크는 이것을 할 기계를 최초로 설계했다. 그래서 시계 산업의 성장은 이런 기계들의 디자인의 꾸준한 개선으로 이어졌다. 그 결과, 저렴하고 정확한 기어들이 대량으로 생산되었다. 저렴한 기어들은 기계 디자인을 혁명적으로 바꾸었다. 기어들은 동력을 통제하고 방향을 잡으며 전달하는 레버와 벨트들을 대체했다.

손목시계 산업은 아크라이트의 성공과 랭커셔[Lancashire] 면 산업의 성공의 열쇠였다. 아크라이트는 수력 프레임(water frames)을 팔지 않았기 때문에 기업가들은 그것들을 조립해야 했다. 그들은 수십 명의 시계 제조공들을 불러 모아서 그 수력 프레림의 "시계 작업"을 시켰다. 영국

은 고임금 때문에 국내 시계시장이 커질 수 있었다. 저렴한 고품질의 기어들이 랭커셔에 더 훨씬 더 많이 공급되었기 때문에 그 곳에서 면 산업이 기계화 되었다.

고임금과 발명

발명가들을 보면 현저한 규칙성이 있다.

1) 그들은 비농업 경제에서 양육되었다. 그들은 도시 또는 원-산업 경제의 일부였다.
2) 그들의 부모 중에 노동자는 전혀 없었다.
3) 그들 중 많은 수가 상공업 배경을 갖고 있었다.

18세기 중반에 영국 인구의 약 55%기 비농업에 종사했다. 그들은 고임금 덕택에 교육과 훈련을 구매할 소득이 생겼다. 상업적 문화에서의 고임금과 도시 삶 그리고 광범위한 교육으로 많은 발명가들이 생겨나는 특징적인 대중문화가 형성되었다

문자를 읽고 쓸 수 있으며 숫자를 다룰 줄 아는 상업적 장인 계급의 성장은 산업혁명의 발명들에 크게 공헌했다. 대륙의 역사는 문화적 변화가 발명을 자극하는데 한 몫을 했음을 보이지만, 그것은 또한 문화적으로 유발된 발명에는 한계가 있음을 밝혀준다. 네덜란드 경제는 고임금 경제였지만, 그것은 저렴한 석탄, 국내 면 산업, 그리고 시계산업이 없었기 때문에 산업혁명을 놓쳤다. 그것들은 영국의 발명을 자극하는데 모두 다 결정적이었다. 프랑스는 고임금 경제가 아니었지만, 부분적으로는 유용한 기술들이 의도적인 활동을 통해서 생산될 수 있다는 계몽주의 자신감에 의해 고양된 국가가 증기 트랙터들과 자동 베틀들을 개발하기 위한 R&D에 자금을 대었다. 이 기술들을 비용 효과적으로 만드는

요소 가격 환경이 없었기 때문에 그것들은 포기되었다. 문화는 그 자체만으로써는 불리한 경제적 환경을 벌충할 수가 없었다.

산업혁명이 지속적인 경제성장으로 이어진 이유

왜 산업혁명은 점차로 소멸되지 않았을까? 과거에도 중요한 발명이 이루어진 경우들도 있었지만, 생산성은 일시적으로 급등하고 그 후로는 지속적인 경제성장으로 이어지지 않았었다. 19세기는 달랐다–제1차 산업혁명은 현대경제성장으로 이어졌다. 왜 그런가?

19세기 공학산업은 석탄산업의 스핀오프[spin off]였다. 19세기에 생산성을 제고시킨 주요 발명들은 다 2가지 즉 증기기관과 저렴한 철에 의존했다. 증기기관은 석탄광산에서 배수용으로 발명되었고 석탄을 태웠다. 철도들은 17세기에 석탄광산에서 석탄을 나르고, 그리고 광산에서 운하까지 석탄을 운반하기 위해서 발명되었다.

면은 2가지 이유들 때문에 공학산업의 성장을 지지하는 역할을 하였다. 첫째는 그것이 엄청 커졌다는 것이고 그것은 세계적 경쟁의 결과였다. 18세기 초에 면의 주요 생산자들은 아시아에 있었고 영국의 면 산업의 기계화로 영국은 인도와 중국을 희생하여 면 산업을 크게 확대할 수 있었다. 그 결과 거대한 산업이 등장하고 도시화가 넓게 퍼졌고, 고임금 경제가 힘을 얻었다. 다른 산업활동들에서의 기계화는 그런 잠재력이 없었다. 영국의 면 산업이 그렇게 산업을 혁명적으로 변모시킬 수 있었던 이유 중의 하나는 면직물[綿織物]이 세계적 산업으로서 다른 섬유들보다 더 가격에 잘 반응하는 수요가 있었기 때문이었다.

면 산업은 기계류에 대한 의존했고 계속해서 성장하였고 워낙 시장 규모가 컸기 때문에 기계류 시장도 더불어 커지고 성장하였다. 그래서 공학산업이 지속되었다. 면산업의 역사는 가차 없는 기계 설계 개량의 역사였다. 처음에는 소면[carding,梳綿機]과 방적(spinning) 나중에는 직조 기술이 개선되었다. 개량된 기계들은 장비들에 대한 더 높은 투자와 수요로 이어졌다. 수력을 동력으로 이용하던 면 제조업들은 1840년대가 되자 증기 동력 공장들로 바뀌었다. 19세기 중반이 되면, 영국에서 면은 고도로 기계화 된 공장들에서 생산되는 한편, 나머지 제조업 대부분은 옛날 식 그대로였다. 그 이후 기계들은 영국 제조업 전체를 통해서 퍼져나갔다. 18세기 특히 증기기관을 비롯한 영국의 발명들 더 한 층의 기술 발전의 가능성들을 창출했다. 그렇지만. 프랑스에서 발명된 기술들 -제지, 유리, 니팅-은 일반적인 기계화나 세계화로 이어지지 않았다. 영국은 프랑스인들보다 더 합리적도 더 선견지명이 있어서 석탄-기반 산업을 발전시키지 않았다. 영국은 지질학적으로 더 운이 좋았다. 그렇지만 파급효과는 컸다;

04

오일과 제 2차 세계대전

제 2차 세계대전은 완전히 기계화된 전쟁이었다. 기계는 동력으로서 오일이 반드시 필요했다. 그런데 추축국인 독일과 일본은 석유를 얻을 수가 없는 처지였다. 처음부터 독일과 일본은 이길 수가 없는 전쟁을 시작한 셈이었다. 석유는 두 주축 국가의 성공에 필수불가결 했지만, 독일은 대부분 합성오일에 의존했고 일본은 가장 가까운 오일 원천도 3000마일이나 떨어진 곳에 있었다. 일본군은 2차 대전 내내 미국과의 전쟁에서 연료 부족으로 힘을 쓰지 못했다.

예를 들어 독일은 공중전을 포기해야 했다. 왜냐하면 영국인들은 전투기들이 100 옥탄의 고급휘발유를 사용하여 성능과 비행거리 면에서 독일 전투기들보다 우위에 있었다. 독일군은 석탄에서 만든 합성 오일로 87 또는 92 옥탄가를 갖는 저급휘발유를 연료로 썼다. 독일 전투기들은 결코 영국 전투기와 맞설 수 없었고 막대한 손실을 입었다. 다른 한편 영국은 미국 유전 채굴회사와 계약을 맺고 1943년 3월부터 1944년 초까지 300만 배럴의 석유를 공급했다.

전쟁이 끝날 무렵 아르덴[Ardennes] 전투에서 독일의 Joachim Peiper 중령은 142기의 탱크를 이끌고 벨기에 Stavelot 근처의 미군에 대한 기습 공격을 감행했다. 미국은 이 지역에 약 250만 갤런의 연료를 저장하고 있었고, 기습 공격으로 독일군은 연료 저장고를 점거할 수 있었을지도 몰랐다. 그러나 기갑사단은 마일 당 1000 갤런(약 30배럴) 정도의 엄청난 양의 오일을 소모한다는 약점을 이용하여 미군은 기갑군단이 지나가려는 지름길에 불을 놓았고, 그 기갑군단은 우회하여 갈 수밖에 없었다. 몇 마일도 못 가서 독일군은 연료를 다 써 버렸고 퇴각해야만 했다.

진주만에서도 일본군은 미국의 연료 공급에 타격을 가할 기회를 놓쳤다. 일본군은 미국 함대에 큰 피해를 입혔지만 지상 탱크에 저장되어있는 450 만 배럴의 석유와 휘발유에는 아무런 타격도 가하지 않았다. 반면에 태평양 전쟁에서 연합군은 괌 주둔 315 공군에게 일본 연료시설을 폭격하라고 지시했다. 전쟁이 끝날 무렵 일본 정유 산출량은 평상시의 6퍼센트 아래로 내려갔다 본토의 민간인은 소나무 뿌리에서 연료를 추출하려고 시도할 정도였다. 그렇지만 그것은 조족지혈이었다. 하루 12,00 배럴의 송진연료를 생산하려면 125만 명의 노동자의 종일 일해야 되었을 것이다. 게다가 송진연료는 엔진을 가동하고 나서 얼마 안 있어서 엔진을 수리할 수 없을 정도로 손상시켰다. 또한 가미카제 자살비행기는 부분적으로 연료를 절약하기 위한 수단으로 개발되었다. 일본은 비록 항공용 휘발유는 부족했지만 조종사는 풍부했다. 이 이론에 따르면. 3기의 자살비행기는 충분히 1척의 미군 전함을 가라앉힐 수 있었다. 반면에 재래식 공격에는 15~20기의 일본 전투기를 필요로 했다. 이 세대의 비행기가 기지로 돌아올 연료를 필요로 하지 않기 때문에 더 많은 연료가 절약되었다.

유럽 전선

제2차 세계대전에 연루된 모든 국가의 지도자들은 석유 공급이 그들의 전쟁 계획에 얼마나 중요한지를 잘 알고 있었다. 1차 세계대전 동안 석유의 중요성은 명백해졌다. 군대가 더욱 기계화됨에 따라, 연료와 윤활유의 안전한 공급원의 필요성이 군사작전에 있어 필수적인 것이 되었다. 프랑스 외교관 앙리 베렌저(Henri Berenger)는 1921년에 석유의 중요성에 관해서 다음과 같이 말했다. "석유를 소유하는 나라가 세계를 지배한다. 왜냐하면 그 나라는 중유로 바다를 지배할 것이며, 정제한 항공유로 하늘을 지배할 것이고, 휘발유와 등유로 육지를 지배할 것이기 때문이다. 그 뿐만 아니라 그 나라는, 금 보다 더 값지고 더 많이 찾는 원유라는 놀라운 물질로부터 유래하는 환상적인 국부 덕분에 경제적으로 자국민을 거느릴 수 있을 것이다." 그가 옳았다.

1차 세계대전 전후에 내연기관을 활용하여 병력의 기동력을 높이는 기계화가 시작되면서 원유는 전략물자가 되었다. 1911년 영국 해군제독 윈스턴 처칠은 독일의 해군력 증강에 대응하여 영국 함정의 기동력과 화력을 강화하기 위해 함정의 연료를 석탄에서 석유로 전환하려는 사명을 가진 위원회를 만들었다. "당신은 석유를 찾아야 한다. 어떻게 그것을 저렴하게 저장할 수 있는지 보여주고, 어떻게 평시에 정기적으로 그리고 전시에 절대적으로 확실하게 그것을 구입할 수 있는 방법을 찾아야 한다."고 그는 지시했다. 그는 의회 연설에서 다음과 같이 주장했다. "만약 우리가 석유를 취득할 수 없다면 식량도, 섬유도, 그리고 대영제국의 경제발전 동력으로 필요한 그 어떤 상품도 취득할 수 없다.”

최초의 석유동력 전함은 1910년대 초 영국해군을 위해 건조된 드레드노트(dreadnought)급 전함 퀸 엘리자베스였다.

아돌프 히틀러는 나치 고위 지휘부의 누구 못지않게 대규모 전쟁의 경제적 토대를 잘 이해하고 있었다 1933년 정권을 잡자 그는 즉시 석유 탐사와 생산을 늘리기 위한 방법을 찾기 시작했다. 1933년과 1939년 사이에 독일의 국내 원유 생산량은 연간 450만 배럴로 거의 3배 가까이 증가했다. 서유럽 대부분의 나라들이 그랬듯이 독일은 석탄이 풍부했지만 석유는 빈약했다. 히틀러의 명령에 따라 독일 기술자들은 대부분 석탄과 갈탄에서 만드는 합성 오일을 전례 없는 속도로 생산하기 시작했다. 1941년까지, 합성 연료 생산량은 연간 3,100만 배럴에 달했다. 긴축 프로그램은 전쟁이 시작되기 훨씬 전에 시행되었고, 소련과 루마니아로부터 구입된 연료는 미래의 필요에 대비하여 비축되었다.

그러나, 그러한 모든 조치들에도 불구하고, 독일의 산업과 기계화된 군대의 거대한 요구조건을 충족시키기 위해 충분한 석유가 공급되지 않았다. 예를 들어 기갑군단은 일반적으로 1마일당 1,000갤런(약 30배럴)의 연료를 소비했다. 따라서, 독일군이 긴축적인 조치들을 실행했음에도 불구하고, 가용 자원의 한계 내에서 운용하기 위해서는 최적의 독일 전술이 수정되어야 할 것이라는 것이 금방 분명해졌다. 그래서 다른 어떤 실용적 또는 이론적 요인만큼이나 전격전 [blitzkrieg, 電擊戰]이라는 개념과 실천은 오일의 부족에 기인했다. 1939년에 독일은 석유 수요의 60%를 수입했다. 그 당시 세계의 주요 석유 생산국은 미국이었으며, 세계 원유의 70%를 생산했다. 두 번째로 큰 석유 생산국은 베네수엘라였고, 소련이 그 뒤를 이었다. 소련 산유의 75% 이상이 바쿠에서 생산되었다. 다른 곳에서는, 중동에서, 영국이 지배하는 이라크와 이란의 석유 산업이 초기 단계에 있었고, 그곳의 산유량은 매우 적었고 유럽으로 쉽게 운송될 수도 없었다.

제2차 세계 대전 직전 1939년 독소불가침조약이 체결되었다. 히틀러와 스탈린이 맺은 중립 협정으로 폴란드를 침공하고 분할할 수 있었다. 영국과 프랑스는 결과적으로 1939년 9월 3일에 독일에 선전포고를 했다. 바로 곧 그들은 석유가 독일로 가는 것을 막는 해상 봉쇄를 시행하기 시작했다. 이로 인해 히틀러는 동맹국 소련에 점점 더 의존하게 되었다. 마지막 순간까지 구애를 받던 영국은 히틀러에게 전쟁을 선포했고, 히틀러는 소비에트 연방에 전략적이고 경제적으로 의존해야만 되는 처지에 놓이게 되었다. 독일과 소련은 1940년에 독소 상업협정에 서명했다. 이 협정에 따라, 소련은 석유, 망간, 구리, 니켈, 크롬, 백금, 목재, 곡물을 포함한 중요한 원료의 공급국이 되어 독일은 영국 해상 봉쇄를 완화할 수 있게 되었다.

바쿠

연합군은 만약 그들이 이기기를 원한다면 독일과 러시아의 전략적 석유 매장을 모두 공격해야 할 것이라는 것을 일찌감치 깨달았다. 1940년 3월 22일, 가멜린(Gamelin) 프랑스 사령관은 새로운 프랑스 수상 폴 레노[Paul Reynaud]에게 특별 메모를 보내 독일을 무력화시키는 가장 좋은 방법은 바쿠의 유전들을 공중 폭격하는 것이라는 사실을 강조했는데, 이 문서에 따르면, 소련은 75%.의 석유가 거기에서 생산되었다. "바쿠 폭격은 소련이 오늘날 생산되는 석유 한 방울 한 방울을 소련이 연료와 농업 장비에 공급하기 위해 필요로 하는 한 소련을 위급한 상황으로 몰아넣을 것이다."라고 그는 적었다. 1940년 4월 17일, 최고 사령관은 소련의 유전 공격 계획이 완료되었고, 공격 명령을 기다리고 있다고 프랑스 정부에게 보고했다. "코카서스 유전의 폭격에 대한 준비가 매우 진전되어 이 작전을 수행하는 데 필요한 정확한 시간을 계산할 수 있을 것"이라고 보고하였다. 프랑스 총사령부는 1940년 6월 말에 소련의 전략적 석유 매장지를 폭격할 예정이다. 그러나 1940년 5월 10일 독일이 프랑스와 저지대국가들을 침공했을 때 그 계획은 취소되었다.

독일의 석유 매장

독일은 새로 점령한 영토, 산업 경제, 성공적인 전격전, 즉 군대와 기갑부대의 높은 기동성이 요구되는 이 모든 것이 석유에 크게 의존하고 있었다. 전쟁 전에, 바이마르 공화국 하에서 독일은 석탄에서 추출한 자체 합성 석유를 생산하기 시작했다. 그러나 합성오일 생산만은 독일의 전쟁 시간 수요의 일부만을 공급할 수 있었다.

세계 2차 대전 동안 루마니아는 독일의 주요 석유 공급국으로 발전했다. 1938년 280만 배럴이던 루마니아의 대독 수출은 1941년까지 1300만 배럴로 증가해 1942년과 1943년까지 본질적으로 유지됐다. 그러나 당시 소련이 제공한 석유를 합해도 경제와 독일군 모두에게 충분하지 않았다. 전략적으로 히틀러는 결국 그 석유의 근원을 통제할 필요가 있다는 것을 깨달았다. 일찍이 1940년 7월 31일, Halder는 히틀러가 소련에 대한 공격에 대한 계획을 시작하기로 운명적인 결정을 내렸다고 기록하고 있다: "러시아가 파괴되면, 영국의 마지막 희망은 산산조각 날 것이다."

1941년 2월에 전시경제 및 군비국장인 토머스 장군의 프레젠테이션에 따르면, 기존의 석유제품 공급은 "8월 중순"이나 늦어도 가을까지는 더 이상 필요를 충족할 수 없을 것이라고 보았다. 그 해 3월 육군 준장 와그너 장군도 만일 소련으로부터 수입을 잃으면 독일의 기존 스톡들로는 단지 두 달 동안의 "대규모 공격"하는데 쓰일 수 있다고 보았다. 그 결과 1941년 5월이 되면 자동차 산업의 책임자인 아돌프 폰 셸 장군은 만성적인 석유 부족을 감안하여 독일군은 부분적으로 자동차 사용을 줄이는 '탈-모터'를 실시하는 것이 바람직하다고 진지하게 제안했다. 폴란드, 저지대국가, 프랑스를 가로지르는 기갑부대의 모습은 나치 독일이 창조한 새로운 형태의 전투의 특징으로 우리 마음속에 새겨져 있다. 그런 기갑사단이 전체 병력의 작은 부분만을 구성하고 있었고, 독일군은 완전 기계화와는 거리가 멀었다는 사실을 잊기 쉽다 캠페인마다 유닛마다 다르지만, 독일 보급 수송의 최대 70%가 전쟁 내내 마차에 의존했다. 각 보병사단에는 5000여 마리의 말이 배속되어 있었다. 사실, 전쟁이 질질 끌면서 석유가 더욱 중요해짐에 따라, 말은 점점 더 중요해졌다.

독일의 선봉군만 완전히 모터 구동으로 움직인다고 해도 긴 기동전을 벌일 수는 없었다. 독일은 전선에 있는 전쟁 기계뿐만 아니라 자국 산업에 동력을 공급해야 하기 때문에 갖고 있는 것보다 더 많은 석유가 필요했다. 따라서, 전략적 차원에서도 필요성은 발명의 어머니였다 전격전은 연료 공급이 고갈되기 전에 적들을 결정적으로 패배시킬 수 있는 해결책으로 보였다.

바르바로사 작전[Operation Barbarossa]

1941년 3월 초, 히틀러에 동의하여 토마스 장군은 "웅대한 전략"을 개

괄했다. 토머스는 “신속하게 점령하여 적어도 마이코프[Maikop]와 그로즈니(Grozny) 주변 지역에 있는 코카서스 유전들을 이용하는 것이 결정적이다”라고 주장했다. “완전히 파괴되지 않은 유전에서는 생산을 재개하는 데 한 달 정도 걸릴 것이고, 수송을 위해서는 또 한 달이 걸릴 것이다. 관련 지역은 늦어도 2개월의 작전기간이 끝나기 전까지는 우리에게 점령당해 있을 것이다. 만약 이것이 성공하지 못한다면, 우리는 가장 심각한 파장을 예상해야 하는데, 1941년 9월1일 이후의 군사 작전과 그리고 경제의 생존에는 예측할 수 없는 결과가 뒤따른다.”라고 적었다.

주로 그들의 석유 비축량이 3개월 동안만 버틸 수 있을 양이었기 때문에, 바르바로사 작전에 따라 결국 1941년 6월 22일 독일의 소련 침공은 개시되었다. 그것은 석유를 엄청 잡아먹는 기갑군단을 사용하여 소련을 국경에서 포위하고 소탕한 다음, 독일군은 석유가 떨어져 전략 주도권을 잃기 전에 신속하게 코카서스에 진격하는 짧은 압도적인 캠페인이 되도록 고안되었다.

일부 장군들이 히틀러의 계획에 반대하여 코카서스가 아니라 모스크바가 제1차적인 독일군의 목표가 되어야 한다고 주장했고 이에 대해 히틀러는 “나의 장군들은 전쟁의 경제적 측면에 대해 아무것도 모른다”라고 불평을 했다. 그는 즉각적인 전략적인 대상이 키예프 공격이 될 것을 엄중히 명령했고, 모든 행동은 그것을 염두에 두고 수행되어야 한다고 주장했지만 히틀러의 장군들은 계속해서 압력을 가했고 결국 그에게 코카서스가 아닌 모스크바를 우선적으로 점령하라고 촉구하여 그의 대전략을 무산시켰다. 히틀러는 장군들의 권고에 굴복하여 모스크바 함락에 주력하기로 동의했다. 스테판 프리츠 독일 총리에 따르면 : 독일군 수뇌

부는 사실 경제적 요인에 대한 유감스러울 정도로 이해가 부족했고, 작전의 전술적인 측면에만 초점을 맞춘 훈련과 전통을 바탕으로 경제적으로 중요한 지역이 남쪽에 놓여 있다는 사실에도 아랑곳하지 않고 적의 수도인 모스크바를 향해 신속하고 단호한 진군을 강조한 계획을 설계했다.

러시아 장군들은 전쟁을 어떻게 실행할지에 대해 더 나은 전략적 견해를 가지고 있었다. 1941년 12월, 티모셴코 장군은 "독일이 모스크바를 점령하는데 성공한다면, 그것은 분명 우리에게 심각한 실망이지만, 결코 우리의 대 전략을 방해하지 않는다."고 말했다. 독일은 숙소를 얻겠지만 그것만으로는 전쟁에서 이길 수 없다. "중요한 것은 기름뿐이다. 우리가 기억하듯이, 독일은 1939년부터 1941년까지 우리와 경제협상에서 그녀 자신의 긴급한 석유문제에 대해 계속 떠들어댔다. 그래서 우리는 (a) 독일이 그녀의 석유 소비를 증가시키도록 할 수 있는 모든 것을 해야 하고, (b) 독일군을 코카서스에 들어오지 못하게 해야 한다."

1941년 독일의 기습작전이 한창일 때, 연료 부족이 국내 전선에 나타나기 시작했고, 연료 사정이 매우 심각해졌다: 너무나 연료 사정이 빠듯해서 1941년 11월 독일 최대의 트럭 공장인 브란덴부르크 공장에서 생산이 중단해야만 했다. 왜냐하면 차들의 연료 펌프를 점검하는데 필요한 휘발유가 부족했기 때문이었다.. 독일군의 경제 사무소는 더 이상의 중단이 없도록 하기 위해 연료를 특별 할당해야 했다.

1941년 12월에 독일군은 모스크바의 앞에서 저지되었다. 대부분의 역사가들은 1941년 모스크바를 점령하지 못한 이유를 동장군 탓으로 돌리지만, 사실은 독일군에게 절대적인 우선순위를 가지고 있음에도 불구하고 본질적으로 모스크바의 정문에서 연료가 바닥났다는 것이 주원인이었다. 독일군은 그 당시 충분한 인원, 겨울 옷, 보급품, 탱크를 가지고 있었지만, 그들의 군대에 동력을 공급할 연료가 부족했기 때문에 전투력을 상실했다. 독일군은 탱크와 트럭이 바닥난 것이 아니라, 그들에게 동력을 공급할 연료가 바닥난 것이다. 그들은 기본적으로 증원, 겨울 옷, 보급품, 장비를 그들의 부하들에게 수송하고 분배할 수 없었고, 그 후 많은 사람들은 얼어 죽었다. 1941년 겨울에 크게 비판받았던 히틀러의 "조속한 함락" 명령은 독일군의 대패를 방지하고 감소하는 연료 공급을 보존하고 여름 대공세에 대비하기 위해 내려진 현명한 조치였다.

스탈린그라드

히틀러는 연료 공급이 너무나 부족해져서 1942년 독일군 사령부가 독일군에 대한 연료 배급량을 대폭 줄였고 그래서 기동성이 심각한 타격을 받을 때 그의 장군들로부터 전쟁 작전권을 인수했다. 그는 1942년 5월 블루 작전을 계획하던 중, 그는 솔직하게 다음과 같이 말한다. "내가 마이코프와 그로즈니의 석유를 얻지 못한다면, 나는 전쟁을 끝내야 한다."

1942년 6월에 소련군은 이 빠르게 병력을 재건하고 기계화하던 시기에 독일군은 자전거로 정찰부대를 재편성하고 있었다.

히틀러는 육군 남부 그룹을 A 집단군과 B 집단군으로 분할한다. A 집단군은 하르코프 남쪽에서 코카서스로 휘몰아쳐 마이코프와 그로즈니를 점령하는 등 독일의 전략 석유 공급을 확보하는 임무를 맡고 있으며, 진군과 보급선을 따라 바쿠를 계속 함락시켜야 한다.

한편 B 집단군은 스탈린그라드로 알려지게 될 강가의 굴곡에서 수송 허브를 장악하고 볼가를 통해 바쿠로부터 석유공급을 차단하는 등 소련의 전략적 석유 숨통을 끊는 임무를 동시에 맡고 있다. 만일 소련이 코카서스를 빼앗기면 소비에트 연방은 석유 매장량의 절반과 원유 생산량, 정유 처리량, 파이프라인 용량의 80~90%를 빼앗길 것이다. 한편 볼가를 따라 수송로를 끊으면 평균 1200km의 거리를 주파하는 코카서스나 볼가/우랄('제2의 바쿠')에서 러시아 중부로 석유를 옮기는 가장 효과적인 수단이 없어지게 된다. 히틀러는 스탈린그라드를 함락시켜 볼가강 상류로 이동하는 석유 수송선을 끊음으로써, 소련의 석유동맥을 절단내고 결국 적군의 동력원을 고갈시고 코카서스 오일로 자신의 군대를 공급할 수 있다고 베팅했다.

그렇지만 소련군 탱크들은 디젤로 운영했고 독일 기계들은 일반 휘발유로 운전했기 때문에 기갑군단은 쓸모없는 것으로 판명되었다. 따라서 바쿠는 빨리 함락되어야만 했을 뿐만 아니라, 그 후 그 시설들도 독일군 연료가 고갈되기 전에 바로 빨리 복구되어야만 했다. 그렇지만 불과 몇 주 동안 지속될 것으로 상정되었단 그 캠페인은 몇 달, 몇 년으로 연장되었다. 독일 비축유의 절반가량이 동부 전선에 쏟아졌다.

서부전선, 1940~41

순전히 연료적인 관점에서 볼 때, 프랑스 함락은 독일에게 있어서 전쟁의 가장 큰 전과였다. 즉, 히틀러는 처음이자 유일하게 캠페인을 시작할 때보다 더 많은 석유를 가지게 되었다.그 돌격이 끝났을 때, 독일군은 프랑스, 벨기에, 네덜란드로부터 2천만 배럴 이상의 석유를 포획했다. 침략자들은 이 캠페인을 통해 겨우 1,200만 배럴을 사용했기 때문에, 정복은 8백만 배럴의 순익을 나타냈다. 그러나, 1940년에 미국은 하루 평균 4백만 배럴을 생산하고 있었음으로 사실상 그 전과는 아무 것도 아니었다.

한편, 석유는 또한 영국과의 전투에서 승패를 결정하는데 중요했다. 영국 공군은 미국의 석유를 공급받아서 옥탄가 100인 항공 고급휘발유를 자신의 공군전투기인 스피트파이어(Spitfires)와 허리케인(Hurricanes)에게 사용할 수 있었다. 이를 통해 엔진 성능이 향상되어 이륙 시간 단축, 빠른 가속도를 얻었고 및 더 많은 화물이 탑재 가능해졌다. 그 반면에 독일인들은 질보다 양을 선택해야 했다. 더 높은 옥탄 항공 가스를 생산하려면 생산량을 줄여야 했기 때문에, 독일 공군사령부는 그들의 비행기에서 87 옥탄 연료를 사용했다. 그 결과 체공시간이 줄어들었다. 엔진 성능이 저하된 독일 항공기는 기지로 돌아갈 충분한 연료를 확보하려면 단지 15~20분 동안만 영국 영공에 머물 수 있었다. 결국 몇 분 싸우지도 못하고 퇴각해야 했고, 그렇지 못한 비행기는 격추당하거나 추락될 수밖에 없었다.

1941년 북아프리카에서 이탈리아 군대를 구하기 위해 독일 아프리카 군단(Afrika Korps)이 결성되었다. 이는 독일이 직면한 석유 딜레마를 잘 보여준다. 그들은 계속해서 영토를 정복하면서 더 많은 석유를 비축했지만, 석유의 필요에 대한 책임도 떠맡았다. 두 국가가 모두 순유 수입국이었기 때문에 독일이 전쟁에서 이기고 있는 것처럼 보이는 동안에도 사실은 석유 공급과 수요 간의 격차가 도리어 확대되었다. 지중해에서 만큼 그 딜레마가 명백했던 곳은 없었다. 이태리는 오일에 관한 한 독일에게 짐이 되었다. 이탈리아는 1939년에 석유의 92%를 수입했다. 독일군이 싸우려고 북아프리카에 들어갔을 때, 그들은 또한 이탈리아 군대의 연료 공급을 돕는 임무를 맡아야 했다.

"사막의 여우" 롬멜은 기습 공격으로 영국군을 초토화시켰다. 1941년 6월 롬멜은 리비아 국경 지대로 향하는 300대의 영국 전차부대에 80대의 전차로 맞서 대승을 거두었고 롬멜은 이동전에서는 승승장구했다. 그렇지만 그는 연료 확보의 불확실성으로 고통을 받았다. 1941년 6월, 롬멜은 이렇게 썼다. "우리는 우리의 움직임이 전술적인 요구보다 휘발유 게이지에 의해 결정된다는 것을 알았다." 그는 또한 다른 석유 패러독스에 봉착했는데 북아프리카 사막에서 가로질러야 할 그렇게 먼 거리 때문에, 가끔 연료를 운반하는 트럭에 충분한 연료를 공급할 수 없었다. 그 나머지를 전선으로 수송하기 위해 사단의 연료 할당량의 절반까지를 수송하는 연료로 써야 하는 경우도 있었다. 그 경우 트럭들은 가면 돌아오기 위해 충분한 휘발유가 없다.

태평양 전쟁

석유는 유럽전쟁에 못지않게 태평양 전쟁에서도 중요한 역할을 했다. 미국, 영국, 프랑스, 네덜란드의 제국들은 각각 동아시아와 동남아시아에 식민지를 소유하고 있었다. 일본은 1940년 9월 독일, 이탈리아와 3국간 협정을 체결한 뒤 당시에 패전한 프랑스, 네덜란드 제국의 식민지와 석유 자원에 눈독을 들이기 시작했다.

일본인들은 1940년 9월부터 1941년 6월까지 네덜란드 동인도 정부와 경제협상을 벌여왔고 네덜란드 동인도 제도에서 특별한 경제지위를 모색하고 있었다. 일본은 7월 2일 제국회의에서 상황변화에 대처하는 제국 국가정책의 요강을 채택했다. 미국, 영국, 네덜란드 제국들의 심기를 건드리지 하지 않으려는 그 정책에서 프랑스령 남부 인도차이나를 점령해 네덜란드 동인도 제국으로 하여금 일본의 요구에 응하도록 강요하고 그 곳에서 군사적 우위를 확보하려는 대담한 계획이 요구되었다.

따라서 1941년 7월에 일본은 프랑스 비시 정권이 합의하자 인도차이나의 주요 비행장을 점령했다. 이로 인해 1941년 7월 26일 미국은 자국 내 일본 자산을 동결하고, 8월에는 일본에 대한 석유 및 휘발유 수출 금지 조치가 수립되었다. 이 조치는 당시 세계 최대 산유국인 미국에서 80퍼센트의 석유를 수입하던 일본에게 가장 큰 골칫거리였다. 일본은 네덜란드 동인도제도로부터 3천500만 배럴을 구입해 부족분을 메꾸려 했으나 일본 측의 요청의 절반에도 못 미치는 135만 배럴만 받아야 했다. 그러나 원유금수조치가 있기 전부터 미국은 일본의 신용을 동결해 일본은 제공받은 135만 배럴을 구매할 수 있는 능력도 크게 손상되었다.

영국도 곧 석유 금수조치에 동참했고, 그 후 연합국의 추가 요청으로 네덜란드 망명정부는 일본과의 경제 조약을 파기하고, 네덜란드 동인도제국의 석유 공급을 차단했다.

일본 석유 매장량

당시 일본은 평시 필요량의 2년분을 공급할 수 있는 석유 비축량을 가지고 있었지만, 해전에는 막대한 석유가 소모되므로 만일 일본이 전쟁을 하게 되면 약 1년 치 밖에 안 되는 양이었다. 역사학자 사무엘 엘리엇 모리슨에 따르면 진주만 공습 이전의 자산동결과 석유수출금지조치로 일본과의 전쟁을 불가피해졌다고 한다. 그는 일본 경제가 '일반적으로 피폐되어' 해군 작전은 고사하고 정상적인 내수 소비에도 석유가 불충분했다고 주목한다. 미국의 석유 금수조치로 남아 있는 시간적 여유가 없어졌다. 일본 제국본부의 계획자들은 중국과 태평양을 빠르게 부상하고 있는 미국 제국에 양도하거나 그들의 함대에 연료를 공급하는 기름이 떨어지기 전에 전쟁에 나가기로 결정해야만 했다.

늦어도 1941년 말까지 일본은 석유가 풍부한 네덜란드 동인도 제도의 새로운 공급원을 확보할 필요가 있었지만, 미국과 다른 제국들은 분명히 반격할 것이다.

진주만 공습

일본은 천연자원이 극도로 빈약한 나라다. 그 결과, 일본은 근대국가로 기능하기 위해 무역에 주로 의존해야 되었다. 일본은 모든 중요한 전략적 자원들, 특히 오일을 계속해서 외부에서 들여오는 것이 중대하고 사활이 걸린 이슈였다. 일본이 이 자원들을 얻는 경로가 차단되면 그 전략적 자원들은 일본으로 들어오지 않게 되고 그러면 일본에게는 오직 2가지 선택만이 남는다. 하나는 국내 생산성 수준을 자국의 천연자원에 맞게 낮추어서 근대국가로서의 기능의 수준을 저하시키는 것이다. 그리고 두 번째는 적극적으로 밖으로 나가서 근대국가로서의 기능을 유지하는데 필요한 것들을 얻는 방법을 찾는 것이다.

역사적 배경을 보면 19세기 중반이 되자, 영국은 인도, 미얀마, 싱가포르, 그리고 말레이시아를 통제하게 되었다. 프랑스는 인도차이나를 네덜란드는 인도네시아를 식민화 했다. 미국은 아시아에서 후발 주자였지만, 그 활동무대를 확장하고 1898년에 필리핀을 통제하게 되었다. 중국의 청 왕조마저도 아편전쟁(1840~1843)에서 영국에 패하고 제국주의 열강들에 주요 목표물이 되었다. 페리가 흑선을 몰고 일본에 왔을 때 세계는 그런 상황이었다.

아시아 강국이면서 잠자는 사자로 여겨지던 중국의 청나라마저도 영국과 프랑스의 최신 기술로 무장된 무기들에 무력했다는 사실은 일본인들에게는 아주 충격적인 사실이었다. 일본이 다음 차례가 될 것이라고 일본 지도자들은 생각했다. 중국의 패배로 일본 지도자들은 어려운 선택에 직면하게 되었다: 쇄국정책을 유지하고 문호를 개방시키려는 자들과 싸울 것인가, 아니면 자진해서 문을 열고 세계에 관해서 배울 것인가? 일본 지도자들은 중국의 패배로 인해서 서구 제국주의 열강을 힘으로 물리치는 것은 불가능하다고 확신하였다; 중국이 서구를 몰아내서 독자 생존하지 못하는 마당에, 일본은 이길 가망이 없다. 결과적으로, 일본은 쇄국정책을 포기했다. 도쿠가와 막부는 폐기되고 메이지 유신이 이루어졌다. 메이지 정부의 지도자들은 일본 국가 존엄을 방어하고 다른 서구 열강들과 동등한 위치에 오르려면, 일본은 그들 열강처럼 비참한 희생자가 아니라 포식자가 되어야 함을 인식하고 있었고 그래서 일본은 군국주의로 가게 되었다. 메이지 정부 하의 일본은 부국강병의 기치 아래 급속하게 근대화 하였다.

일본은 대륙 침략을 위해 1931년 9월 18일 만주전쟁을 일으켜서 중국의 동북지방을 점령하고 지역을 '만주국'이라 하여 그들의 식민지로 만들었다. 이후 일본은 1937년 7월 베이징[北京] 교외의 작은 돌다리인 '루거우차오[蘆溝橋]'에서 일본군과 중국군 사이에 일어난 작은 사건을 빌미로 일방적인 공격을 개시했다 이것이 중일전쟁[中日戰爭]의 시작이었다. 전쟁의 규모가 커지면서, 일본은 동아시아에서의 새 질서의 건설을 옹호하고, 일본이 최상국의 위상을 갖는 새로운 동아시아질서를 확립하려고 했다. 중국에서의 미국의 국익은 일본의 침략으로 침해되었고 격앙한 미국 정부는 일본의 공격성을 억제하려고 일본에 대한 경제 금수조치를 토론하기 시작하였다. 당시에 영국이 독일의 공격을 받고 있는 사이에 일본이 아시아 태평양 지역의 영국 식민지들을 공격한다면, 대영제국이 붕괴할지도 모른다는 우려가 있었다. 그래서, 루즈벨트 대통령은 아시아-태평양 지역의 영국 영토들을 방어하기 위해서 미국은 더 이상의 일본 팽창을 묵과할 수 없다는 확고한 방침을 정하고 일본에 대해서 중국에서 철수하라고 요구하였다. 미 국무성 안에서도, 미국이 강하게 반대하고 일본의 팽창에 대해 확고한 태도를 취하면 일본이 물러설 것이라고 주장했던 강경파들이 득세했다.

1939년에 미국은 1911년 양국에 의해 서명된 일본-미국 통상항해(通商航海) 조약의 파기를 일본측에 통보한다. 그 다음에 루즈벨트 대통령은 1940년7월에 일본에 대해 항공기용 휘발유와 고철(scrap-metal)에 대한 부분적인 금수 조치를 단행하였다. 일본은 북부 인도지나로 진군시켜서 맞대응했고, 이에 대해 다시 미국은 일본의 미국 내 자산들을 동결시키고, 일본에 대한 전면적인 석유 금수로 맞받아쳤다. 그 결과, 일본 지도자들은 2가지 옵션 중에서 취사선택해야 되는 극도로 곤란한 지경에 처하게 되었다: 미국에 굴복하느냐 아니면 미국에 대항하여 필사적인 전쟁을 하느냐?

1940년 일본의 오일 수입 의존도		
수입국	수입량	비율(%)
미국	3,820-4,66 kt	80
네덜란드 동인도회사	621-709 kt	13

그 당시에 미국과 일본 사이에는 협상으로 풀어야 할 3가지 주요 이슈가 있었다.

(1) 3국 동맹 조약:미국은 일본이 독일과 이태리와의 동맹을 끊어야 된

다고 촉구하였다.

(2) 남 인도차이나: 미국은 일본이 남 인도차이나로부터 철수하라고 요구했다.

(3) 중국: 미국은 일본이 중국으로부터 철수하라고 요구했다.

이들 중에서, (1),(2) 건에 대해서는 타협의 여지가 있었다. 그렇지만, 미국 국무장관인 헐(Cordell Hull)은 중국에 관해서는 완고했다. 일본의 지도자들은 협상에 의해서 해결될 수 있으리라는 약간의 희망을 갖고 있었고 몇 가지 계획들을 제안했지만, 미국은 일본의 제안한 계획들을 받아들이기를 거부하고 원래의 미국 요구들만을 포함한 "헐 노트"라고 불리는 최종적인 답변으로 대응하였다. 그 결과, 전쟁이 불가피하게 되었다.

중국이 일본에게 그렇게 중요한 이유들는 2가지 주요한 이유가 있었다: 체면을 살리는 것과 국가 안보이다 일본은 주둔하기 위해 재정적 비용, 군사적 비용, 그리고 인적 비용의 측면에서 이미 엄청난 희생을 치렀기 때문이었다. 더구나 철수하면 제국의 위신이 크게 손상될 것이라고 일본 지도자들은 생각했다. 일본 여론은 납득 못할 것이고 그 요구에 순응하면 군사쿠데타가 나든지 민중 봉기가 야기되어 정부만이 아니라 제국시스템을 전복시킬지 모른다고 그들은 걱정하였다. 그래서 여하튼 중국으로부터의 철수는 일본에게는 받아들일 수 없었다.

중국으로부터의 철수는 또한 안보 이유 때문에도 받아들일 수가 없었다. 헐 국무장관이 일본에게 중국에서 철수하라고 요구했을 때, 일본 지도자들은 헐은 만주로부터도 철수하라는 의미로 해석했다. 만주의 전략적 위치는 일본의 국가 안보에 아주 중요했다. 만주가 없으면, 일본의 국가 안보에 전략적으로 가장 중요했던 한국을 방어하는 것이 매우 어려웠다. 일본이 문호를 개방한 이래, 일본 지도자들은 한국이 중국이나 러시아 같은 제3국에 의해서 지배되지 않을까를 항상 근심 했다. 청일전쟁(1894)도 러일전쟁(1904)도 결국 한국을 통제하기 위한 전쟁이었다. 한국의 안보를 확보하기 위해서 일본은 만주를 필요로 했다. 그래서 만주로부터의 철수 요구는 받아들여질 수가 없었다.

2차 대전 전 시기의 미국과 일본 사이의 갈등과 협상은, 일본이 미국과 전쟁을 하게 된 이유를 설명해준다. 그 당시에 일본의 최대 오일 공급자였던 미국은 1941년 7월에 일본에 대해 석유 금수 조치를 취하였다. 그것은 일본인들이 미국인들에 대항하여 싸우기로 작정하도록 만든 큰 이유 중의 하나였다. 그래서, 어떤 면에서, 진주만 공격은 전혀 놀랄 일이 아니다. 그것은 갈등과 협상의 필연적 결과였다.

석유는 일본이 필사적으로 필요로 했던 가장 결정적인 전략적 자원들 중의 하나였다. 일본은 국내 소비의 10%도 자국 내에서 생산할 수가 없었다. 그 당시에 일본은 미국에 아주 많이 의존하고 있었는데, 미국은 일본에서 소비되는 석유의 80%를 공급했다. 다른 말로 하면, 일본의 생사여탈권은 미국의 손 안에 있었다. 그리고 루즈벨트 대통령은 미국의 요구에 일본이 순응하게 만들기 위해 단 1 방울의 석유도 일본으로 가지 못하게 막음으로써 일본을 질식시키기로 결정하였다. 일본은 또한 네덜란드와 경제조약을 체결했는데, 네덜란드 동인도회사는 일본의 석유 필요량의 약 13%를 공급하기로 약속했다. 그렇지만, 네덜란드는 그 조약을 파기하고 1941년 미국의 석유 금수 조치를 뒤따랐다. 일본에 대한 외부세계의 석유 공급은 끊겼고 일본 지도자들은 석유를 얻을 수 있는 대안을 찾아야 했다. 하나의 옵션은 네덜란드 동인도회사를 취해서 유전들을 통제하는 것이었다. 그렇지만, 일본이 남쪽으로 움직이면, 전쟁은 불가피하다는 것은 명백했다. 오일 쇼크는 1년 반이 지났고 시간은 촉박했다.. 일본 지도자들은 신속하게 결정을 내려야 했다. 만일 전쟁이 피할 수 없고 싸울 작정이라면 시간을 끌수록 제한된 오일 재고 때문에 이길 가능성은 더욱 더 줄어들 것이었다. 일본 지도자들은 최종적으로 싸우기로 결정했지만, 그들 대부분은 미국에 이길 가능성은 거의 없다는 것을 알고 있었다. 1941년 12월 7일에 진주만 공격을 개시했다.

일본이 미국에 대항해 싸운 전쟁은 일본인들에게는 희망이 없는 전쟁이었다. 이길 가능성이 전혀 없었다. 그 당시 많은 일본 정부 지도자들은 그것을 알고 있었다. 그렇지만, 동시에, 그 전쟁은 그들이 싸워야만 했던 전쟁이었다. 왜냐하면 중국에 대한 일본의 국익과 미국의 국익이 서로 충돌했고, 일본 지도자들은 미국에 굴복하기를 거부했기 때문이었다. 전쟁의 주원인은. 최소한 일본인들에게는, 석유였다. 석유는 동력원이었고, 미국과 달리, 일본은 국내적으로 아주 소량의 오일 밖에 없었다. 일본은 제국주의 열강 중 한 강국이자 그 당시 가장 선진적인 국가 중의 하나가 되었지만, 그러한 성취와 힘은 석유가 없으면 성취하기도 유지하기도 불가능 했다. 일본은 석유 공급을 전면적으로 미국에 의존했다. 미국으로부터의 석유 공급을 잃게 되면 일본은 다른 석유 공급원을 찾아야 했지만, 결코 쉽지 않은 일이었다. 다른 석유 공급원을 찾는다 하더라도, 오일을 일본으로 수송할 능력이 충분하지 않았다. 그 사실을 알고 있는 미국과 루즈벨트 대통령은 그것을 궁극적인 외교 카드 중의 하나로 사용했다. 그렇지만, 갈등을 야기한 것은 석유만이 아니었다. 일본에게 아시아가 얼마나 중요한 의미가 있는지를 미국은 오판했다. 일본에게 있어 아시아는 국가안보에 결정적으로 중요했다. 그렇지만 미국 지도자들은 그것을 이해하지 못했다.

네덜란드령 동인도제도

진주만 건축가인 야마모토 이소로쿠 제독은 일본이 미국의 방대한 물류, 인력, 산업 역량을 일깨우지 않도록 신속하고 결정적인 승리를 거두어야 한다고 상관들에게 경고했다. 그는 "나는 6개월 동안 난폭하게 달릴 수 있다. 그 후, 나는 성공할 가망이 없다."라고 말하면서, 미국에 대한 미래의 전쟁의 결과를 예언했다.

전쟁 초기 6개월 동안 일본은 유럽 제국이 건설하는 데 수 세기가 걸렸던 동남아시아의 식민지를 해체하는 데 성공했다. 이들은 진주만 공격과 함께 괌과 웨이크 열도를 동시에 점령한 뒤 필리핀, 버마, 네덜란드 동인도네시아, 말레이 반도, 마닐라, 랑군, 홍콩, 싱가포르, 자카르타를 침공했다. 1942년 초까지 일본인들은 태국, 인도차이나, 말레이시아, 수마트라, 보르네오, 셀레브, 티모르, 비스마르크, 길베르츠, 대부분의 솔로몬, 뉴기니의 반을 정복하거나 달래었다.

동남아 유정, 저장시설, 정유시설에 대한 연합군의 철거로 그 지역의 석유 생산이 일시적 차질이 빚어졌지만 일본군은 재빠르게 생산을 재개시켰다. 기술자 부족과 석유산업기술, 장비 부족으로 일본인들은 전쟁 전의 연간 생산량인 6천5백만 배럴을 회복할 수 없었지만, 1942년 이후의 4천8백만 배럴의 생산량조차도 그들의 전략적 비축량을 이용하지 않고도 그들의 필요를 충족시키기에 충분했다.

1942년 5월까지 일본인들은 마침내 일본의 완전한 석유 독립을 위해 필요한 충분한 유전을 확보했다. 그러나 동남아시아에서 생산되는 석유 중 상당 부분이 일본으로 되돌아오지 못했다. 문제는 생산된 석유를 본토로 돌려보내는 데 있었다. 이론적으로 동남아시아 산유량은 합성오일의 국내 생산과 결합되어 1941년에 3,690만 톤(육해군이 약 2,400만 배럴)이었던 일본의 요구 연간 소비량을 쉽게 충족시킬 수 있었고 1943년에는 최고치인 4,390만 톤으로 치솟았다. 그러나 모든 석유제품의 대일 수입은 월 140만t을 넘은 적이 없으며 연간 최대 석유 스입량은 1943년 1350만에 불과했다. 문제는 일본의 현존하는 유조선 함대는 그 배달 용량이 완전히 불충분했고 새로 획득한 석유를 정제할 필요가 있는 고국으로 다시 수송하라는 요구에 대처할 수 없었다는 것이었다. 그 결과 일본인들은 1942년 1월 575,000톤에서 1943년 7월 809,000톤으로 집계 유조선을 급격히 증가시키기 시작했다.

미드웨이 전투 직전에 미 해군 암호 해독자들은 대부분 일본의 무선 코드를 해독해 일본 원유를 본국으로 수송하는 대부분의 해상 항로에 접근할 수 있었다. 전쟁 첫날부터 미국 잠수함들은 일본 유조선들을 목표로 삼았다. 처음에 공격에 체계적이지 않았던 미 해군은 1943년에는 석유 탱크를 잠수함들의 일차 목표물로 삼았다. 미 공군은 무장 정찰, 공중 투하, 석유 시설 공격 등으로 봉쇄를 지원하기 시작했다.

잠수함이나 미합중국 전투기를 이용해 전쟁 내내 적의 석유탱크와 기반시설을 공격한 미국의 소모전은 결국 110척의 유조선들을 격침시켰다. 이 전략은 매우 성공적이었다. 네덜란드령 동인도 제도에서 충분한 양의 석유를 안전하게 가져오지 못하게 되면서 1943년 이후, 일본 해군은 함대의 가장 큰 부분(연간 1800만 배럴)을 공급원에 가까운 남부 해역에 정박시켜야 했다.. 일본 본토와 태평양을 가로질러 물류 지원을 끌어와야 했던 미국 함대에 비해 상대적으로 짧은 거리에 불과했지만 미 해군의 일본 유조선 격침으로 그 길은 건너지 못하는 해로가 되었다.

연료 부족

처음부터도 일본의 추정 전시 석유 소비가 너무 낙관적이었다. 1942 년 6월 미드웨이 해전의 일주일간의 전투가 혼자 일본 해군이 지금까지 연간 평시 작전에 사용했던 것보다 더 많은 연료를 소비했다.

전전에는 일본 항공조종자는 수송기 조종 자격이 가능하려면 4000 시간의 비행 훈련이 필요했다. 전시에는 이러한 오일 부족 때문에 조종사가 죽거나 다치면 훈련이 잘 된 조종사로 대체하는 것이 더 어려워졌다. 그래서 훈련된 조종사가 감소하면서 미숙련 조종사들로 대체되었다. 그 결과는 1944년 월 필리핀 해 전투에서 극명하게 나타났다. 공중 전투에서 일본이 273 기를 분실하는 반면 미군은 단지 19대의 비행기만 잃은 "마리아나제도의 칠면조 사냥(the great marianas turkey shoot)"이었다.

석유 부족에 의해 영향을 받은 것은 단지 일본 공군이 아니었다. 일본 육군에서, 극단적인 돌격, 강제 행군, 자전거는 오일 구동 탱크, 수송군의 대체물이 되었다.

전쟁이 장기화되면서 석유를 최우선으로 간주한 제국해군도 영향을 받았다. 전쟁 후 인터뷰에서 구리타 다케오 제독은 1944 년 레이테해전에서 그의 함대가 전멸된 이유를 설명했다. 그는 산 베르나르디노 해협(San Bernardino Strait)을 통과하여 레에테만 동쪽으로 진입하기로 한다. 그 해협은 위험한 곳이었다. "나는 연료가 부족했다"고 그는 말했다. 구리타의 함대들은 침몰하거나 흩어졌다. 일본 함대가 사용할 수 있는 유일한 연료는 자체 탱크에 있던 것이 전부였다. “연료는 중요한 고려 사항이었고, 기본적인 것이었다.”라고 구리타는 말했다. 인접한 해안을 우회하여 항해할 수 있는 충분한 연료가 없었기 때문에 그들은 상대적으로 좁은 해협을 통과해야했다. 경계를 서던 미군들은 구리타의 함선들이 그 해협을 통과하여 오자 놀랐고 미국의 잠수함과 공군이 그들을 공격하여 대부분을 격침시켰다.

전략적 선기를 잃은 일본의 군사 전술은 여러 면에서 미국의 공격에 대한 방어에서 점차 줄어들고 있는 석유 매장량을 보존하기 위한 고군분투로 바뀌었다. 일본은 최후의 본토 방어를 위해 연료를 아껴야 했음으로, 1945년 2월, 미국 해군과 해병대의 군대는 이오 지마의 침공 동안 전혀 바다나 해상에서 저항을 만나지 않았다.

무사도 전술

일본의 군국주의 정부는 무사도의 개념을 채택하여 일본 국민들이 이데올로기적으로 천황에게 순종하고 전쟁 수행에서 궁극적인 희생을 치르게 했다. 제국군 내에서 석유 부족 현상이 심화되기 시작되면서 일본은 고대 관습으로 되돌아가서 무사도 정신에 의지하여 연합군이 만세돌격(Banzai Charge)이라고 부른 자살 공격 전술을 택하기 시작했다. 일본 병사들이 해상으로 공급받을 수 없게 되었음으로, 섬에서 단절되고, 연료와 탄약 공급이 끊기고 패전이 임박하자 그들은 점점 더 이러한 비효과적인 만세돌격에 의지했다.

가미카제 자살특공대

석유 부족으로 제국 항공 업무도 비슷한 절망적인 전술을 채택할 수밖에 없었다. 1944년 10월 25일 레에테 걸프 전투에서 가미카제 자살특공대가 첫 번째 임무를 수행했다. 세키가 이끄는 다섯 기의 A6M 제로가 니시자와 히로요시(1920년~1944년西澤 広義)가 이끄는 일본의 에이스의 호위를 받으면서 호위용 소형 항공모함을 공격했다.

만세돌격과는 달리 가미카제의 전투 효과에 대한 2차 세계 대전 통계는 논쟁의 여지가 없다. 인력만으로도 봐도 평균 한 명의 가미카제가 2명의 미국 해군을 살해했다. 약 2800명의 가미카제 특공대가 34척의 해군 함정을 침몰시키고 368척의 함정을 파손시켰으며 4,900명의 선원을 살해하고 4,800명이 부상당했다. 레이더 감지, 공중 차단, 대대적인 대공 방어막에도 불구하고 14%의 자살특공대는 살아남아 배에 충돌했다. 가미카제가 충돌한 함선들의 거의 8.5%가 침몰했다. 침몰한 세 척의 함대는 미국의 해군 및 군사작전을 지원하기 위해 사용되었던 거대한 호위 함선들이었다.

일본 항복

1945 초가 되면 일본 함대의 거의 모든 함선들이 활동을 멈추고 정박 중이었다. 미국과 전쟁하기 전에 엄청난 액수의 돈이 들었던 강력한 전함과 심지어 항공모함도 연료 부족으로 정박할 수밖에 없었다. 미 공군은 1945년 7월에 일본 석유시설에 대해 15차례의 작전을 수행하여 공격한 9개 표적 중 6곳의 표적들을 파괴했다. 그러나 성공적인 연합군의 해군 봉쇄로 인해 정유할 원유가 거의 없었기 때문에 이 공습은 일본의 전쟁 노력에 거의 영향을 미치지 않았다.

1945년 8월 일본의 공식 항복 이후 미국은 일본 전범 주모자들을 체포하기 시작했다. 9월 11일 미국 관리들은 히데키 도조 수상의 저택에 다가갔다. 도조는 이미 체포를 통보받았었고 그는 가슴에 총을 쏘고 자살하려고 시도했다. 그는 치명적인 부상을 입지는 않았고 급히 의사와 구급차를 불러야 했다. 그렇지만, 연료 부족이 너무 광범위해서 연료통에 휘발유가 있는 구급차를 발견할 수 없었고 미국 의사를 먼저 찾을 수 있았다. 마침내 충분한 연료를 가진 차량이 발견되었고, 그가 자살을 시도한지 2시간 후에 그 차는 도조의 집에 도착했다. 도조는 병원으로 옮겨졌고 건강을 되찾았다.

미국 합참 의장과 4성 제독으로 은퇴한 미 해군장교인 토마스 무어(Thomas Moorer)는 일본 제국에 대한 간략한 사후 검토를 했다. "내가 배운 교훈은 절대 패전하지 말라는 것이었다. 오일이 떨어지는 것이 패전에의 길이다."

노인과 오일

젊은 미국 해군 장교인 무어는 구리타에게 접근하여 전쟁에 대한 정보를 모으는 역사 연구 그룹을 위해 일하고 있다고 설명하였다. 그는 구리타에게 "무엇이 일어났는가?"라고 물었다. "석유가 떨어졌다"고 구리타는 당연한 듯 얘기했다. 무어와의 인터뷰 중에 재삼재사, 구리타는 연료 부족을 일본군이 패전한 핵심 이유로 지적했다. 구리타는 그의 함대가 1944년10월에 레에테 만 해전에서 거의 전멸할 뻔한 이유를 회상하였다. 미군에게 기습공격을 하려했는데, 그 이유는 일본 지휘관들은 본국으로 귀환하기 위한 충분한 연료를 남겨두려고 했기 때문이었다. 그 기습이 실패하자 그들은 항로를 선회할 기회조차 갖지 못하였다.

레에테 만 해전 중에, 쿠리타는 자신의 함선들을 San Bernardino 해협의 위험한 통로에 배치하였다고 설명하였다. "연료가 모자랐다." 그들이 갖고 있는 연료란 그들 배의 탱크에 있는 것뿐이었다. "연료는 중요한 고려 사항이었다. 가장 기본적인 것이었다." 인접한 대륙을 돌아서 항해할 수 있을 정도의 충분한 연료가 그의 배들에는 없었다. 그러므로 그들은 할 수 없이 상대적으로 좁은 해협을 통과하는 수밖에 없었다.

레에테 만에서의 일본의 대패 몇 달 뒤인 1945년2월에 미국의 해군과 해병대들은 테우리지마 섬[Teuri-Jima]을 침공할 때에 아무런 해군의 저항도 받지 않았다. 일본인들은 그 섬의 바다와 공중을 미군에게 그냥 넘겨주었다. 그 이유는 제국 해군은 최후 본토 방위를 위하여 연료를 아끼기로 작정하였기 때문이다. 1945년 초에는 대부분의 일본 함선들은 활동이 중지되었다. 미군과의 전쟁 전에 그리고 전쟁 초에 그 건설에 막대한 비용을 들였던 강력한 전투함들과 비행선들이 연료가 없어서 부두에 매어 있었다. 일본의 기본적인 군사 결정 과정은 여러 전선에서 미국의 공격을 막아낼 방도가 중요하지 않았다. 일본의 주요 노력은 줄어만 가는 석유 비축을 유지하려는 투쟁에 불과하였다.

1944년 중반이 되자, 일본의 경제와 군사는 에너지 공급이 끊겼다. 미국의 잠수함들은 오일을 가득 실은 수백 척의 일본 배들을 침몰시켰다. 일본 해군에 대한 미국 잠수함 캠페인은 일본과 소위 "남부 자원 지역"과의 바닷길을 거의 완전 두절시켜 버렸다.

필사적으로 일본 군사 계획자들은 가용 자원들을 연료 대체물로 전환시키려고 가능한 모든 수단을 동원하였다. 일본인들은 고구마, 설탕, 그리고 쌀과 같이 징발된 식량에서 알코올을 제조했다. 그러나 알코올은 1갤런 당 대략 65,000 Btu 의 에너지 함량만을 갖고 있지만, 항공 휘발유는 1갤런 당 약 130,000 Btu를 갖고 있다. 그래서, 최선의 경우라도 일본 비행기는 그들의 적수인 미국의 반 정도를 갖고 이륙하였다. 결국 미국 비행기들이 하늘을 지배했다.

일본 국민들은 그들의 정원 채소들이 많은 양이 윤활유를 만드는데 사용되기 시작하자 굶주린 배를 움켜잡아야 했다. 타이어와 비옷 같은 낡은 고무 제품들조차도 "증류"되어서 가능한 오일을 자낼 수 있는 데까지 짜내었다. 1944년 후반이 되자, 일본 해군은 소나무 뿌리에서 항공연료를 제조하려는 프로젝트를 시작했다. "200개의 소나무 뿌리는 비행기를 1시간 동안 하늘에 머물게 해줄 것이다"고 해군 대변인이 말했다. 일 해군은 36,000개의 주전자와 증류기를 분배했다. 많은 일본의 산들이 민둥산이 되었다. 그러나 각 주전자나 증류기는 약 4갤런의 원료를 생산할 수 있을 뿐이었고 그나마도 사용가능한 연료가 되려면 중요한 처리 과정을 요했다. 더구나, 증류기들도 연료 공급을 요했다. 400,000명이 2,500배럴의 소나무 오일을 매일 공급하기 위해서 하루 종일 일했다. 결국에는 3,000배럴의 "소나무 뿌리" 항공연료가 일본 해군에게 배달되었지만, 항공 엔진들을 몇 시간 동안만 가동시킬 수 있었다.

수년 후에, 미국 해군 장교 무어는 4성 제독과 미국 합참의장으로서 은퇴했다. 인터뷰에서 은퇴한 제독 무어는 은퇴한 일본 제독 구리타에 대해 회상하면서, "그는 전 함대를 지휘했었지만 지금은 고구마를 캐고 있었다."고 말했다.

"내가 배운 교훈은 절대 패전하지 말라는 것이다.. 패전하는 길은 석유가 바닥나는 것이다"

05

오일과 민주주의

정치는 무한한 욕망이라는 맥락 속에서의 유한한 자원을 배분하는 방식들에 대한 결정 과정들로 정의한다면, 우리의 삶 속에서 가장 중요하고 필수적인 자원이 에너지라는 점을 감안하면, 경제활동에 대한 통제는 바로 정치권력으로 이어짐을 알 수 있다. 에너지가 경제활동에서 가장 중심적이므로 경제활동에 필요한 특정한 에너지 자원들을 통제하면 곧 바로 경제활동을 통제할 수 있고 그것으로 다시 정치권력을 통제할 수 있게 된다. 오일 쇼크 때에 미 국무장관 키신저는 "오일을 통제하는 자는 국가들을 통제할 것이고, 식량을 통제하는 자는 민중들을 통제할 것이다"라고 말했다. 특정한 에너지, 예를 들어, 소규모 풍력터빈이나 태양-의식적인 집 디자인은 본질적으로 분권적이다. 그것들은 최종 소비자들에 의해 생산되고 통제된다. 석유에 의해 추동되는 에너지이거나 특히 핵에너지는 그와는 정반대로 개인들에게서 통제권을 앗아가고, 대기업들과 정부의 손에 집중시킨다.

역사적으로, 에너지 사용의 패턴들은 사회 구조와 위계질서를 예측하고 이해하는데 있어 유용한 도구이다. 고대 중국과 이집트는 가장 중앙집권적이고 전제적인 문명인데, 그들이 의존하던 에너지의 종류를 보면 그런 체제가 거의 필연적임을 알 수 있다. 이 두 시스템들은 나일 강과

황하의 주기적인 홍수를 통제하고, 관개시설들을 설치하고 관리해야 되었다. 그 두 사회들에서 농부들이 개인적으로 또는 가구로서 토지를 통제했기 때문에 역사가들은 그러한 전제적 시스템이 발달한 이유에 대해 신비로워 했다. 그러나, 이들 "수력" 농업시스템이 엄청난-종종 10만 명 이상의 노동력이 요구되었다-강력한 중앙집권적인 정부에 의해서만 달성될 수 있는 사업이라는 점을 주목하면 쉽게 설명된다. 물 에너지를 통제하기 위해 막대한 일시적인 노동 인력을 동원해야 되었고 전제정치가 그 일을 하는데 적격이었다. 역으로, 부족의 정치 구조는 자치와 개인적 자유가 특징인데, 그 사회에서 에너지는 개별적으로 획득하고 저장할 필요성이 거의 없다. 그것은 분권적인 에너지시스템들의 예들이다. 그 에너지는 지속가능한 속도로 개인들에 의해 모아진 장작들로 주로 구성되었다. 에너지를 한 곳에 집중할 수도 저장하기도 어려운 시스템에서는 전제정치가 나타날 여지가 거의 없다.

우리 자신의 사회를 검토해 보면, 우리는 거의 모든 경제활동에 오일 에너지를 직간접적으로 쓰고 있다. 오일 공급이 단 하루라도 끊기면 경제는 올스톱되고 막대한 타격을 입게 될 것이다. 오일은 재생에너지처럼 흩어진 분산된 에너지원이 아니라 특정한 곳에서만 생산되고 정유소 같은 곳에서 대량으로 공급되는 아주 중앙집권적인 조직을 통해서만 공급되는 에너지원이다. 그러므로 우리는 오일을 대량으로 생산하고 정유하며 수송하고 배급하는 정부-기업 복합체에 완전히 의존하게 되었다. 우리의 "자유민주주의"는 사실상 오일에 기초하고 있고 오일의 생산, 수송, 배급의 역학에 의해 형성된다고 볼 수 있다. 오일은 중앙집권적인 조직들과 방대한 규모의 네트워크를 요한다. 이러한 면에서 오일의 통제는 고대의 중앙집권적인 전제정치의 전제조건과 닮았다. 즉 "에너지 노예"가 "인간 노예"를 대신하면서 가능해진 서구의 민주주의는 오일 흐름의 허브에서의 전제정치에 의해서만 가능한 시스템이다.

민주주의 형성과 화석연료

화석연료는 20세기 민주주의의 가능하게 하는데 큰 역할을 했지만 다른 한편 그것의 한계를 결정하는 데에도 한몫했다. 주요 산업 국가들도 석유에 의존하는 국가들이다. 석유로부터 얻는 에너지가 없다면 그 국가들의 현재 정치와 경제생활은 존재하지 못할 것이다. 그들의 시민들은 다양하고 풍부한 식량을 먹고, 여행하고, 주거하고, 상품과 서비스들을 소비하는 방법을 개발했다. 이런 활동들은 직간접적으로 석유의 소비에 의존한다. 오일은 유한한 매장량만 있음으로 이러한 생활방식은 지속가능하지 않으며, 석유 생산이 정점을 지나고 있을지 모른다는 실질적인 증거가 있다.

대중 민주주의와 마찬가지로 화석 연료도 비교적 최근의 현상이다. 그 두 종류의 힘의 역사는 여러 가지 방법으로 연관되어 있다. 화석연료를 사용하면서 에너지 시스템이 재구성되었고 그 결과 다른 변화들과 함께 19세기 후반의 대중정치도 동반되었다. 200년 전까지만 해도 살아가는데 필요한 에너지는 거의 전적으로 햇빛 에너지를 포획하여 저장하는 재생 가능한 자원으로부터 왔다. 태양 에너지는 인간과 동물에게 연료를 공급하기 위해 곡물과 다른 작물로 전환되었고, 땔감을 제공하기 위해 삼림으로, 그리고 운송과 기계를 구동하기 위해 풍력과 수력으로 전환되었다. 아마도 20세기 중반까지 세계의 대부분 지역에서 태양 복사를 저장한 재생에너지가 주요 에너지원이었다. 그러나 1800년경부터, 이러한 재생에너지 자원은 아주 오랜 세월 동안에 걸쳐 생성된 고밀도의 저장된 고대 햇빛에너지로 대체되었다. 3억5천만~1억 5천만 년 전에 묻힌 탄소의 축적, 특히 산소가 부족한 환경에서의 해양 유기체의 퇴적들이 비교적 드물지만 특별한 환경에서 오랜 세월 동안 지구 압력을 받아 가열되었을 때. 석탄과 석유 매장이 생겨났다.

수천만 년에 걸쳐 형성된 이 고대 햇빛은 아마 아주 짧은 기간 즉 1860~2050년 사이에 대부분 고갈될 것이다. 오늘날 사용되는 1리터의 휘발유는 약 25 톤의 고대 해양 생물이 필요했고, 우리가 단 한 해에 연소하는 화석연료를 만들기 위해서 400년 동안 지구의 전체 식물과 동물의 생산량과 동등한 유기물질이 요구되었다.

이러한 농축된 탄화수소 저장소에 비해 태양 복사는 그 밀도가 아주 낮은 형태의 에너지이다. 그러므로 정착지들은 역사적으로 강을 따라, 목초지에 가깝고, 땔감으로 쓰일 숲으로 남겨진 대규모 토지에 닿을 수 있는 거리에 있어야 했고 따라서 그것들은 규모도 작고 상대적으로 분산되어 있어야 했다. 지난 2세기에 걸친 석탄 에너지를 주요한 에너지원으로 쓰기 시작하면서 도시의 인구 집중이 가능해졌다. 이는 부분적으로 도시에서는 더 이상 인접한 목장과 숲이 필요하지 않았기 때문이고 고밀도의 풍부한 화석연료를 대량으로 이용할 수 있게 되었기 때문이다. 영국에서 목재를 석탄으로 대체한 결과 만약 에너지가 여전히 태양 복사에 의존했다면, 필요한 숲이 현존하는 삼림 면적의 몇 배나 되어야 했을 것이고 그 삼림은 곧 다 벌채되어졌을 것이다. 1820년대가 되면 석탄은 영국의 전체 지표면적에 해당하는 토지에서 얻을 수 있는 연료를 제공했고, 1840년대가 되면 석탄은 영국의 2배의 면적에서 목재로 부터 얻을 수 있는 만큼의 에너지를 공급하고 있었다. 그리고 1890년대가 되면 다시 그것의 두 배가 되는 삼림이 필요했다. 석탄 덕분에,

영국, 미국, 독일 그리고 다른 석탄 생산 지역들은 도시 및 대규모 제조업이 기반한 새로운 "에너지 물질대사"로 발전할 수 있었다.

우리는 산업화를 도시의 성장과 연관시키지만, 그것은 똑같이 농경 현상이기도 했다. 도시와 제조업의 성장하려면 식량이 증산되어야 하고 특히 목화 원료 생산에 필요한 광대한 농작물 생산 지역이 있어야 했다. 화석에너지는 이전에 연료 공급을 위해 삼림지대로 보존되었던 땅을 해방시킴으로써 이러한 새로운 농경지를 공급하는 것을 가능하게 하였다. 북서유럽의 석탄으로의 전환과 거의 같은 시기에 식민지 영토가 획득되었는데 이 또한 추가적인 식량과 목화 및 기타 산업 작물의 생산을 위한 농장으로 전환될 수 있는 농경지를 공급했다. 이것은 화석 연료와 민주주의 사이의 첫 번째 연관성이다. 18세기와 19세기에 유럽 일부 지역과 그 정착민 식민지에서 제한된 형태의 대표정부가 개발되었다. 그러나 1870년대부터 대중정치운동과 조직정당의 등장은 부분적으로 그 시기에 이루어진 도시와 제조업의 인구 집중에 힘입어 생겨났다. 그것들은 부분적으로는 식민지화된 영토와 노예 또는 강제 노동력의 통제에 의해 가능하게 되었지만 똑같은 정도로 석탄의 흐름을 조직함으로써 가능하게 되었다.

탄소 통로 제어

화석연료는 19세기 후반과 20세기 초반의 대중민주주의와 연결되어 있다. 몬태나주와 와이오밍, 북부 잉글랜드, 남웨일스, 루르, 상부 실레지아, 애팔래치아 등 세계 대부분의 산업 지역이 석탄 공급지 근처에 놓여 있었다. 그러나 석탄은 탄소 함량이 매우 고밀도로 집중되어 있고 목재나 다른 재생 가능한 연료 공급보다 더 먼 거리를 가로질러 육로 또는 수로에서 에너지를 운송하는 것이 비용 효과적이 되었다. 영국에서는 석탄의 이동을 위해 운하를 파는 최초의 운하법이 통과되었다. 당초 석탄 채굴에서 배수용이었고 석탄 자체를 연료로 쓰던 증기기관을 증기기관차에 이용하여 수송하면서 이러한 움직임은 가속화되었다. 이제 더 이상 에너지원에 인접하지 않은 자리에도 대규모 도시 및 산업 인구가 밀집될 수 있다.

이제 엄청난 양의 에너지가 아주 좁은 경로를 따라 흘러갔다. 많은 수의 노동자들이 이들 채널의 주요 분기점에 집중되어야 했다. 그 노동자들은 바로 에너지가 모이는 곳에 위치하고 있고 많은 수가 일하고 있었음으로 그들이 파업하거나 태업하면 에너지 흐름은 중단되고 산업과 경제는 멈추게 될 것이었다.. 이제 이 노동자들은 잠재적으로 커다란 새로운 종류의 잠재적인 정치적 힘을 갖게 되었다. 그 힘은 단지 그들이 형성한 조직들, 그들이 공유하기 시작한 생각들, 혹은 그들이 구축한 정치적 연합으로부터 파생된 것이 아니라, 이제 탄소에너지가 아주 집중되어 있음으로 그 흐름을 늦추거나 막거나 중단시킬 수 있는 능력에서 파생되었다.

석탄 광부들은 1880년대 이후의 노동운동과 정치적 동원에서 노동체제와 고용주의 권력에 이의를 제기하는데 주도적인 역할을 했다. 1881년에서 1905년 사이에 미국의 석탄 광부들은 모든 주요 산업에서 노동자들의 평균의 약 3배에 달하는 비율로 파업을 했고, 그것은 다음으로 높은 산업인 담배 제조업의 파업 건수의 두 배나 된다. 탄광파업도 다른 산업의 파업보다 훨씬 더 오래 지속되었다. 같은 패턴이 유럽에도 나타났다. 광부들의 호전성은 부분적으로 비정상적으로 자율적인 장소와 작업 방법에서 만들어졌다고도 볼 수 있다. 광부의 자유는 탄광지역이 정치 당국으로부터 지리적으로 격리되었기 때문이 아니라 광산의 내부 작업 장소의 지리적 조건의 산물이었다. 전통적인 채굴 방식에서는 광부 한 쌍이 석탄 구역 한 부분을 작업하여 기둥이나 벽면을 책임지었다. 그들은 보통 갱도 내부를 막기 위해 어디를 뚫어야 하고 얼마나 많은 바위를 제자리에 남겨야 하는지에 대해 그들 스스로 결정을 내렸다.

전형적으로 기계화의 위협으로부터 또는 더 위험한 작업 관행, 더 긴 근로시간 또는 더 낮은 임금을 수용하라는 압력에 대항하여 이러한 자율성을 방어하려는 과정에서 이러한 호전성이 표출되었다. 파업은 광산의 식민지적 고립 때문이 아니라, 반대로 증기나 전력에 의존하는 모든 공장, 사무실, 가정 또는 교통수단이 모두 결국에는 석탄의 흐름에 의존하기 때문에 가능했다. 대규모 석탄 파업은 더 광범위한 파업으로 확산될 수 있다. 가장 일반적인 패턴은 탄광, 철도, 부두 노동자 및 선적과 관련된 산업으로 확산되는 것이었다. 제1차 세계 대전 중 미국과 영국의 탄광과 철도는 정부 관리자의 지휘 하에 놓였고, 경우에 따라 석탄과 철도 노동자들은 징병제를 면제받고 대신에 전쟁 노력에 통합되었다. 파업은 줄었지만, 이러한 에너지 네트워크의 중요한 역할은 더욱 가시화되었다. 전쟁 후 1919년의 웨스트 버지니아 석탄 파업에서부터 1926년의 영국 총 파업에 이르기까지, 에너지 노드를 차단하는 힘에서 광산 노동자와 부두 노동자, 철도 노동자의 “삼각 동맹”이 기원을 추적할 수 있다.

파업이 항상 성공적인 것은 아니었지만, 광산, 철도, 부두의 소유주들이 석탄에 의존하는 제철소 및 기타 대형 제조 기업들이 그러한 파업에 취약했기 때문에 파업은 효과가 있었다. 1914년 콜로라도 주들에서 발생한 파업 광부 학살 사건은 광산을 소유한 록펠러 가문의 권력을 위협하는 정치적 위기를 초래했다 새로운 노동자 관리방법을 고안하기 위해 록펠러는 40여 차례의 석탄, 철도, 해운 및 기타 파업을 해결하는 데 도움을 준 하버드 출신의 정치경제학자 매켄지 킹을 고용했다. 그는 한 보고서에서 산업이 직면하는 새로운 취약성에 대해 "탄광이 갑자기 폐쇄되고, 철도가 운행을 멈추게 되었다면, 무슨 일이 일어날까! ..이것이 바로 전시의 어떤 봉쇄보다도 효과적으로...국가를 마비시킬 수 있는 힘이다"라고 우려했다.

킹의 보고서는 기업의 노동관리에 대한 청사진을 제공했다. 록펠러 기업 등에서 산업관계 컨설턴트로 일한 후, 그는 캐나다 정치로 돌아와, 22년 동안 총리를 역임하고 그 나라의 복지국가의 설계자가 되었다. 몇십 년 동안, 한 나라의 탄소 에너지 네트워크를 위협할 수 있는 노동운동에 대항하는 어려운 싸움에서 새로운 거대 산업 회사의 소유주들과 그들의 정치적 동맹자들은 노동자계급의 동원을 약화시킬 복지 민주주의와 보편적 참정권의 형태를 받아들이는 것이 더 낫다고 판단했다.

석탄에서 석유로

제2차 세계대전 이후 유럽의 광부들은 다시 기업주의적 민주정치에 대한 전투적인 핵심위협으로 등장했다. 미국의 계획가들은 유럽의 전후 정치질서를 복구하기 위해 일하면서, 탄광 광부들을 물리치기 위한 새로운 메커니즘을 고안했다: 그 메커니즘은 유럽의 에너지시스템을 석탄기반에서 석유기반으로 바꾸는 것이었다. 철강과 건설장비 물자가 미국에서 페르시아 만으로 운송되어서, 사우디아라비아 동부에서 지중해까지 송유관을 건설하여 유럽으로의 원유 공급이 급속하게 증가되었다. 강철과 마샬 플랜 자금을 이러한 목적을 위해서 전용한 이유 중의 하나는 부분적으로 유럽의 광부들의 정치적 힘을 약화시킬 필요성이었다.

그렇지만 석탄처럼, 석유도 노동자들에게 새로운 종류의 힘을 주었다. 1905년 러시아 통제 코카서스의 바쿠 파업, 1922년 베네수엘라 마라카이보 파업, 1937년 멕시코 석유파업, 1945~46년 이란 파업에서 보듯이 오일이 생산과 관리에서 집중된 장소와 노력 그리고 허브가 필요하다는 사실에서 나왔다. 이러한 갈등은 나중의 대립을 위한 훈련장이었다. 바쿠의 한 젊은 노동운동가 이오시프 스탈린은 후에 석유 노동자들의 진보된 조직력과 석유산업과의 강렬한 갈등이 그에게 "혁명 도제"의 경험을 주었다고 말했다.

하지만, 석유의 물질적 특성과 물리적 위치는 석탄과는 달랐고 그에 따라 오일 노동자들의 힘과 그 한계도 달랐다. 오일은 집유장에서 보통 그 위에 있는 가스로부터 압력을 받아서 저절로 지표면으로 올라오기 때문에 생산되는 단위에너지 당 석탄보다 더 적은 노동력을 필요로 했다. 노동자들은 지하에서 일하지 않고 지표면에서 일하기 때문에 지속적인 감시와 감독이 가능했고 재량의 여지도 작았다. 오일은 석탄과 달라서 액체 형태로 발생하기 때문에, 오일이 생산 현지에서 사용되든 해외로 운송되든 펌프장과 파이프라인을 에너지를 운송하는 수단으로서 철도를 대체할 수 있다. 파이프라인들은 취약하지만, 석탄을 운반하는 철도처럼 파업으로써 쉽게 마비되지 않는다. 오일은 아무 곳이나 보관할 수 있고 중력이나 압력에 의해 공급되는 엔진은 석탄 보일러에 있어서 석탄을 기계적으로 화격자(火格子) 위로 공급하는 장치인 스토커[stoker]가 필요 없다.

오일은 에너지 밀도가 높고 액체이므로 대양을 가로질러 대량으로 운송하는 것이 가능하다. 반면에 석탄은 역사적으로 매우 적은 양만이 대양을 횡단했다. 1912년 영국은 석탄의 3분의 1을 수출했고 세계 해양 수출국의 3분의 2를 담당했다. 그러나 수출의 거의 90%가 유럽과 지중해 인접지역으로 갔다. 20세기 동안 국제적으로 수출되는 석탄의 비율은 약 15%로 안정되었다. 이와는 대조적으로, 1920년대 이후 약 60~80퍼센트의 석유가 수출되었다. 엄청나게 많은 오일이 해양을 가로질러 이동되었고 1970년까지 모든 해상 화물의 60%가 석유로 구성되었다.

석탄을 철도로 운반하는 것에 비해, 바다로 석유를 이동시키면 석탄 운반부와 스토커의 노동력이 필요 없어져, 에너지시스템의 관건에서 노동력을 철수할 수 있는 조직노동자의 힘이 사라졌다. 석탄과 철도 파업이 만연하던 시대에 노동규제와 민주적 권리가 엄격하게 지켜지던 국경을 넘어 전 세계를 무대로 운영되는 해운회사들은 국제등록부나 소위 "편의의 깃발"에 의존함으로써 노동법규의 규제를 모두 벗어날 수 있었고, 노동조직의 힘을 대폭 약화시킬 수 있었다. 철도와 달리, 해상운송은 특정 용량, 배치 및 고정된 트랙의 네트워크에서 실행되어야 하는 필요성이 없었다. 유조선들은 최종 목적지도 모른 채 항구를 자주 떠나는 경우가 많았다. 그들은 경유지로 갔다가 수요 수준에 따라 목적지를 통보받는다.

그것은 에너지 생산 부지를 통제하려는 지역 세력의 힘을 더욱 약화시켰다. 노동 파업이나 산업의 국유화가 한 생산 부지에 영향을 미친다면, 유조선들은 재빨리 경로를 바꾸어서 대체 부지에 석유를 공급할 수 있다. 즉, 석탄의 이동은 각각의 끝에는 가지가 있는 하나의 주 채널이 있는 수상(樹狀-나무 모양) 네트워크를 따르는 경향이 있어서, 여러 개의 분기점이 잠재적 병목이 되지만, 오일은 둘 이상의 가능한 경로가 있고 에너지 흐름이 차단되거나 고장이 나면 얼마든지 그 경로를 바꿀 수 있는 전기 격자의 속성을 갖는 네트워크를 따라 흘러갔다.

화석 에너지의 형태를 추출, 운반, 사용하는 방법에서 일어난 이러한 변화로 인해서 에너지 네트워크를 운영되는 노동자들의 정치적 주장은 그 힘이 약화되었다. 동시에, 석유의 유동성과 유연성으로 인해서 생산지와 유통망을 소유하거나 관리하는 사업체들에게 새로운 문제들이 노정되었다. 오일이 한 지역에서 다른 지역으로 쉽게 이동할 수 있기 때문에 한 특정 지역에서 생산과 유통을 통제할 수 없게 되었다. 항상 다른 곳으로부터 더 싼 석유가 나타날 개연성이 있었고 그러면 그 곳에서 영업하던 오일 회사들은 언제든지 타격을 입을 수 있었다. 이러한 취약성은 석유의 민주화 잠재력에 추가적인 한계를 설정했다. 시장 경쟁은 이윤을 파괴하고 회사를 망하게 할 수 있기 때문에 가능하다면 새 오일의 도전은 방지되어야 했다. 석탄은 대양을 가로질러 운반하는 것이 어려웠고 그래서 석탄 생산자들은 그들 지역 내에서만 경쟁에 직면했다. 그들은 독일과 미국처럼 카르텔을 결성하거나 전후 유럽의 석탄과 철강 공동체와 같은 생산을 규제하기 위한 새로운 기구를 만들어 역내 경쟁을 방지했다. 영국에서는 생산자들이 경쟁으로 인해 망하고 국가에 의해 인수되었다. 석유회사들도 비슷한 위협에 직면했지만 대양을 횡단하는 규모의 경쟁에 직면했다.

이러한 도전에 직면하여 미국에서의 정부 쿼터와 가격 통제, 중동에서의 새로운 석유 발견의 개발을 제한하는 컨소시엄 합의, 그리고 전세계 석유 유통과 마케팅을 통제하는 카르텔 협정이 개발되어서 경쟁을 억제하려는 정책들이 시도되었다. 초국가적 오일 회사들이 형성되어서 석유 공급의 한도를 유지하게 되었다.

제2차 세계 대전 후, 오일 공급이 넘쳐나는 것을 막으려고 두 가지 중요한 기술이 도입되었다. 첫 번째는 평시 "국가 안보"라는 새로운 명분이었다. 전쟁은 미국 석유 회사들에게 중동에서의 생산의 대부분을 줄이거나 폐쇄할 기회를 주었다. 1943년 이븐사우드 국왕이 석유수입 손실을 보상하라며 자금을 요구하자 석유회사들은 워싱턴을 설득하여 사우디에게 무기(武器) 대출을 연장하도록 했다. 석유를 생산하지 않은 대가로 주는 이러한 무기 대출은 미국의 국가 안보에 필요한 것으로 제시되었다. 이것은 석유의 흐름을 제한하는 데 있어서 사우디의 협력이 마치 사우디 석유를 다른 나라들로부터 '보호'하는 시스템인 것처럼 조직된 오랜 관계의 시작이었다.

에너지 공급과잉을 방지하는 두 번째 방법은 미국의 생활방식을 아주 높은 수준의 에너지 소비로 신속하게 조직하는 것이었다. 1948년 1월 제임스 포레스탈은 최근 새 국가안보법에 따라 미국의 첫 국방장관으로 임명된 오일회사 사장과 함께 중동 석유에 접근할 수 없으면 미국 자동차 회사들은 4기통 자동차 엔진을 설계해야 될 것이라고 논의했다. 당시에는 6기통 엔진이 표준이었다. 기통 수란 엔진의 실린더 수를 가리킨다. 4기통이면 엔진에 실린더가 4개 있다는 말이 된다. 기통 수가 높을수록 연비는 더 나빠진다. 그래서 미국 자동차 회사들은 표준 6기통 엔진을 새로운 V-8 기통으로 교체하는 것을 모든 중산층 가정의 꿈으로 만들려고 시도했다. V-8 기통은 오일을 낭비했음으로 중동의 새로운 정치적 계획과 결합하여 석유 부족을 야기하여 석유회사들이 충분한 이익이 벌어들이는데 기여했다.

석유와 민주주의

중동에서 오일을 이동하는 데 있어서 중동 전역의 유정, 파이프라인, 정유시설, 철도, 부두, 해운로가 취약점이 되었다. 이라크에서는 1946년 6월에 노조 결성, 질병, 및 장애 보험, 연금을 요구하는 석유 노동자들의 파업으로 10명의 근로자가 사망하고 27명이 부상을 입었지만 그 파업은 강제 진압되었다. 1948년의 다른 파업에서는 석유 노동자들은 펌프장이 다른 펌프장에 휘발유를 공급했기 때문에 노동자들은 휘발유가 나가지 못하도록 펌프장에 경비원을 배치했다. 회사가 기관총과 장갑차로 현장을 에워싸고 식량 공급을 끊을 때까지 그 중단은 2주 동안 계속되었다. 중동에서 영국인에 대항하여 가장 지속된 반 식민 항쟁인 1936~39 아랍 반란에서, 반란군은 최근에 완성된 이라크 송유관을 주요 목표로 삼았다. 정유소 파업들도 일어났다. 그렇지만 송유관은 더 취약했다.

사우디아라비아 들판에서 지중해로 석유를 운반하는 송유관 건설은 또 다른 일련의 정치적 계산과 기회로 이끌었다. 엑손, 셰브론, 텍사코, 모빌의 합작회사인 Trans-Arabian Pipeline Company는 원래 하이파에 있는 영국 정유공장 근처의 파이프라인을 폐쇄할 계획이었다. 1946년 그들은 팔레스타인을 피해 이 루트를 변경하여 시리아 남부를 경유하여 시돈 근처의 레바논 해안까지 경로를 완성했다. 겉으로 팔레스타인의 불확실한 정치적 미래가 이유로 내세워졌만, 이러한 불확실성에는 미래의 노동자 파업들도 포함되어 있었을 것이다.

석유회사들은 사실상 막강한 권력을 쥐고 현지 국가들과 노동자들을 착취했다. 팔레스타인의 하이파의 정유공장은 모든 관세 지불이 면제된 외국 이해관계자이다. 이라크 석유 회사Iraq Petroleum Company와 아랍 횡단 석유 회사Trans-Arabian Oil Company에 독점적인 양보가 주어졌다. 이러한 양보는 로열티, 세금, 수입관세 또는 기타 지불, 요금 또는 보상 등 국가 각지에 송유관을 설치하고, 토지를 수용하며, 필요한 목재, 돌, 물 및 기타 지역 자재를 압수하고, 기존 이민법에 관계없이 값싼 노동력을 수입하고, 팔레스타인의 국경을 자유롭게 통과할 권리를 포함한다. 자사의 항구, 철도, 항공기와 무선기지를 건설하고 사용하고 항만과 화물 운송에 대한 항만세를 부과하고 자신의 경찰력을 유지하기 위해서였다. 팔레스타인 국민은 국민과 어떠한 합의도 없이 정부가 일방적으로 부여한 이러한 양보로부터 더 싼 석유와 휘발유를 얻지도 못했다.

시리아를 통해 송유관경로를 변경하여 다시 연결하는 것은 이런 정치적 경쟁을 피할 수 있는 방법을 제공했다. 시리아 의회가 수송료 개선과 팔레스타인에 대한 미국의 편파적인 입장을 주장하며 송유관 회사와의 협정서의 비준을 거부하자 석유회사들은 CIA로 하여금 좀더 수용적인 대령을 집권시키기 위한 쿠데타를 조직하게 했다. 신군부는 의회와 헌법을 정지하고 송유관 합의를 마쳤다. 미국은 레바논에서 석유회사들을 지방 노동법에서 면제해주는 양자투자조약을 체결하도록 정부를 압박했다. 1943~44년 겨울부터 시작된 노동시위로 인해 1946.62 노동법 통과가 이루어졌다는 카말 준블라트 국가부장관은 외국 다국적기업들에 대한 관대한 양보를 반대하고 국내 제조업의 발전을 선호하는 개혁파를 대표했는데 그의 부관은 이전 송유관과 정유시설인, 이라크 내 K3 펌프장의 다른 지점인 키르쿠크-트리폴리 라인은 고용이나 현지 개발은 거의 없었다고 경고했다. 파이프라인 양허에 대한 마지막 협상에서 미국인들은 준

블라트의 직위 해제를 확보했다. 파이프라인이 가동되기 시작했을 때, 미국 회사는 임시직원을 고용하여 노동조합 결성을 방지하였다.

사우디아라비아의 경우 비탈리스는 석유 독점권을 가진 미국 소유의 아람코는 인종을 분리시켜 근무시키고 같은 인종의 노동자들이 공동 거주하게 하는 주택시스템을 수입했다. 1940년대 중반, 더 나은 대우와 생활환경과 인종 차별의 종식을 요구하는 노동운동이 석유 노동자들 사이에서 나타나기 시작했다. 1953년 열흘간의 파업으로 개혁을 약속과 함께 유전에 계엄령을 선포되었다. 약속이 지켜지지 않자 항의와 중단, 불매운동이 잇따르면서 1956년 7월 총파업이 절정에 이르렀다. 노동자들의 요구에는 정치헌법의 도입, 노조, 정당, 국가조직의 결성권, 아람코의 내정 간섭의 종식, 미군기지 폐쇄, 수감 노동자의 석방 등이 포함됐다. 아람코의 치안 부서는 지도자들을 찾아내고, 지도부는 수감되거나 추방되었다.

석탄을 석유로 대체하는 새로운 에너지 네트워크의 건설이 유럽의 특정 형태의 전후 민주주의 건설의 기초였다면, 그러한 네트워크들은 그들이 대체한 석탄 중심의 에너지 배치와는 다른 정치적 속성을 가지고 있었다. 중동 지역의 유전, 펌프장, 파이프라인, 정유소 등이 격렬한 정치적 투쟁의 장이 되었지만, 그들은 에너지 시스템을 마비시키고 보다 민주적인 질서를 구축하기 위해 같은 힘을 관계자들에게 제공하지는 않았다.

1920년대와 1930년대 유럽의 민주주의 붕괴, 파시즘의 부상, 그리고 세계전쟁의 길은 국제금융체제의 붕괴로 인해 일어난 것으로 이해된다. 중부유럽과 동유럽에서는 각국이 자국 통화의 가치를 금 보유고에 근거하려는 시도를 포기할 수밖에 없었고, 국내 금융시스템이 하나둘 붕괴되고 중산층이 궁핍화되고, 전간기 민주주의가 파괴되었다.

제2차 세계 대전 이후, 세계 금융 질서가 금본위제가 아니라, 오일 본위제로 재구성되었다. 금은 더 이상 작동하지 않을 것이다. 왜냐하면 유럽 동맹국들은 석탄, 석유, 그리고 다른 전시 물품의 수입에 대한 비용을 지불하느라고 그들의 모든 금괴를 미국으로 보내야만 했기 때문이다. 전쟁이 끝날 무렵, 미국은 세계 금 보유고의 80%를 축적했다. 1944년 브레튼우즈 협정은 이 금을 근거로 미국 달러의 가치를 온스 당 35달러로 고정시켰다. 모든 다른 나라들은 자국 통화의 가치를 달러화, 따라서 간접적으로 미국의 금 독점에 고정시켰다. 그러나 실제로 달러 가치는 달러가 석유로 바꿀 수 있다는 사실에서 유지되었다. 1945년에 미국은 세계 석유의 3분의 2를 생산했다. 중동에서의 유전이 발전되고, 파이프라인의 경로가 계획됨에 따라, 이 해외 석유의 상당부분도 미국의 통제 하에 있게 되었다. 다른 나라들은 달러를 사용하여 그것을 사야 했다.

전후의 금융 체제를 수립한 브레튼우즈 회담과 같은 해 1944년 8월 초에 영국과 미국의 대표들이 워싱턴 D.C.에서 만나 전후 석유질서를 짜는 영미석유협약(Anglo-American Petroleum Agreement)를 작성했다. 브레튼 우즈에서 만들어진 국제통화기금이 차입 쿼터를 할당하고 통화 가치를 관리하듯이. 영미석유 협약은 생산량 쿼터를 할당하고 가격을 관리하기 위해 국제 석유위원회를 설립했다. 석유 협약은 미국과 영국의 석유회사들 간의 카르텔 협약의 공식 버전이었다. 그것은 주로 유량 제한, 분배 관리, 그리고 중동의 새로운 유전으로부터의 이익 분할에 관한 것이었다. 미국 국내 석유회사들은 상원에서 그들의 영향력을 행사하여 그 석유협정을 파기하려고 시도했다. 텍사스 철도위원회와 다른 국내 규제당국이 생산 쿼터와 가격을 국제적인 계획으로 정하는 기존 협정을 선호했다. 그러나 이듬해 2월 루스벨트는 이븐사우드 국왕을 만나서 그 계획을 확정했다. 그것은 미국의 아라비아 석유 기업지배, 미국이 노동운동의 호전성과 기타 과두정권에 대한 포퓰리즘적 위협을 억제하는 데 도움을 주는 대가였다. 그 후 마셜플랜은 유럽을 위해 타격을 입은 탄전을 재건하는 계획을 연기하고 대신 중동에서 공급되지만 미국 달러로 지불되는 석유를 구입하는 비용을 유럽에게 지불했다.

경쟁적인 국제 통화로서 파운드화를 방어하려는 영국의 시도는 유전을 둘러싼 싸움이었다. 석유는 국제 무역의 매우 큰 구성요소였다. 유럽 등 다른 지역은 달러를 축적해 보유하고 있다가 석유 대금을 지불하면서 달러를 미국에 반환해야 했다. 미국의 인플레이션이 달러 가치를 서서히 잠식했기 때문에 이들 국가가 미국 원유를 구입할 때 사용한 달러는 그것을 취득할 때 그 가치보다 가치가 낮았다. 이러한 특권은 미국이 세계 각국에서 세금을 추징할 수 있도록 해주었고, 경제가 번창하게 유지되도록 해주었다. 따라서 미국에서 민주주의가 국민의 호응을 얻었다. 전후 유럽의 민주주의도 석유 흐름 위에 조직된 국제 금융 교환 위에 건설되었다. 서구의 전후 민주주의는 유정, 파이프라인, 유조선의 운영, 그리고 점점 더 어려워지는 석유 노동자들의 통제의 도움을 받는 안정적인 금융 질서를 필요로 하는 것으로 보였다.

탄소 경제

영국의 경제학자 존 메이너드 케인즈 (John Maynard Keynes)는 그의 저서 《고용·이자 및 화폐의 일반이론》에서 완전고용을 실현·유지하기 위해서는 자유방임주의가 아닌 정부의 보완책(공공지출)이 필요하다고 주장하였다. 이 이론에 입각한 사상의 개혁을 케인즈 혁명이라고 한다. 그 책의 한 구절에서 케인즈는 그의 새로운 경제 이론을 폐탄광에 묻혀 있는 은행권의 관점에서 설명한다. "만약 재무부가 오래된 병들을 지폐로 채우고, 도시 쓰레기로 표면까지 채워진, 사용되지 않은 탄광의 적절한 깊이에 묻어두고, 다시 지폐를 파내기 위해 잘 다듬어진 자유방임주의 원칙에 따라 민간 기업에게 맡겨두었다면... 더 이상의 실업은 필요 없고, 그 파장의 도움으로, 그 공동체의 실질 소득, 그리고 그 자본 재산 또한 아마도 실제보다 훨씬 더 크게 될 것이다." 영국의 석탄 생산량은 1920년대에 절정에 달했다. 케인즈가 〈일반이론〉을 썼을 때쯤에는 탄광이 전례 없는 속도로 고갈되고 있었다.

1870년대의 영국 한계효용학파의 창시자 제본스 [William Stanley Jevons]는 석탄 매장량의 고갈을 경고하는 책을 출판했다. 케인즈는《일반이론》을 출판하면서 그 책을 읽고 있었고 1936년 왕립통계학회에서 제본스에 대한 강의를 하였다. 그 강의는 .석탄 매장량의 고갈이 더 이상 위기로 나타나지 않는다는 경제적 사고에서의 변혁이었다., 케인즈는 그런 변혁에 한 역할 했다. 석탄 매장량의 관리는 이제 마음에서, 그리고 경제학 교과서에서, 지폐의 비축량으로 대체될 수 있을 것이다. 케인즈의 사고가 그 형성에 도움을 준 시대에 탄소 에너지의 공급은 더 이상 경제적 가능성에 대한 실질적인 제한이 아니었다. 중요한 것은 은행권들의 적절한 유통이었다.

석유와 20세기 중반의 민주 정치 사이의 네 번째 연결고리는 경제적 전문성과 경제의 역할에 관한 것이다. 20세기 민주주의와 마찬가지로 20

세기 경제적 전문지식은 탄화수소 시대에 대한 특정한 관계에서 발전했다. 1930년대 이후의 서구 민주주의 정치의 형성은 부분적으로 케인즈적인 경제 지식의 개발과 배치, 정책과 논쟁의 다른 분야로의 그것의 확대, 점점 더 기술적인 특성, 이슈들을 민주적인 논쟁이 아니라 경제계획과 전문지식에 의해. 결정되는 다양한 토픽들로 만들려는 노력 등 새로운 종류의 경제 전문지식의 적용을 통해 수행되었다. 경제지식의 케인즈학파와 뉴딜정책의 정교화는 특히 1929년 금융위기와 10년 후 다시 부상한 노동의 호전성에 따른 포퓰리즘 정치의 위협에 대응하려는 시도로 볼 수 있다. 그것은 민주적 관행을 제한하고 유지하는 방법을 제공했다.

전문지식의 배치는 그것이 통어할 수 있는 세계의 제작을 요구하고 장려한다. 이 경우 만들어져야 할 것은 '경제'였다. 경제는 서구 민주정치의 중심 대상이 되었다. 그것의 관리는 정부의 중심과제로서, 전문가 지식이 필요한 대상이다. 풍부하고 저렴한 에너지 공급의 새로운 시대는 경제라는 새로운 개념을 뒷받침한다고 주장할 수 있고, 아마도 전후 케인즈주의 경제학을 "석유지식"의 한 형태로 묘사할 수 있을 것이다.

경제는 특정한 방식으로 구상된다. 그것은 계산할 수 없는 것으로 판명된 국가 재산의 총계가 아니다. 그것은 오히려 단순하게 은행권이 손을 바꾸는 현상처럼 상상되고 측정된다. 같은 돈이라고 해도 손을 바꿀 때마다 경제의 일부로 측정된다. 경제는 그러한 통화 거래의 총합이다. 이러한 경제라는 개념의 재구성은 물리적으로 커지지 않고도 확장될 수 있는 새로운 대상 즉 돈의 주요 특징이었다. 부에 대한 오래된 사고방식은 물리적 과정에 기초했다. 도시와 공장의 확장, 영토의 식민지 확대, 금 보유고의 축적, 인구의 증가와 이주민들의 흡수, 새로운 광물 매장지의 착취, 상품 거래의 증가. 이 모든 것들은 물리적 한계가 있는 공간적, 물질적 과정이었다.

반면에 국민소득계정이라는 새로운 계산기로 측정되는 경제는 분명한 한계가 없었다. 나중에 국민총생산으로 이름을 바꾼 국민소득은 부의 축적이 아니라 지폐가 손을 바꾸는 속도와 빈도였다. 그것은 신체적 또는 영토적 제한과 무관하게 성장할 수 있다. 석유는 두 가지 면에서 무한히 성장할 수 있는 대상으로서의 경제에 대한 새로운 개념에 기여했다. 첫째, 유가가 계속 하락했다. 인플레이션을 감안하여 1970년 석유 1배럴의 가격은 1920년에 팔렸던 가격의 3분의 1이었다. 그래서 비록 에너지 소비가 계속하여 증가되었지만, 에너지 비용은 성장의 한계를 나타내는 것으로 보이지 않았다. 둘째로, 상대적으로 풍부하고 바다를 가로질러 운반할 수 있는 용이성 덕분에, 오일은 무진장한 어떤 것으로 취급될 수 있었다. 그것의 비용에는 매장량 고갈에 대한 계산이 포함되지 않았다. GDP로 측정한 경제의 성장은 에너지 자원의 고갈을 설명할 필요가 없었다.

주류 경제학은 에너지의 고갈에 대해 주의를 기울이지 않는다. 1950년대와 1960년대의 성장의 경제학은 장기적 성장에 에너지가 제약으로 작용하지 않는다고 가정한다. 대기오염, 환경재난, 기후변화와 화석연료의 사용으로 인한 부정적인 결과들은 GDP의 측정에서 공제되지 않았다. 경제의 측정은 유익한 비용과 해로운 비용을 구분하지 않았다. 피해에 대처하는 데 필요한 지출의 증가는 경제가 성장하는 것으로 계산된다. 이러한 모든 면에서 석유의 가용성과 공급은 20세기 중반의 정치의 새로운 대상으로서 경제의 형성과 성장에 기여했다.

중동의 유정 및 파이프라인과 함께 건설된 정치조직은 케인즈 경제학 및 중앙집권적인 민주주의 형태를 가능하게 하는 데 도움이 되었다. 일단 채굴되면, 석탄은 사용할 준비가 되어 있다. 불순물 제거와 분류가 필요할 수도 있지만 화학적 변형이 필요하지 않다. 오일은 사용할 수 없는 형태로 땅에서 나오는데, 이를 원유라고 한다. 원유를 용해로에서 가열하고, 분말 증류에 의해 다른 탄화수소로 분리한 다음, 사용 가능하고 균일한 제품으로 추가적으로 가공해야 한다. 초기에는 가정용 조명과 윤활을 위한 중유(케로신)의 형태로 주로 사용되었다. 가솔린을 비롯한 정유소의 가벼운 부산물은 폐기물로 취급되었다. 이윤을 늘리기 위해, 석유회사들은 이러한 사용되지 않는 부산물에 대한 용도를 찾기 위해 대규모 연구개발 부서를 설치했고, 그것들의 사용을 촉진하기 위한 유통 및 마케팅 부서, 그리고 그것들을 요구하는 사회를 건설하는데 필요한 정치 및 홍보 부서를 개발했다.

마지막으로 석유-민주주의 관계에 새로운 파트너인 무기산업의 출현을 주목할 수 있다. 이전에는 주로 미국의 해외 개발 원조를 통해 자금을 조달한 비교적 소규모 무역이었던 미국 및 기타 제조업체의 무기수출은 수익성이 높은 상업적인 산업으로 전환되었다. 무기 수출의 상업화는 중동으로부터의 석유의 서방의 수입, 생산국으로의 달러의 흐름, 추가적인 석유 흐름에 대한 정치적 취약성 및 군사적 위협 발생, 무기 수출의 상업화, 그리고 무기 구입에 대한 석유달러의 사용 사이에 일련의 연계가 확립됨으로써 가능해졌다. 무기의 흐름, 그리고 건설, 컨설팅, 군사지원, 은행업에서 관련된 기회들은 이제 새로운 차원의 군국주의, 그리고 실제로 중동에서의 지역 갈등을 연장하고 악화시키는 미국의 정책에 의존했다.

20세기 중반까지 주요 산업국가에서 나타난 형태의 민주주의는 유한한 매장량의 화석연료에서 얻은 엄청난 에너지 밀도와 그 에너지를 추출하고 분배하는 데 필요한 사회-기술적 제도들 덕분에 가능하여 형성되었다. 그러나 에너지 생산이 중동의 석유로 옮겨갔을 때, 서방의 민주주의와는 다르게 중동에서는 민주주의를 억압하고 노동자들의 힘을 억누를 장치가 필요했다. 석유의 특성, 그것이 흐르는 네트워크, 그리고 에너지와 금융 사이에 확립된 연결을 탐구하는 것은 이러한 서로 다른 요소와 힘 사이의 관계가 어떻게 형성되었는지 이해하는 방법을 제공한다.

민주주의 정치는 석유 덕분에 미래를 향한 독특한 관점을 갖게 발전했다: 미래는 무한한 성장하는 끝이 없는 지평선이었다. 이 지평선은 "경제"라고 하는 새로운 세계라는 관점에서, 전문가 지식과 그 대상들을 조직하는 특정한 방법의 결과였다. 화폐의 사용과 그것에 의한 거래의 측정과, 국가 통계는 마치 성장이 무한히 계속될 수 있는 어떤 것으로 생각하는 습관을 정상적인 것처럼 느끼게 하는데 일조했다. 성장은 아무런 제약 없이 무한정 확장할 수 있을 것이다. 산유국들의 비민주적인 정치는 서구 민주주주의가 성립하기 위한 기초이고 미국 군국주의가 존재하기 위한 전제조건이다.

오일 없는 세상

피크오일과 소련의 붕괴

풍요, 소비주의, 식량, 차들 같은 것들이 선망하여 소련 사람들은 소련 정부가 제공한 것보다 더 많은 것을 원하게 되었고 그래서 서방의 생활 방식에 대한 동경이 소련을 무너뜨렸다는 주장도 있다. 또 다른 주장에 따르면 소련의 중앙계획 국가는 비효율적이었기 때문에 미국과의 군비 경쟁에서 파산했다고 한다. 그러나 실상은 다르다.

그와는 달리 미국 경제학자인 Doug Reynolds는 소련은 연료가 바닥났기 때문에 붕괴되었다고 말한다. 미국처럼, 러시아는 19세기에 세계 최대 산유국 중 하나였다. 미국에서는 록펠러 같은 기업가들이 검은 황금을 1870년대에 정유 독점으로 바꾸었지만, 러시아에서는 스웨덴의 노벨 형제가 아제르바이잔의 바쿠 유전을 개발하였다. 그러나, 소련은 2차 대전 후에야 석유를 집중적으로 쓰기 시작하였다. 자동차들, 트랙터들, 미그기들 그리고 콘크리트 도시들을 짓기 위해서 소련은 석유를 태웠다. 미국처럼 소련도 그들의 오일 잉여를 큰 교육, 큰 의료, 큰 과학(우주프로그램) 그리고 군산복합체에 투자했다.

동유럽은 싼 석유 때문에 공산당의 통제 하에 둘 수 있었다. 석유 수출에서 나오는 소득으로 소련은 곡식과 당 간부들의 보드카를 수입할 수 있었다. 소련은 석유가 풍부했기 때문에 1973년과 1981년의 오일쇼크도 비켜갈 수 있었다. 1980년대 유가가 오르자 소련은 더 많은 인프라를 건설하기 위해서 더 많은 오일을 생산하여 더 많은 소득을 올리려고 했지만 이는 결국 더 많은 석유를 소비하는 결과만 낳았다. 또한 아프가니스탄을 정복하려고 하면서 엄청난 양의 석유, 인력 및 돈을 낭비했다. 동시에 소련은 북한, 동유럽, 그리고 쿠바에 저렴하게 석유를 공급했다.

그러나 1980년대 중반에 방만한 경영, 노후한 기술 및 투자 부족 때문에 소련의 산유량은 1일 1200만 배럴로 정점을 찍고 급속히 하락하기 시작했다. 그러자 소련 당국은 노후화되어가는 집유장에 막대한 양의 물을 퍼부어서 더 많은 석유를 뽑아내려고 시도하였지만 별무 효과가 없었다. 소비에트 산유가 1988년에 피크를 치기 직전에, 소비에트 지도자들은 소련은 더 이상 충분한 수익을 낼 오일이 없다는 것을 깨달았다. 그 전에 오일에 기반한 산업화를 위해서 8000만 명의 농부들이 도시 슬럼가로 내몰렸고 그 때문에 기근이 발생될 수 있었다. 그래서 소련 지도자들은 식량을 사기 위해 막대한 양의 돈을 빌리기 시작했다.

소련에서는 1920년대와 1950년대 초기에 실시된 농업정책의 결과로 20세기 최악의 농업생산성 하락이 나타났다. 니콜라이 흐루시초프는 그의 동료에게 보낸 편지에서 다음과 같이 말했다.

“지난 15년 동안에 우리는 곡식을 증산시키지 못하였다. 그러나 도시 인구가 급속히 증가하고 있다. 이 문제를 어떻게 풀 것인가? ”

1963년에 흐루시초프는 사회주의권 지도자들에게 편지를 보내서 더 이상 소련은 그들에게 곡식을 공급할 수 없다고 통보하였다. 그 해에 소련은 1200만 톤의 곡물을 수입하였고 그 비용을 대느라 금보유고의 1/3을 지출하였다. 1960년대에 소련의 곡물생산은 정체되어, 갖은 노력에도 불구하고 1980년대 말까지 연 6500만 톤으로 고정되었다. 그렇지만 도시들은 계속 커졌다. 8000만의 도시 인구가 증가했다. 1차 대전 전에 세계 최대 곡물수출국이었던 러시아는 일본과 독일을 합한 양보다 더 많은 곡물의 세계 최대 수입국이 되기 시작했다. 미하엘 고르바초프는 소련 공산당 회의에서 다음과 같이 말했다.

"우리는 그것 없이는 생존할 수 없기 때문에 곡물들을 사고 있다."

일본도 수입국이지만, 소련과는 달리 그들의 기계 제작과 가공 산업들로부터 만든 제품을 수출할 수 있었다. 소련이 그런 정책을 추구하지 못한 이유는 "사회주의 산업화"의 결과로 소련 산업이 그런 가공 제품을 팔 능력이 없는 결과가 타나났기 때문이었다.

또한 소련은 부족한 오일을 자신들이 사용하려고, 오일에 대하여 세계 가격으로 경화를 요구하기 시작했다. 공짜 오일이 없어지자, 동유럽의 경제는 붕괴되기 시작했다. 그래서 오일 부족 때문에 소련은 막대한 빚을 졌고, 경제가 하강했다. 또한 오일 소비는 1988에서 1995년 사이에 50% 감소했다.

곡물수입 문제가 심각해질 때 마침 서시베리아 티유멘 지역에서 풍부한 유전이 발견되었다. 이미 1970년에 서시베리아는 국제기준으로도 대규모 오일 지역으로 간주되었다. 그 다음 12년 동안에 소련은 산유량을 물경 12배나 증가시켰다. 오일산업 전문가들은 심각한 기술적 문제 때문에 그런 급속한 산유량 증가의 불가능성에 관해서 경고했지만, 소비에트 지도층은 선택의 여지가 없다고 말했다. 알렉산더 코시킨은 다음과 같이 말했다. "계획 수준보다 300만 톤을 더 주라. 빵 상황은 아주 심각하다." 1975년이 되자, 소련은 새 유정에서의 아웃풋에 심각한 문제에 직면하기 시작했다. 같은 아웃풋을 얻기 위해서는 훨씬 더 많은 투자가 필요했다.

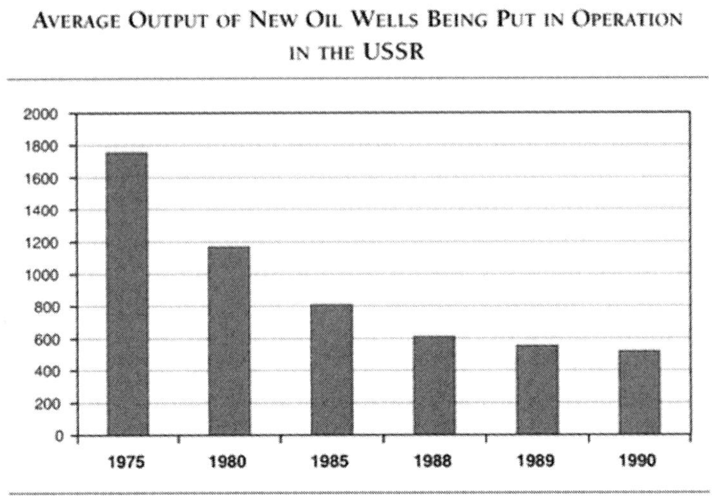

소련의 새 유정의 평균 산유량

(출처, Andrew Nikiforuk, "What Really Killed Soviet Union? Oil Shock?", The Tyee 2013. 5..18일 기사)

오일 가격 쇼크는 경제를 멈추게 하고 동시에, 에너지 흐름이 줄어들면 크고 복잡한 구조들은 해체되는 경향이 있다. 오일 시장은 수요공급의 수준의 탄력성 때문에 특이하다. 가격 변동은 엄청나다. 미국은 1974년에 최대의 외부 쇼크인 오일쇼크에 직면했다. 유가는 4배로 뛰었고, 무역수지는 15% 악화되었다. 소련에게 그 영향은 더 훨씬 더 컸다. 그래서 소련 붕괴가 시작되었다. 피가 상처에서 출혈되듯이, 에너지가 고갈되면서 소련은 해체되고, 동유럽은 무너졌다.

북한의 에너지 위기

1989년 소련이 붕괴되기 전까지만 해도 북한은 아시아에서 가장 기계화된 농업을 자랑하였다. 자급자족이라고 자랑했지만 북한 사람들은 사실은 저렴한 연료 수입에 과다하게 의존하고 있었다. 그들의 경우에는, 과도하게 보조된 에너지는 러시아와 중국으로부터 왔는데, 그 오일로 북한인들은 수많은 트랙터들을 굴릴 수 있었다. 또한 북한인들은 그 수입된 연료로, 비료를 만들어 세계에서 가장 높은 비율로 화학비료를 사용했다. 소련과 중국이 1980년대 말에 그 수입 에너지 품목에 대한 보조를 중단함으로써, 북한은 국제 에너지 가격으로 석유를 수입해야만 되게 되었다.

북한에서 전 국토의 14%만이 농지이다. 전 세계의 농지 비율은 13%이다. 비료와 살충제를 과도하게 사용함으로써, 북한인들은 좁은 경작지에서 많은 식량을 생산해 낼 수 있었다. 그러나, 1980년대가 되자, 토양은 소진되고 농업 생산은 하락하기 시작했다. 그 결과 에너지 가격이 폭등하자 이미 위기에 처한 경제는 설상가상의 타격을 받게 되었다. 더 많은 식량을 증산하려고, 북한 정부는 농부들에게 벌목하고 언덕배기를 개간하여 농지를 만들라고 독려하였다.그것은 대실수였다. 1995년에 홍수가 나자, 한계 토지를 농지로 바꾼 이 처사로 국가적 재앙이 증폭되었다. 홍수로 북한 논의 40% 이상이 피해를 보았다. 급류는 표토를 쓸어갔고, 언덕에서 내려온 바위와 모래가 논밭에 나뒹굴었다. 북한의 경직된 경제구조는 악천후, 치솟는 에너지 가격과 하락하는 식량 생산에 대처할 수가 없었다.

북한은 붕괴했다. 오일과 원료가 없어지자 공장들은 문을 닫았다. 수출이 없자, 연료와 식량을 살 돈이 생길 데가 없었다. 발전소는 폐쇄되었고, 관개시스템은 흐르지 않게 되고 석탄은 채굴할 수 없었다. 그 결과:

- 발전소와 전기망(electric grid)은 복구 불가능할 정도로 녹슬었다.
- 전기는 꺼졌다.

• 상하수도는 멈추었고 물을 얻기 위한 공공 펌프도 대부분 멈추었다.
• 전철들은 비정기적으로 운행되었다.
• 사람들은 전신주에 올라가서 구리 전선을 훔쳐서 식량과 바꾸었다.
• 자동차들은 거의 없어졌다.
• 트랙터들이 쓸모없게 되면서, 쟁기를 끄는 황소가 농사를 짓게 되었다.

기아가 닥쳤고, 그래서 사람들은 아직도 남아 있는 몇 안 되는 공장과 농장에서 오래 동안 일 할 수가 없었다. 오일은 막대한 일을 할 수 있다. 1배럴의 오일에는 1700kwh의 에너지가 담겨있다. 1배럴의 오일은 25%의 전환 효율로 계산하면 건장한 성인 1사람이 2년 반 동안 하는 일을 할 수 있다. 설상가상으로, 국방비는 GNP의 1/4를 잡아먹었다. 2300만 명 중 1백만 명의 남자들이 군인으로서 세계에서 4번째로 많은 군인들이 국방에 종사해야만 한다.

불법적인 암시장은 식량을 얻을 수 있는 유일한 장소가 되었다. 가격은 아주 높았고. 자연 재해로 수확은 더 나빴다. 1994년과 1995년에 겨울에는 혹한이 여름에는 폭우가 덮쳐서 50만 명의 집과 520만 명의 사람을 위한 쌀 작황이 파괴되었다. 사람들은 옥수수 입, 줄기 그리고 속대만이 아니라 잡초와 야생풀들을 따서 먹기 시작했다. 1998년에 인구의 10%가 기근으로 죽었고 어떤 지역에서는 20%, 총 200만 명이 사망했다. 만일 북한이 1996~2005 사이에 240억 달러 어치의 식량 원조를 받지 못했다면 그 수치는 훨씬 더 높았을 것이다.

영화 코드네임 콘돌, 매드맥스와 헝거 게임

코드네임 콘돌

〈코드네임 콘돌〉은 1979년에 제작된 시드니 폴락(Sydney Pollack) 감독의 정치 스릴러이자 스파이 첩보영화다. 작가 제임스 그래디가 쓴 소설 〈콘돌의 6일〉을 각색한 영화는 첩보 작전 중 '아무도 믿지 마라'라는 전제를 훌륭하게 살려낸 이야기이다. 책벌레 CIA 연구원이 모든 동료들이 죽은 것을 발견하고 그가 진정으로 믿을 수 있는 사람을 알아내야 한다. 앞으로 72시간 안에, 그가 믿는 모든 사람들이 그를 죽이려고 할지 모른다. 그 전까지 그는 아무도 믿지 말고 그 살인자를 피해내어야 한다. 그의 암호명은 콘돌이다. 이 영화에서 한 오두막에서 터너와 히긴스의 대화 장면이 나오는데 여기서 중동의 오일 문제가 거론된다. 반드시 중동 석유를 가져와야 된다고 주장된다. 그렇지 않은 경우는 너무나 끔직한 결과를 낳을 것이고 주장된다.

.

> 터너: 중동을 침략할 계획이 있나?
> 히긴스: 당신 미쳤어?
> 터너: 내가?
> 히긴스; 보시오. 터너...
> 터너: 계획이 있어?
> 히긴스: 아니. 절대 없어. 우리는 게임을 한다. 그것이 전부다. 우리는 게임을 한다. 만일에 .., 얼마나 많은 사람? 얼마나 많이 소요될까? 한 정권을 흔들 더 저렴한 방법이 있을까? 그것을 하라고 우리는 돈을 받는다.

....

히긴스:

히긴스: 아니다, 그것은 단순한 경제학에 불과하다. 오늘날에는 그것은 오일이다. 10~20년 뒤에는 식량, 플루토늄일 것이다. 아마도 그보다 더 이를지 모른다. 사람들은 그 때에 우리보고 뭘하라고 시킬 것 같은가?

터너: 그들에게 물어야지.

히긴스: 그들에게 그들이 언제 거덜나고 있는지를 물어라. 그들의 집에 언제 열이 없고 그들은 추운지를 물어라. 그들에게 언제 엔진이 멈출지를 물어라. 굶주림을 전혀 모르는 자들에게 언제 굶주리기 시작할지를 물어라. 무언가 알고 싶은가? 그들은 우리가 그들에게 물어보는 것을 원하지 않을 것이다. 그들은 우리가 그들에게 얻어오는 것을 원할 것이다.

오일이 없으면 우리는 추위에 떨고, 굶주리고 자동차를 굴릴 수 없게 될 것이다. 그러므로 무슨 수를 쓰든지 간에 중동에서 미국으로 석유가 흘러오게 만들어야 한다. 그런데 만일에 중동의 석유가 더 이상 증산될 수가 없고 생산이 정점을 쳐서 하락하게 되면 무슨 일이 일어나게 될 것인가?

매드맥스

매드맥스는 오일 쇼크와 대공황으로 사회기반이 무너져가는 근미래를 무대로 경찰인 맥스(멜 깁슨)가 폭주족 일당들과 싸운다는 스토리이다. 영화감독 George Miller는 시드니 의사였는데, 병원 응급실에서 일하면서 1973년 오일 위기가 닥쳤을 때 많은 자동차 관련 부상과 죽음들을 보았다고 한다. 그 영화 시나리오 공동 작가인 James McCausland에 따르면 그와 밀러는 오일 쇼크 위기가 호주 모터리스트들에 미친 영향을 관찰한 것에서 많은 것을 그 영화에 가져왔다고 말한다. 그래서 처음에는 응급실 의사로서 감독이 겪었던 경험을 바탕으로 사고 현장을 취재하며 황폐해져 가는 저널리스트의 이야기로 구상했으나, 가족의 복수라는 모티프를 가져오게 되며 주인공의 직업을 경찰로 바꾸고 설정을 좀 더 극적으로 몰아붙이기 위해 근미래를 배경으로 정했다고 한다. 이에 1970년대 초 감독과 제작자가 겪었던 오일 쇼크의 기억이 극의 분위기를 지배하게 된다.

1973년에 아랍 산유국들이 산유량을 감산하자 유가는 몇 배로 뛰었다. 이 오일쇼크에서 개인들은 이동성을 확보하기 위해서 필사적인 조치들도 마다하지 않았다. 많은 주유소에서 일어난 오일 파업으로 호주 사람들은 그들의 탱크에 오일을 채우려고 사납게 싸웠다. 주유소에는 긴 줄이 늘어섰고 새치기를 하려는 자들에 대해서 무지막지한 폭력이 가해졌다. 응급실에서 오일쇼크 때 미친 듯이 자동차를 몰다가 다친 사람들을 치료하면서 오일이 주는 힘과 스피드에 사람들이 미친다는 것을 곰곰이 숙고한 밀러는 몇 년 후에 매드맥스 시나리오를 착상했다. 맥스는 연료가 전리품인 전장이 된 도로에서의 앤티-히어로이다. 사회는 연료 공급의 감소로 쇠퇴했고, 혼란이 가중되면서 타락했다. 매드맥스는 사람들이 수백 리터의 석유를 얻으려고 도로에서 바이크 갱들을 추적하는 묵시록적 과장이 섞인 판타지이다. 죠지와 밀러는 사람들이 자동차를 굴리기 위해서 거의 아무 일이나 할 것이라는 명제와 국가들은 너무 늦을 때까지 대체 에너지에 대한 인프라를 제공하는 거대한 비용을 고려하지 않을 것이라는 가정에 기초하여 그 시나리오를 썼다. 오일과 물을 놓고 다투는 암울한 이야기이다.

헝거게임

모종의 이유로 망해버린 미래의 북미 대륙에 '판엠(Panem)[1]'이라는 독재국가가 건설된다. 판엠은 모든 부(富)가 집중된 수도 '캐피톨'과 그 주변을 13개의 구역이 둘러싸고 있는 국가이다. 그런데 과거에 이 13개 구역이 캐피톨의 통치에 불만을 품고 반란을 일으켰다가 처참하게 진압당한다. 그때부터 캐피톨은 반란에 대한 속죄를 구실로 매년 12개의 각 구역에서 10대 소년소녀를 뽑아 경기장에 던져 놓고 한 명이 남을 때까지 서로 죽고 죽이게 하는 살인 시합(헝거 게임)을 벌이게 한다. 이 모든 시합 장면은 24시간 생방송으로 전국에 생중계되며 각 구역 주민들은 의무적으로 방송을 시청해야 한다. 수도인 캐피톨 시민들에게는 엔터테인먼트를 제공하고, 구역들에게는 본보기를 보여줘 반란을 억제하기 위함이다.

헝거게임에 나갈 아이들을 추첨하는데 자신의 추첨표를 하나 더 넣을 때마다 1년치 식량을 받을 수 있다. 추첨할 이름이 추가될 때마다 간신히 생존할 수 있을 정도의 곡물과 기름을 받을 수 있다.

그렇지만 수도 캐피톨은 물질적 부와 풍요가 넘쳐나고 홀로그램들, 인조 경기장, 인공 날씨, 호버크라프트[hover craft] 같은 첨단 과학기술들이 발달한 고도의 선진 사회이다. 그럼에도 불구하고 나머지 구역들은 가난하다. 그 이유는 아마도 전적으로 에너지 부족일 것이다. 그 전에 3차 세계대전이 일어났었다. 3차 대전의 많은 원인들 중에 아마도 에너지 부족이 가장 큰 원인이었을 것이다. 오일이 고갈되었던 것이다. 그래서 캐피톨은 에너지를 제 5구역의 거대한 수력발전 댐과 주인공의 제

12구역의 석탄에 의존한다. 그 구역은 애팔래치아로 생각된다. 석탄과 수력에 의존한 에너지시스템에서 모든 사람들이 부유한 생활을 할만큼의 충분한 에너지가 생산되어질 수 없다. 누군가는 여유롭고 풍요한 삶을 누리지만 나머지 사람들은 그 캐피톨 사람들을 위해서 뼈 빠지게 일해야 한다. 광부들은 가난하고 독재자들은 부유하다. 헝거게임은 주로 석탄 영화이지만, 수력 영화이기도 하다. 기차가 캐피톨 구역을 지나면서 수력 발전 댐 옆을 지나가게 된다. 그 댐은 부의 원천이기도 하고 캐피톨의 힘의 상징이기도 하다. 그 댐은 깨끗한 전기를 공급함으로써 부의 창조에 이바지 한다. 캐피톨은 반드시 석탄과 수력발전이 필요했다. 헝거게임에서 재생에너지는 결코 자리 잡지 못하였다.

녹색혁명

녹색혁명(Green Revolution)이란 1950년대 후반에서 1960년대 후반 사이에 일어난 일련의 연구기술 이전 시책들을 가리킨다. 여기에는 특히 앉은뱅이 밀(dwarf wheat)과 벼를 포함한 신품종 개량, 관개시설 확충, 기계화, 화학비료, 농약 등의 과학기술 등을 활용하여 식량생산을 획기적으로 증가시킨 여러 가지 개혁적인 조치들이 한 묶음으로 분리될 수 없는 일체를 구성한다. 포드 재단과 록펠러 재단 모두 크게 관여했고 1970년 노벨 평화상을 받은 "녹색 혁명의 아버지" 노먼 볼라우그(Norman Borlaug)가 핵심 지도자였다. 그는 10억 명이 넘는 사람들을 기아에서 구해낸 공적을 인정받고 있다. 기본적 접근방식은 다수확 품종 곡물의 개발, 관개 인프라 확충, 경영기법의 현대화, 잡종 씨앗의 유통, 합성비료, 농약 등이었다. 1968년 3월 8일 미국 국제개발처 [United States Agency for International Development, 國際開發處] 의 총재 윌리엄 가우드(William Gaud)가 처음으로 '녹색혁명'이라는 말을 사용했다. “이것들과 다른 농업 분야의 발전은 새로운 혁명의 소지를 담고 있다. 소련과 같은 폭력적인 붉은 혁명이 아니며, 이란 샤와 같은 백색 혁명도 아니다. 나는 그것을 녹색 혁명이라고 부른다.”

그 과정을 보면, 동남아국가들의 주식인 쌀 품종을 개발하기 위해 1962년 미국의 록펠러재단과 포드재단이 출연하여 연중 3모작이 가능한 벼 품종을 개량하기 위해 필리핀에 국제미작연구소를, 1963년에는 멕시코에 국제옥수수·밀개량센타를 설립했다. 1966년에 수확량이 배나 되는 벼 신품종인 기적의 벼 ‘IR-8’을 육종해냈고 멕시코 개량센타에서도 옥수수 다수확품종인 ‘멕시코옥수수’를 개발했다. 일찍이 1944년 미국의 농학자 노먼 블라우그는 미국 록펠러재단의 지원을 받아 멕시코에서 병충해에 강한 ‘멕시코 밀’을 개발하여 전 세계의 밀생산량을 획기적으로 늘림으로써 ‘녹색혁명의 아버지’로 불리고 있다.

녹색 혁명에서 새로운 밀 품종들의 개발은 기술적인 중점 사항이었다. 농업학자들은 일반적으로 HYV 또는 “다수확 품종”이라고 불리는 옥수수, 밀, 쌀의 품종을 재배했다. HYV는 다른 종류보다 질소 흡수 가능성이 높다. 여분의 질소를 흡수하는 곡식은 전형적으로 기울어지거나 수확 전에 넘어지기 때문에, 앉은뱅이 유전자는 그들의 게놈으로 삽입하여 키가 작은 품종을 개발하려고 하였다. 일본의 농학자 이나즈카 곤지로(稲塚権次郎)가 개발한 일본 난쟁이 밀 품종노린 10호는 녹색혁명 밀 품종를 개발하는 데 중요한 역할을 했다. IRRI(국제 미작연구소)가 개발한 HYV 쌀 중 최초로 널리 구현된 IR8은 인도네시아 품종인 “Peta”와 중국 품종인 “Dee-geo-woo-gen”을 교차하여 만들어졌다.

우리나라에서는 박정희 대통령이 1961년에 제1차 경제개발 5개년계획을 착수하면서 '식량자급'을 농정의 최우선과제로 설정했다. 이 땅에서 가난을 몰아내고 국민을 배불리 먹여야 한다는 그의 철학을 정책에 반영한 것이었다. 그는 세부 과제로서 신품종 육성, 농지 확대, 경지 정리, 관개시설 확충 등 농업기반 확충 그리고 농업기술의 개발·보급을 설정했다.

박 대통령은 서울대학교 농과대학 벼육종학 박사 허문회 교수와 농촌진흥청을 미작연구소로 파견하였고 이들은 필리핀에서 마침내 다수확 품종인 '통일벼'를 개발해냈다. 허문회 교수팀은 필리핀의 IRRI가 육종한 IR-8 종에 자포니카 종과 인디카 종을 교배하여 'IR-667'이라는 다수확 신품종 '통일벼'를 개발했다. 1970년에 3개의 계통이 장려품종으로 선정되었고 시험재배를 거쳐 1972년부터 국내에 보급되었다. 정부는 통일벼의 빠른 보급을 위하여 통일벼를 시장가격보다 높은 가격에 수매하였다. 당시 통일벼의 수확량은 종전 품종보다 20~40%가 더 많았다. 10a당 전국 평균 수확량이 1960년 273kg, 1970년 330kg에서 1974년에는 371kg으로 향상되었고 1977년에는 494kg을 달성했다. 1974년 이후 3년간 연속해서 자급을 달성했다.

살충제 발견에 기여한 대표적인 화학자는 독일의 게르하르트 슈라더(Gerhard Schrader, 1903년 2월 25일~1990년 4월 10일)로서 그는 세계의 기아를 종식시키려는 꿈을 가지고 있었다. 슈라더는 사린이나 타분(tabun, GA) 같은 신경작용제를 우연히 발견한 것으로 가장 잘 알려져 있으며, 때로는 "신경작용제의 아버지"로 불린다. 슈라더는 bladan (최초의 완전한 합성 접촉 살충제)과 파라티온(parathion E 605)을 포함한 여러 가지 매우 효과적인 살충제를 발견했다. 1936년 독일의 대기업 IG 파르벤에 고용된 그는 유기인산염이라 불리는 화합물의 종류를 실험하고 있었는데, 이 화합물은 신경계를 방해하여 곤충을 죽였다. 새로운 살충제 대신에, 그는 우연히 엄청나게 독성이 강한 유기인산 화합물과 신경작용제인 타쿤을 발견했다.

하버-보쉬 공정

하버보쉬 공정(Haber-Bosch process:)은 수소와 질소를 고온 고압하에서 촉매를 이용하여 직접 합성시켜 암모니아를 만드는 방법이다, 화학반응식은 다음과 같다.

$$N2 + 3H2 \rightarrow 2NH3$$

식물이 성장하는 데에는 식물의 필수 영양요소 NPK. N(질소) P(인산) K(칼륨)가 절대 필요하다. 하나라도 부족하면 그 최소량에 의해서 식물생장이 결정된다. 단백질의 주요 성분인 질소는 대기 중에 78%나 포함되어 있지만 식물은 공기 중의 질소를 직접 흡수하지 못하고 흙을 통해 흡수하는데, 콩과 식물은 뿌리에 기생하는 뿌리혹박테리아가 공기 중의 질소를 고정 N2를 2N으로 분해할 수 있음으로 주로 여기서 나온 질소 원자들을 흡수한다. 그러나 이 자연적인 과정으로 얻을 수 있는 질소의 양은 너무나 작았다. 거의 100여 년 전에 발견된 공정은 여전히 전 세계에 적용되어 연간 5억 톤 이상의 인공 비료를 생산하고 있다. 세계 에너지 공급량의 1.1%가 이 비료를 위해 사용된다. 2004년에는 5명 중 2명꼴로 먹여 살렸다. 2015년 현재, 그것은 이미 2명 중 거의 1명을 먹여 살리고 있다; 수십억 명의 사람들이 그것 없이는 결코 존재하지 않았을 것이다;

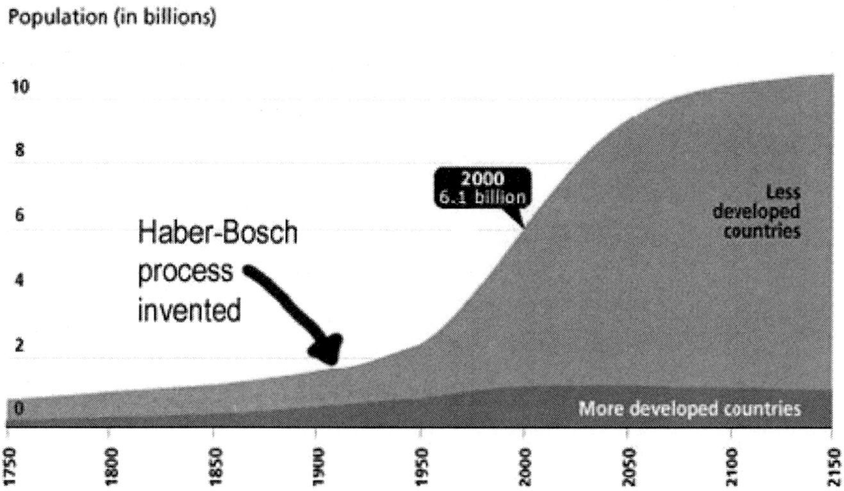

하버는 Karlsruhe 대학의 교수로 909년 암모니아를 공기 중의 질소로부터 합성할 수 있었다. 1913년 하버와 BASF 엔지니어 보쉬(Carl Bosch, 1874~1940)는 그 후 그 공정에서 요구되는 엄청난 압력과 관련된 전례 없는 공학적인 문제들을 극복했다. 두 사람은 협력하여 하루에 20t의 암모니아를 공업적으로 생산하기 시작하였다. 상업생산은 1913년에 시작되었다. 몇 십 년 안에, 세계 인구는 기하급수적으로 증가하기 시작했다. 1900년 16억 명에서 오늘날 거의 80억 명으로 전 세계 인구가 급증하는데 결정적인 기여를 했고 이 때문에 에너지학자 스밀은 하버 공정을 "20세기의 가장 중요한 발명"이라고 말했을 정도이다. (V. Smil, Nature 29(415, 1999) 지난 200년 동안 파스퇴르 & 코흐)의 세균이론만이 인류에게 해버-보쉬 공정에 필적할 만한 영향을 미쳤다.

녹색혁명과 오일

곡식이 식물계에 대한 관계는 한 배럴의 정유가 원유에 대한 관계와 같다. 식량 생산과 오일은 떼래야 뗄 수 없는 관계이다. 부의 창출에 있어서 식량은 가장 중요하다. 오일은 모든 식량생산에 중추적인 역할을 한다. 석유산업은 식량생산을 이끄는 원동력이다. 자연적 과정에 맡겨두면 식량은 현재 속도로 생산될 수 없다. 녹색혁명으로 식량의 대량생산이 가능해졌다. 녹색 혁명은 자연적으로 자라지 않았을 지역에서 농작물들을 자라게 하는 기술적 발전을 가져왔다. 여기에는 아이오와 같은 지역도 포함되는데, 녹색혁명 이전에는 주로 대초원 풀로 구성되었으며, 현재는 옥수수밭으로 덮여 있다. 인류의 1차 생산물의 2/3 이상은 농업에서 오고, 다시 그것의 2/3는 3가지 곡식-쌀, 밀, 옥수수으로 이루어져 있다.

그러나, 인간의 대량 소비와 극소수의 농작물만이 재배되고 있다는 사실 더 놀라운 것은, 특히 화석 연료에서 이러한 대규모의 작물을 생산하는데 필요한 에너지의 양이다. 음식의 1칼로리를 만들기 위해서는 평균 10칼로리의 화석연료가 필요하다. 미국 농무부에 따르면 2000년 기준으로 평균 시민은 하루에 3800칼로리를 소비한다. 1갤런의 석유에는 약 35,000칼로리가 있고 평균적인 미국 시민들에게 충분한 음식을 만들기 위해서는 38,000칼로리의 오일이 필요하다. 따라서, 미국 인구조사국에 따르면, 미국에서 한 사람을 위한 식량생산에는 1갤런 이상의 석유가 필요하며, 미국에만 3억 1천 5백만 명이 넘는 사람들이 있다고 한다. 녹색 혁명으로 인해 침식된 땅 1에이커마다 5.5갤런의 화석연료 에너지를 사용하여 이를 대체할 수 있다.

평균적으로 2파운드짜리 시리얼 한 봉지를 만들기 위해서는 약 0.5갤런의 가스가 필요하다.

운송을 제외해도 석유 산업이 여전히 농업 생산에 중요한 역할을 하고 있다. 왜냐하면 기름은 비료와 제초제, 살충제의 생산에 필요하기 때문이다. 하버 공정에서 필요한 고온은 가스를 태워서 얻고 있고 암모니아를 만드는데 이용되는 수소는 천연가스에서 얻고 있다. 게다가, 기름은 농작물을 수확하는데 사용되는 많은 기계들에 연료를 공급하기 위해 필요하다. 결론적으로 녹색혁명은 에너지 집약적 과정이기 때문에 석유산업과 녹색혁명의 연관성은 상당하다. 트랙터를 만들기 위해 철을 파내야 하고 그것들의 연료로 쓰고, 질소 비료를 만들기 위해 새로운 유정을 뚫고 다른 곳에 쓰일 물을 사용함으로써 농업은 전에는 농사가 불가능했던 토지에 까지 그 지배력을, 경계를 확장했다. 동시에 그것은 화석연료를 꺼내 쓰고 과거의 자산을 까먹음으로써 시간을 가로질러 경계를 확장했다. 오늘날의 공통된 가정은 식량이 아니라 석유를 확보하기 위해 군사력을 키워야 한다는 것이다. 경작 가능한 토지가 고갈된 이후로 식량은 석유이다. 우리가 먹는 모든 1칼로리는 10칼로리의 석유에 의해 뒷받침된다. 1940년에 미국의 평균 농가는 화석 연료 1칼로리를 사용하여 식량 에너지 2.3 칼로리를 생산했다.

찾아보기

ㅅ

ㅇ

ㅈ

ㅊ

한찬욱

서경대학교 교수

에너지와 문명

노예 장자상속 자본주의 산업혁명 민주주의

2020년 7월 24일 1판 인쇄
2020년 7월 31일 1판 발행

지은이 • 한찬욱
발행자 • 이영애
발행처 • 공감북스
주　소 • 02011 서울시 중랑구 중랑천로 256
전　화 • 02-971-9683
팩　스 • 02-972-9683
등　록 • 제 25100-2015-18호
등록일 • 2015년 7월 15일
e-mail • sympathybook@naver.com

ISBN 979-11-86898-47-5 (93300)
정　가 28,000원

※ 낙장 및 파본은 구입처나 본사에서 교환하여 드립니다.
※ 이 책의 전체 내용이나 일부를 무단으로 인쇄·복사·제본은 저작권법에 저촉됩니다.

인지는 저자와의 협의하에 생략합니다.